# 前　言

随着互联网不断深入人们的生活，让每一个人都可以作为独立媒体发声的同时，传统媒体电视、广播、杂志、报纸等也转移到新媒体阵地上。新媒体的出现与发展，为设计、制作、存储、传播等信息加工，提供了广阔的平台，它蕴含着客观的商业价值。在眼前的经济时代，虽然图片和视频在不断占据人们的阅读视野，但文字依旧没有失去其传播的魅力，文本通过切换、设扣、造结的方式无限延伸文字边界与空间，使文案在新媒体营销与运营的作用上日益突显。

文案创作也是一门技术活，但它又不止于技术。畅销书作家斯蒂芬·金曾经比喻过，文字工作者应像木匠那样，创造属于自己的"工具箱"。木匠的工具箱里，装满螺丝钉、锯子、钳子、扳手，而文字工作者的"工具箱"里，则应陈列着词汇、修辞、逻辑、文法。

本书建立在传播学与广告学的理论支撑上，参考了国内外新媒体文案与运营的长期实践经验，将"文字与传播"作为本书中心主题，重点在不同新媒体平台展开以传播沟通为目的的文案写作指导。

本书共分为认识新媒体文案、新媒体方案策划、新媒体文案写作、平台文案以及专题文案设计、软件操作等多个部分，内容涵盖文案写作思维、创意策划思路、写作技巧、平台演练。

本书每章节以项目引入开篇，深入浅出地直叙知识原理，任务设置课后思考、实训项目、同步测试等环节，与理论相结合。与同类教材相比，本书具有如下特色：

（1）强调新媒体文案写作思维训练

注重思维与思考，将写作知识和写作方法放在新媒体语境和生态体系中讲解，从用户思维的角度出发，培养阅读情感共鸣与想象共同体的思维模式，树立"以自己为杠杆，来撬动成千上万人的愉悦和满足"的理想定位，发散思维逻辑，创新思维输出与传播表达。

（2）重视新媒体文案写作编辑与实训

从网络媒体与移动媒体的应用场景出发，以图表、视频等可视化表现理论知识与情景的文案，从词汇力、场景力、附着力、传播力等方面诠释不同新媒体文案的图文编辑，如知识类文案、传播类文案、视频直播类文案，并详细阐述96编辑器、Adobe Effect、VUE、Legend 等文字与视频动效软件操作流程。

（3）契合新形势媒体营销趋势

抖音、简书、微信等不同特色新媒体平台与品牌类、销售类、农产品电商类文案进行糅合，将新媒体文案切实接地通气。

本书由周剑副教授担任总主编，负责本书的总体策划、部分内容编写，陈梦翔老师担任主编，陈建胜老师、徐晓玉老师、郑金铭老师、戴慧梨老师、赵贞义老师、林婵娟老师担任副主编。浙瓯文化传媒（温州）有限公司总经理林琪对本书的编写提供部分实战案例和建设性建议，在此表示真诚的感谢！

本书可作为高等院校电子商务类、文案营销类、新媒体类策划的教材，也可以作为从事新媒体文案相关工作人员的参考书。

高等职业教育创新型系列教材

# 新媒体文案写作

主　编　周　剑　陈梦翔
副主编　陈建胜　徐晓玉　郑金铭　戴慧梨
　　　　赵贞义　林婵娟　林　琪

北京理工大学出版社
BEIJING INSTITUTE OF TECHNOLOGY PRESS

## 内 容 简 介

在移动互联网浪潮下,新媒体产业呈现勃勃生机。本书以新媒体的理论与视角,重点诠释了新媒体及互联网思维下各种新型媒体文案写作,构架上贯穿新媒体文案认知、新媒体文案策划、新媒体文案思维模式、新媒体文案写作表达、新媒体平台文案实务,以知乎、豆瓣、简书等知识类平台,微信、微博、头条等传播类平台,抖音等视频直播类平台作为文案创作的写字板。本书知识点纵横交错,从技巧线纵向出发,介绍了新媒体文案的思维、创意、策划、编辑,撰写了文案标题、开头、正文、结尾、传播设计、图文软件,周密讲解了场景式、感官式、数据式文案写作技巧;从案例线横向展开,阐述了新媒体平台、电商经营等新时代移动互联网文案案例,内容涉及品牌类、销售类、农产品电商类文案。本书顺应时代潮流,旨在培养文案策划与执行能力,水到渠成地掌握新媒体文案话语表达、思维模式等写作技巧。

**版权专有 侵权必究**

### 图书在版编目(CIP)数据

新媒体文案写作/周剑,陈梦翔主编. -- 北京:
北京理工大学出版社,2022.6

ISBN 978-7-5763-1410-6

Ⅰ.①新… Ⅱ.①周…②陈… Ⅲ.①传播媒介-文书-写作-高等学校-教材 Ⅳ.①G206.2

中国版本图书馆 CIP 数据核字(2022)第 105095 号

| | | |
|---|---|---|
| 出版发行 / | 北京理工大学出版社有限责任公司 | |
| 社　　址 / | 北京市海淀区中关村南大街 5 号 | |
| 邮　　编 / | 100081 | |
| 电　　话 / | (010)68914775(总编室) | |
| | (010)82562903(教材售后服务热线) | |
| | (010)68944723(其他图书服务热线) | |
| 网　　址 / | http://www.bitpress.com.cn | |
| 经　　销 / | 全国各地新华书店 | |
| 印　　刷 / | 三河市龙大印装有限公司 | |
| 开　　本 / | 787 毫米×1092 毫米　1/16 | 责任编辑 / 徐艳君 |
| 印　　张 / | 14.25 | 文案编辑 / 徐艳君 |
| 字　　数 / | 327 千字 | 责任校对 / 周瑞红 |
| 版　　次 / | 2022 年 6 月第 1 版　2022 年 6 月第 1 次印刷 | 责任印制 / 施胜娟 |
| 定　　价 / | 38.00 元 | |

图书出现印装质量问题,请拨打售后服务热线,本社负责调换

# 目　录

## 模块 1　新媒体文案认知

### 1.1　认识新媒体文案 ……………………………………………………… (9)

1.1.1　新媒体文案的概念 ………………………………………………… (9)

1.1.2　新媒体文案的特点 ………………………………………………… (11)

1.1.3　新媒体文案常见类型 ……………………………………………… (12)

### 1.2　新媒体文案解读 ……………………………………………………… (13)

1.2.1　新媒体与自媒体 …………………………………………………… (13)

1.2.2　新媒体发展趋势 …………………………………………………… (14)

任务操作　体验新媒体平台 …………………………………………… (15)

## 模块 2　新媒体文案的前期准备

### 2.1　新媒体文案写作前期调查 …………………………………………… (22)

2.1.1　整合资料 …………………………………………………………… (22)

2.1.2　调研分析 …………………………………………………………… (23)

2.1.3　卖点定位 …………………………………………………………… (23)

### 2.2　新媒体文案创意思考方法 …………………………………………… (26)

2.2.1　新媒体文案的关键点 ……………………………………………… (28)

2.2.2　符号性 ……………………………………………………………… (29)

2.2.3　社交货币 …………………………………………………………… (29)

2.2.4　附着力 ……………………………………………………………… (30)

任务操作 1　撰写一则新媒体创意简报 ……………………………… (31)

任务操作 2　撰写一则新媒体活动传播设计 ……………………………………… (31)

# 模块 3　新媒体文案写作实务

## 3.1　新媒体写作原理论 ………………………………………………………… (36)

　　3.1.1　互联网思维界定 ……………………………………………………… (36)
　　3.1.2　新媒体文案写作思维 ………………………………………………… (40)
　　3.1.3　新媒体写作过程论 …………………………………………………… (41)
　　3.1.4　新媒体写作行为论 …………………………………………………… (42)

## 3.2　新媒体文案写作实务 ……………………………………………………… (43)

　　3.2.1　新媒体文案标题设计 ………………………………………………… (43)
　　3.2.2　新媒体文案内容架构 ………………………………………………… (44)
　　3.2.3　新媒体文案开头设计 ………………………………………………… (49)
　　3.2.4　新媒体文案结尾思路 ………………………………………………… (49)
　　3.2.5　新媒体文案关键词 …………………………………………………… (50)

## 3.3　新媒体文案写作技巧 ……………………………………………………… (51)

　　3.3.1　场景式写作 …………………………………………………………… (51)
　　3.3.2　感官式写作 …………………………………………………………… (52)
　　3.3.3　数据式写作 …………………………………………………………… (54)
　　任务操作　撰写一则新媒体文案 …………………………………………… (64)

# 模块 4　知识类新媒体文案写作

## 4.1　认识知识类文案 …………………………………………………………… (72)

　　4.1.1　知识类文案概述 ……………………………………………………… (72)
　　4.1.2　常见的知识类平台 …………………………………………………… (74)
　　4.1.3　三大知识类平台的对比 ……………………………………………… (77)

## 4.2　知识类文案标题的写作 …………………………………………………… (78)

　　4.2.1　知识类文案标题的创作思路 ………………………………………… (78)
　　4.2.2　知识类文案标题的常见策略 ………………………………………… (80)
　　4.2.3　知识类文案标题的误区 ……………………………………………… (82)

## 4.3　知识类文案正文的写作 …………………………………………………… (83)

　　4.3.1　知识类文案开头的写法 ……………………………………………… (83)
　　4.3.2　知识类文案正文的布局 ……………………………………………… (87)
　　4.3.3　知识类文案结尾的写法 ……………………………………………… (90)

## 4.4 知识类文案的排版 (92)

### 4.4.1 知识类文案的排版工具 (92)
### 4.4.2 知识类文案的排版要点 (96)
### 4.4.3 简书平台排版 (98)
### 任务操作 1 使用知乎 App 进行文案写作 (101)
### 任务操作 2 使用豆瓣 App 进行文案写作 (105)

# 模块 5 传播类新媒体文案写作

## 5.1 认识传播类文案 (119)
### 5.1.1 传播类文案概述 (119)
### 5.1.2 常见的传播类平台 (120)

## 5.2 传播类文案标题的写作 (123)
### 5.2.1 千万级粉丝公众号的选题过程 (123)
### 5.2.2 让读者一见钟情的标题 (124)
### 5.2.3 传播类文案标题的误区 (126)

## 5.3 传播类文案正文的写作 (127)
### 5.3.1 传播类文案的正文结构 (127)
### 5.3.2 传播类文案开头的写法 (130)
### 5.3.3 传播类文案结尾的写法 (132)

## 5.4 传播类文案的排版 (133)
### 5.4.1 公众号排版 (134)
### 5.4.2 文案正文排版 (136)
### 5.4.3 在线工具排版 (138)
### 任务操作 使用微信公众号群发文案 (152)

# 模块 6 短视频类新媒体文案写作

## 6.1 短视频内容策划 (161)
### 6.1.1 短视频概述 (161)
### 6.1.2 短视频主题定位 (163)
### 6.1.3 短视频选题策划方法论 (165)
### 6.1.4 短视频吸引力法则 (165)
### 6.1.5 短视频内容策划的注意事项 (167)

· 3 ·

## 6.2　拍摄与制作 …… (168)
### 6.2.1　相关制作软件 …… (168)
### 6.2.2　手机拍摄技巧与要求 …… (170)
任务操作　注册并制作完成一个感兴趣的短视频号 …… (173)

# 模块 7　专题文案写作

## 7.1　服装配饰类文案 …… (178)
### 7.1.1　服装配饰类文案的三个核心要素 …… (178)
### 7.1.2　服装配饰类文案写作 …… (180)

## 7.2　手机数码类文案 …… (184)
### 7.2.1　手机数码类文案的核心要素 …… (185)
### 7.2.2　手机数码类文案的写作 …… (188)

## 7.3　母婴玩具类文案 …… (192)
### 7.3.1　母婴玩具类文案的核心要素 …… (192)
### 7.3.2　母婴玩具类文案写作 …… (196)

## 7.4　农产品电商类文案 …… (199)
### 7.4.1　农产品电商类文案的核心要素 …… (199)
### 7.4.2　农产品电商类文案写作 …… (200)

## 7.5　个护美妆类文案 …… (206)
### 7.5.1　个护美妆类文案的核心要素 …… (206)
### 7.5.2　个护美妆类文案写作 …… (208)
任务操作 1　家居建材类文案的写作与设计 …… (215)
任务操作 2　自选产品新媒体文案营销活动设计 …… (216)

## 参考文献 …… (219)

# 模块 1　新媒体文案认知

**知识目标**
1. 掌握新媒体文案知识。
2. 了解国内新媒体平台。
3. 熟悉主流新媒体平台。

**能力目标**
1. 能够理解新媒体的基本术语。
2. 能够使用不同类型的国内新媒体平台。
3. 能够关注新媒体平台的发布者。

**思政目标**
1. 了解我国新媒体行业的政策和环境。
2. 培养新媒体从业者的职业道德。
3. 培养"正能量"新媒体情怀。

**本模块重难点**
1. 新媒体、新媒体文案等基本概念、类型、特点；新媒体与自媒体的区别。
2. 通过新媒体平台的使用，了解新媒体的特性，掌握新媒体平台的文案编辑能力、艺术审美能力、学习能力和创新能力，培养学生良好的语言应对素质和新媒体营销职业素质。

## 项目引入

### 今日秋分｜这些地方又美又香！藏不住啦！走起

今天15时50分，我们迎来秋分节气，秋分至，残暑终。随着天气转凉，杭州真正赏桂时节来了！哪些地方赏桂最好？一起来看看吧。

### 秋分到来，暑气终结

秋分节气，阴阳相半，昼夜均长，寒暑平分，故名"秋分"。四季都有令人欣喜的风貌，而最为舒爽的时节就在秋天，秋分时节，碧空澄澈，既有风和日丽，也有凉风习习。

在古人看来，秋分的标志性物候有三：

一候雷始收声，雷八月阴中入地收声，阳光随之衰微，暑气终结，秋寒开始。
二候蛰虫坯户，受寒气驱逐，蛰居的虫类入地封住巢穴，告别残秋，准备冬眠。
三候水始涸，天气干燥，水汽蒸发快，湖泊河流水量变少，沼泽水洼几近干涸。

### 杭州西湖桂花节来啦！

近日天气比较凉爽，正值赏桂好时节，一年一度的"杭州西湖桂花节"也来啦！今年"杭州西湖桂花节"将一直持续到10月15日，历时25天，其间主办方准备了众多的活动和福利。

| 众多活动和福利 |
| --- |

**手作嘉年华**

开幕式当天（9月21日），杭州少儿公园推出了"香甜"的桂花自然手作体验嘉年华。奉上一波现场图，来感受一下丰富有趣的嘉年华活动吧。

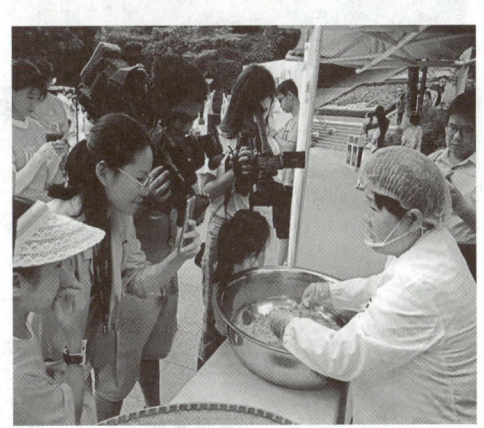

遗憾没去现场？不要着急，接下来还有更多乐趣等你来体验哦。比如：

**体验"小小茶艺师"**

9月28日，少儿公园特别邀请了中国茶叶博物馆的老师，带领小朋友们现场学制桂花龙井茶。小朋友们将穿上汉服，打桂花，制桂茶，学茶礼。

寻"贵人"，福利多多

整个桂花节期间，公园还将推出家庭游系列活动，内容包含"龙猫带你去寻桂""赏桂之旅""桂花小课堂"系列拍摄等活动。名字中带"桂"字的游客，桂花节期间，可凭有效证件免费入园。

**更多活动见↓↓**

可放大查看

参与活动，可咨询电话0571-87981970（工作日8：30—16：30），报名请关注"杭州少年儿童公园"微信公众号。

## 赏桂好去处——满陇桂雨公园

要说起杭州赏桂的好去处，满陇桂雨公园绝对是上佳的选择。那么，满陇桂雨公园的桂花要怎么赏？

**赏的是它的丰富**

满陇桂雨公园栽有桂花近3000株，80余个品种，其中，50余年树龄的桂花树40余株。相比小区、道路、其他公园的桂花，满陇桂雨公园的桂花更多更密集。

**赏的是它的稀有与名贵**

玉帘银丝、醉肌红……这些桂花不仅名字有趣，其他地方也很少见，算是稀有品种。就拿醉肌红来说，就长在第一桂对面，取名就是因为它开出的花颜色娇嫩，就像少女喝醉酒肌肤的颜色。

**赏的是它的氛围**

公园地处山地，可静可闹。在这美如画卷的风景中，偷得浮生半日闲，或是登山赏桂，喝一壶桂花茶；或是一家人，闲话家常，其乐融融；或是行走于桂花树下的蜿蜒小路，发一会儿呆，享受桂花散逸的浓郁芬芳。

**赏的是一份文人的情怀**

还记得郁达夫的《迟桂花》吗？满觉陇的迟桂花是郁达夫创作《迟桂花》的灵感之源，面对柔软温润香气袭人的迟桂花，心灵也融化为澄静大自然中一部分。白居易在老年回忆江南生活时，还把"寻桂子"作为一大乐事："江南忆，最忆是杭州。山寺月下寻桂子，郡亭枕上看潮头。何日更重游？"

## 杭州还有这些地方可以赏桂

>>>>
### 杭州植物园

植物园的桂花紫薇园就位于北门入口处，占地4.5公顷，园内有桂花品种45个，桂花总数大约1000株，紫薇大约300株。

目前，园内开花的桂花品种有：早银桂、青尖、杭州黄、硬叶丹桂、籽银桂、天女散花等。

怒放的杭州黄

>>>>
**岳庙辖区**

孤山一带，桂花也已经开放"木牢牢"啦。走在游步道上，就能闻到一阵阵甜香。岳王庙、苏堤沿线都有桂花可寻。

岳庙管理处 供图

>>>>
**吴山景区**

吴山的桂花主要有银桂、金桂和丹桂。从伍公庙、东岳庙、药王庙、吴山大观至十二生肖、西方庵、江湖汇观亭，一路都有桂花。

吴山景区管理处 供图

>>>>
**万松书院**

　　万松书院的桂香，比起他处，更富有书卷气息。没有开得漫山遍野，零星地分布在房前屋后，流淌着淡淡清香沁人心脾。

凤凰山管理处 供图

>>>>
**钱江辖区**

　　虎跑泉眼也是一处赏桂的绝佳去处——滴翠轩门口平台上，三株桂花竞相开放，老桂花，香气自是不同寻常。

钱江管理处 供图

　　湖西景区内，六和塔、云栖竹径、石屋洞等处也都有桂花分布。
　　值得推荐的还有六和塔御碑亭左右两侧的桂花，枝干遒劲，充满古意。此外，云栖一棵两百多年的老桂树，期待今年依旧飘香。
　　>>>>
　　**花港辖区**
　　花港公园的桂花也早已盛开，主干道两侧，一直从西门延伸到苏堤，都有桂花飘香。

花港管理处 供图

　　太子湾公园内的桂花分布在北门到瀑布沿线，此外，三台云水、于谦祠、乌龟潭，也一路都有桂花。目前，正是初放期，若这段时间雨水少的话，可以一直盛放到国庆！

趁着好天气，快约上小伙伴们去赏桂！

网友互动：

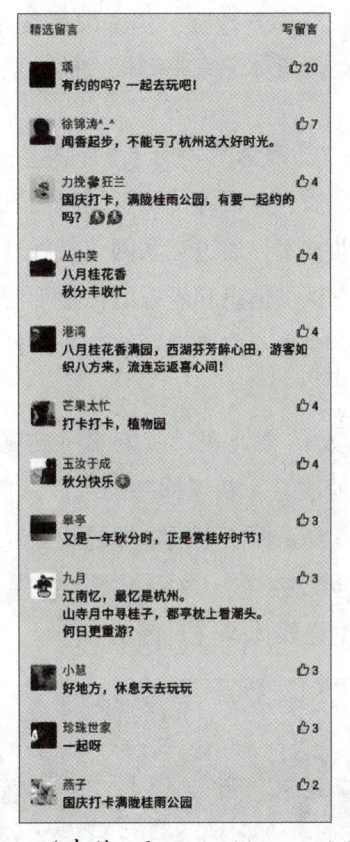

（出处：https：//mp.weixin.qq.com/s/FwqmqrXtsIGnk7Sb2qkR0g）

【项目分析】

此文案是西湖风景名胜区管委会以秋天为主题介绍辖区内的美景，在内容上以"杭州西湖桂花节"为卖点，大量使用图文并茂的方式来增强视觉感受，也增强了传播量，是新媒体文案的典型方法；同时介绍了多个地点多种活动，增强受众的选择自主性和个性化，在新媒体低成本的环境下更容易传播；网友的积极留言也体现了新媒体的互动性，不再是单向的输出，还能让受众很好地参与其中。所以整个文案达到了宣传西湖风景名胜和推广"桂花节"的效果。

### 知识准备

## 1.1 认识新媒体文案

### 1.1.1 新媒体文案的概念

近年来，随着移动互联网技术、数字经济技术、手机移动终端技术的飞速发展，人们的阅读习惯、获取信息的手段不仅发生了重大改变，还促使了新媒体传播的迅猛崛起。许多传统行业例如报纸、杂志等，也纷纷进行产业转型，发展电子业务以寻求新的发展契机。新媒体传播范围广、速度快、影响大、交互性强，传统媒体行业受到了极大的冲击。传统媒体文案纷纷转向新媒体文案，因此新媒体文案得到极大的发展和应用。

**（1）什么是新媒体？**

美国《连线》杂志将新媒体定义为"所有人对所有人的传播"，即"万物皆媒"。而国内学术界则普遍认为新媒体是报刊、广播、电视等传统媒体以后发展起来的新的媒体形态，主要利用数字技术、网络技术、移动技术，通过互联网、无线通信网、有线网络等渠道，向电脑、手机、数字电视的终端用户提供信息和娱乐的传播形态和媒体形态。新媒体的特征，包括以下三个方面：由单向传播变为双向互动；解读个体性与主体再创造性，个体既是受众也是传播者；跨时空传播。

因此，新媒体泛指利用电脑（计算及信息处理）及网络（传播及交换）等新科技，对传统媒体的形式、内容及类型所产生的质变。新媒体一词可以从产业区分、人机界面、艺术运动及多媒体形式来诠释，不同的诠释是由于不同领域的观点（产业、科技、艺术及传媒）的出发点的不同。新媒体主要有数字杂志、数字报纸、数字广播、手机短信、网络、桌面视窗、数字电视、数字电影、触摸媒体等（见图1-1）。

图1-1 新媒体

**（2）什么是新媒体文案？**

新媒体文案不仅是广告的载体，还是新媒体环境下的一种销售手段。在新媒体的场景中，最为重要的是吸引用户，说服用户，最终达到传播、交易的目的。而这种活动是用户借助手机等移动端在网上进行的，用户并不能触摸到实际产品或实地体验风景名胜，只能通过商家、企业等提供的文字或图片描述来了解场景，对描述的产品的了解程度、各方面的观感等都来自文案。若是没有文案，商家、企业就无法吸引到用户。因此新媒体文案就承担了达成传播、交易目的的责任，并成了新媒体场景中不可或缺的存在。

传统文案是指广告作品中的所有语言文字，而随着新媒体时代的到来，文案逐渐发展为基于网络平台、以商业目的为写作目的进行传播的内容。这种内容不再只是语言文字，还涵盖了图片、视频、超链接等元素，使文案更能适应移动互联网时代的需要，对消费者充满吸引力（见图1-2）。

嘤嘤嘤，我能怎么办，我也很绝望啊！我的目标就是，让你体验化妆刷不错，并且玩坏你啊！谁知道，你最后被我用一套化妆刷改造成了一个……看起来还不错的直男？！

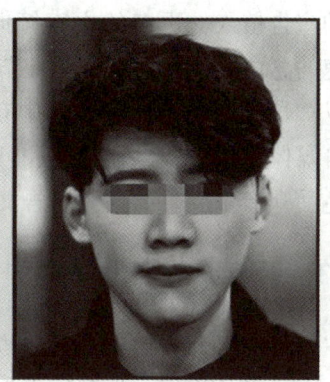

好了各位，反正第一期直男化妆大改造就是这样啦，如果我没被辞退的话应该还是会有第二期的！最后用美腻小姐姐镇楼！

图1-2 新媒体文案

## 1.1.2 新媒体文案的特点

**(1) 以噱头博眼球获得关注**

新媒体平台的盈利模式致使传播者追求点击率和话题量。"标题党"应运而生，"震惊""可怕""大事件"这类用语已是常态。用"13种迹象表明你正在浪费生命""未来十年赚钱快的行业"这种"必看系列"营造一种"全世界只有你不知道"的错觉，从而获得点击量。更有甚者会杜撰一些莫须有的事件来哗众取宠，带来不良的社会影响，因此需要受众去甄别。

**(2) 内容针对性更强，信息高度浓缩**

为了达到极短时间内将信息传达的目标，新媒体下广告文案在内容上极为浓缩，简短高效。广告文案大多是针对性极强的，例如"生成你的专属气质报告""十二星座的幸运分析"等。

**（3）短文案比长文案更加受欢迎**

在整个社会风气偏浮躁的今天，同样的阅读时间，耐心有限的情况下，更多读者喜欢浏览短小精悍的文案。不断地下拉刷新，会使得读者容易半途离去。为了迎合受众，广告文案通常选择中短篇幅。

**（4）文案可视化**

好的商品文案也要搭配出色的图片，将文字融入图片，图文结合。为了吸引读者，广告文案大多选择将文字图片化，不仅可以辅助理解还可以加深受众记忆。

**（5）软文的使用多于硬广**

相比硬邦邦的广告植入，更多的文案倾向于用软文植入的方式。以各类娱乐节目为例，硬广多以快速的念白简洁带过，但是在节目过程中则有很多产品以使用品的形象出现或者由明星嘉宾以"段子"的形式在谈话中有技巧地传达。此外，在新媒体环境中，推荐软文类更多见于自媒体传播中，以趣味性和可读性内容吸引受众主动转发传播；以客户运营为核心，为避免受众产生反感，这类广告文案往往广告气息不浓郁，灵活性更高。

### 1.1.3 新媒体文案常见类型

文案按企业广告目的可分为销售文案和传播文案；按文案篇幅的长短分为长文案和短文案；按广告植入方式可分为软广告和硬广告；按文案投放渠道的不同可分为微信公众号软文、朋友圈营销文案、微博文案、App 文案等；按表现形式可分为纯文字文案、广告图文案、视频文案等。

**（1）按广告目的分类：销售文案和传播文案**

企业的所有广告文案都是为销售服务的，但为了更好地区分文案类型，可根据企业广告的主要目的分为销售文案和传播文案。

销售文案：即能够立刻带来销售的方案，如商品销售中介绍商品信息的方案，为了提升销售而制作的引流广告图等。

传播文案：即为了达到扩大品牌影响力的文案，如企业形象广告、企业节假日情怀营销文案等。

不同的文案类型，写作创意方法也有不同。销售文案需要能够立即打动人，并促使立即行动，而传播文案则侧重于是否能够引起人的共鸣，引发受众自主自发传播。

**（2）按篇幅长短分类：长文案和短文案**

按照文案篇幅长短，可分为长文案和短方案，长文案为 1000 字以上的文案，短文案则在 1000 字以下。通常来讲，长文案需要构建强大的情感情景，而短文案则在于快速触动，表现核心信息。

**（3）按广告植入方式分类：软广告和硬广告**

软广告即不直接介绍商品、服务，而是通过其他方式代入广告，如在案例分析中植入品牌广告、在故事情节中植入品牌广告，受众不容易直接觉察到软广告的存在，它具有隐藏性；硬广告则相反，是以直白的内容发布到对应的渠道媒体上。

**(4) 按投放渠道及表现形式的不同分类**

投放渠道不同,文案的表现形式也有不同,如微信公众号支持多种形式的文案表现,如文字、图片、语言图文、视频等。

> **想一想**
>
> 企业为什么要做新媒体?如何去做新媒体?

## 1.2 新媒体文案解读

### 1.2.1 新媒体与自媒体

随着互联网的日益发展,各个领域都在进行创新发展,其中新媒体便是时下最流行的行业,同时我们也经常听到另外一个词就是自媒体。很多人搞不清楚两者的关系,大部分人认为两者是相同的意思,但其实两者还是有一定的区别的。

**(1) 什么是自媒体?**

自媒体又称"公民媒体"或"个人媒体",是指私人化、平民化、普泛化、自主化的传播者,以现代化、电子化的手段,向不特定的大多数或者特定的单个人传递规范性及非规范性信息的新媒体的总称。自媒体平台包括百度贴吧、博客、微博、微信等网络平台(见图1-3)。自媒体通过"六度理论"和"病毒式"的传播,将信息的传递速度和规模无限地放大,如果网站的品牌和商品是正向的,让用户使用后心理价值感受超过其预期值,则通过用户自媒体的影响,自动会形成产品的口碑,有形地助推企业价值。

图1-3 常见自媒体平台

**（2）自媒体与新媒体的区别**

1）两者的传播者不同

新媒体的传播者有可能是媒介组织，也有可能是个人，而自媒体的传播者仅限于个人。自媒体是属于新媒体范畴里的，自媒体是新媒体里的一种形式。

2）出现的时间不同

新媒体比自媒体出现的时间要早很多。最早出现"新媒体"这个概念是在1967年，而"自媒体"出现的时间是在2002年。

3）传播的平台不同

自媒体一般是个人通过企业创办的媒体平台，例如微博、微信、头条、百度、博客、贴吧等，来发表自己的观点。

新媒体一般是企业通过自己创办的平台进行传媒活动，例如新闻客户端发表的新闻；或者是借助于其他企业创办的平台进行对自己的宣传活动，例如某视频网站承接的企业广告。

4）打造的形象不同

新媒体打造的通常是企业的品牌形象，对应的用户是使用该企业平台的人，例如通过手机下载了某个新闻客户端的人。

自媒体打造的是个人的品牌形象，例如某人通过微信看到了某个作家的文章，而关注了该作家的个人公众号。

5）盈利模式不同

新媒体是通过广告投入、会员注册、付费内容来产生盈利。而自媒体一般是通过在文章内软性植入产品宣传、推荐其他自媒体用户等方式来获得盈利。

### 1.2.2 新媒体发展趋势

**（1）发布主体多元化**

信息传播从专业媒体向大众传播转变。从新媒体内容供给主体来看，目前已形成媒体、政务发布、自媒体三分天下的格局，自媒体从业人员已超过300万人。

**（2）媒体与受众关系转变，双向互动**

媒体和受众关系从单向灌输向双向互动转变。媒体和用户之间随时都要进行信息、观点、情感的交流，呈现由用户提供内容的平台，媒体与用户的关系日益成为信息传播的共同体、价值判断的共同体、情感传递的共同体。

**（3）从可读到可视再到短视频传播形态**

从可读到可视，短视频将成为未来传播的主要形态。网络速度提升，拍摄制作门槛下降，短视频将迎来爆发式增长。

**（4）资讯内容快速拓展**

以手机为媒介，算法推荐的流行助推了碎片化、消费内容快速拓展，传统意义上的新闻资讯、生活服务、健康知识、娱乐视频等资讯大规模进入内容生态，满足了人们信息消费的需求。

**（5）优质内容回归，开始付费阅读模式**

中国互联网免费模式已久，在海量信息中寻找有准确可靠的内容有些困难，付费问答平台应运而生。虽然中国内容付费市场还不会迎来爆发式增长，但已成趋势。

**（6）网络平台化赢得竞争优势**

传统媒体相比网络平台内容更为优质，但是，网络平台在资本技术的推动下，用户、流量呈现出新的趋势。能做出优质内容不一定能做出超级平台，缺少自主可控的平台便很难掌握话语权和影响力。

**（7）人工智能由概念进入实操阶段**

媒体和人工智能技术的结合已经由早期的概念进入产品形态，智能推荐、语音识别、智能传感器等技术的应用正在重塑新闻生产和传输的各个环节。从某种意义上讲，移动互联网已经进入下半场，智能移动互联网正在蓄势待发。

**（8）算法推荐改变信息传播的逻辑和规则**

传统媒体的目标受众更多是某一群体，而新媒体的用户是个体，算法推荐可以决定内容分发的路径、速度。从趋势上看，算法不但是一种技术，更是信息传播的一种方法论。未来一个平台的竞争力将取决于数据、算力和算法。一方面要掌握海量的内容数据，另一方面还要掌握海量精准的用户数据，为此，我们要有云计算的能力，要建立自己的算法，要通过学界与业界的沟通，扬长避短，研究推出体现价值取向的主流媒体算法。

> **想一想**
>
> 自媒体和新媒体有什么区别？如何去做自媒体？

## 模块小结

本模块我们学习了新媒体文案的概念，了解了新媒体文案的特点，以及新媒体文案常见类型，最后学习了新媒体与自媒体以及新媒体发展趋势，学习这些知识将为我们写好新媒体文案打下基础。

### 任务操作

## 体验新媒体平台

【任务目的】

通过下载与安装微信、新浪微博、今日头条、抖音，了解目前最流行的新媒体平台，学会使用新媒体平台，关注平台上的媒体人。

【任务内容和步骤】

①在手机主页面点击"应用市场"图标，找到搜索图标。

②在手机页面上端搜索框内输入"微信"，下载"微信"并安装，点击"打开"，进入 App 首页进行注册并提交（见图 1-4）。

图 1-4　下载"微信"

③在手机页面上端搜索框内输入"新浪微博"，下载"新浪微博"并安装，点击"打开"，进入 App 首页进行注册并提交（见图 1-5）。

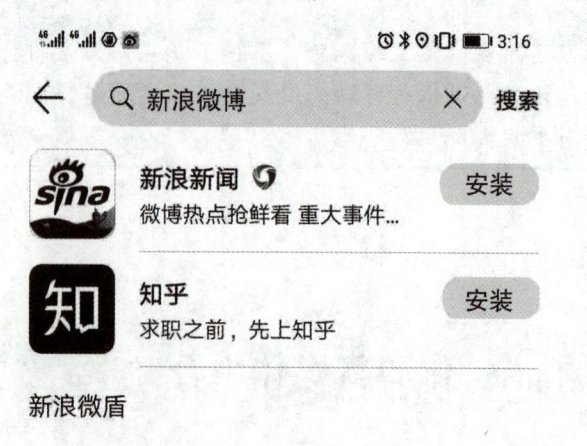

图 1-5　下载"新浪微博"

④在手机页面上端搜索框内输入"今日头条",下载"今日头条"并安装,点击"打开",进入 App 首页进行注册并提交(见图 1-6)。

图 1-6  下载"今日头条"

⑤注册登录后进入"微信"首页,点击"通讯录",点击"公众号",进入公众号,点击右上角"+",上端搜索框内输入"新世相",点击"新世相",关注公众号,查看历史文章。

【任务提示】
安卓手机和苹果手机的进入方法略微不同,仔细查看也能达到同样的效果。

【思考和练习】
①各新媒体平台有何不同?
②如何选择适合自己项目的新媒体平台?

## 同步测试

1. 单项选择题

(1) 有关新媒体营销活动的内容编辑中,哪一种不符合内容编辑的技巧?(　　)
A. 图文形式　　　　B. 纯图片形式　　　　C. H5 页面　　　　D. 卡通形式

(2) 新媒体(New Media)概念是由美国哥伦比亚广播电视网(CBS)技术研究所所长戈尔德马克(Peter Carl Goldmark)在(　　)年率先提出的。

A. 1967 年 　　　　B. 1980 年 　　　　C. 1816 年 　　　　D. 2000 年

（3）物以稀为贵。在营销过程中，人们要有意识地通过"限时""限量"去营造活动的"什么感"？（　　）

A. 紧迫感 　　　　B. 紧张感 　　　　C. 饥饿感 　　　　D. 兴奋感

（4）新媒体是指利用网络技术、数字技术、移动通信技术进行（　　）的信息交流平台，包括固定终端和移动终端。它是向用户提供信息和娱乐服务的传播形态。

A. 信息传递 　　　　　　　　　　　B. 信息接收
C. 信息输入 　　　　　　　　　　　D. 信息传递与接收

（5）在产品生命周期中的不同发展阶段，新媒体运营目标不同。维系现有用户是在企业的哪个时期？（　　）

A. 种子期 　　　　B. 发展期 　　　　C. 成熟期 　　　　D. 衰退期

2. 多项选择题

（1）纵观媒体的发展，经历了哪几个阶段？（　　）

A. 精英媒体 　　　　B. 大众媒体 　　　　C. 传统媒体 　　　　D. 个人媒体

（2）相对于报刊、户外、广播、电视四大传统意义上的媒体，新媒体被形象地称为（　　）。

A. 第五媒体 　　　　　　　　　　　B. 数字化新媒体
C. 第四媒体 　　　　　　　　　　　D. 传统媒体

（3）新媒体基本类型有哪几种？（　　）

A. 时尚新媒体 　　　B. 户外新媒体 　　　C. 手机新媒体 　　　D. 网络新媒体

（4）新媒体基本特征是（　　）。

A. 海量性与共享性 　　　　　　　　B. 碎片化与小众化
C. 交互性与即时性 　　　　　　　　D. 多媒体与超文本

（5）新媒体营销具有哪几种特征？（　　）。

A. 多元性 　　　　B. 普及性 　　　　C. 互动性和灵活性 　　　　D. 个性化

（6）新媒体营销品牌传播中的营销方式哪有几种？（　　）

A. 病毒式营销 　　　B. 口碑营销 　　　C. 事件营销 　　　D. 饥饿营销

3. 分析题

自媒体人必备的新媒体平台及每个平台的吸粉方法。

参考答案

1. 单项选择题

（1）C　（2）A　（3）C　（4）D　（5）C

2. 多项选择题

（1）ABD　（2）AB　（3）ABCD　（4）ABCD　（5）ABCD　（6）ABCD

3. 分析题

（1）新闻类

1）今日头条（见图1-7）

图1-7　今日头条

优势：占据移动端阅读头把交椅。可以智能推荐，而且无须拓展粉丝，只要把文章写好，就会被智能推荐，注意一定做好原创。

缺点：一篇文章，只要被其他网站收录了，或者创作者先发表到其他网站上面，今日头条就会马上抓取文章，然后创作者再去发布，就发布不了了，这个是一个强迫行为，今日头条上的流量太大了，所以有了文章，首发今日头条，连微信公众号都不敢先行发布；读者素质普遍较低。

2）搜狐新闻

优势：文章很容易被百度收录，并且保持长期的霸屏。

缺点：文章不容易被推荐，很难提高阅读率和形成人群围观。

3）腾讯媒体开放平台（天天快报，见图1-8）

图1-8　天天快报

优势：腾讯用户数量很高，如果被腾讯新闻推荐，就会让用户量瞬间爆棚。

缺点：腾讯未做大力宣传，当前用户较少；文章很难被推荐。

4）百度百家平台（属于百度新闻）

优势：百度百家是百度公司旗下的产品，文章很容易被百度收录，并且搜索排名很容易靠前。

缺点：百度百家注册难度极高，要求限制过多。

（2）一点资讯、网易新闻、凤凰新闻

以上这几个平台注册难度相对较大，不容易通过，而且相对用户较少，但是这些平台的文章很容易被其他网站转载。

（3）网易云阅读

优势：文章一键发布，没有任何阻碍；分享平台很多，特别是朋友圈和网易微博、搜狐微博，虽然用的人少，但是总归是一个平台，分享了总比不分享好。

缺点：几乎没有数据。

# 模块 2　新媒体文案的前期准备

## 知识目标
1. 了解新媒体文案前期调查内容。
2. 熟悉新媒体文案创意思考方法。
3. 掌握新媒体文案思维输出与表达。
4. 掌握新媒体文案的传播关键点。

## 能力目标
1. 能运用理论知识拟定调查方案及内容。
2. 能运用新媒体创意思维制定文案方向与主题。
3. 能运用新媒体文案传播性、附着力、社交化制造传播话题。

## 思政目标
1. 了解中国制造的工业生产能力。
2. 了解新媒体社交化的正向传播。
3. 培养"守正创新"的创意输出能力。

## 本模块重难点
1. 新媒体文案前期调查内容。
2. 新媒体的创意思考及输出。

### 项目引入

vivo 新推出的型号为 X9s 的手机需做软文调研，其竞争对手的调研主要分为哪几步？

【项目分析】

第一，找出 vivo X9s 的竞争对手，即为 OPPO R11、华为 nova2、小米手机 6 等同等价位的国产手机。

第二，在网上检索这些手机型号的关键词，或在品牌的官方网站、官方微博及微信公众号上查看，研究同类竞品的推广软文主要宣传手机哪些方面的特性，运用何种方法撰写软文，以及软文主要投放渠道和效果等方面内容。

因此，新媒体文案调研工作需要从不同角度获取同类文案材料与竞争信息。

### 知识准备

## 2.1 新媒体文案写作前期调查

### 2.1.1 整合资料

软文调研是软文写作的第一步。新媒体文案在写作的过程中需要参考大量的资料，因此对于市场调研的分析要做好充足的准备，为文案的数据支持提供有力的保障。对于文案创作者而言，这类资料的前期收集是决定能否写好文案的关键。前期调研需要收集的资料类型很多，这里列举几种较为常见的资料以供参考。

**（1）宣传文案的甲方企业资料**

甲方企业资料可向企业方交涉索取。企业资料一般包括企业规模、厂房占地面积、人员规模、资金实力、企业历史等方面内容。在一些特定的新媒体文案环境下，宣传企业的背景资料可有助于消费者对产品树立信心、增加购买力。

**（2）产品宣传手册、记录商品特点的文件、技术文件等**

对于产品类的宣传文案，一般需要提供一定的产品数据以便消费者对该产品有一个数据化的认识，方便消费者与同类型的产品进行对比。在文案内应重点突出明显强于同类产品的"长处"，避免流水账式的介绍。

**（3）宣传企业的官网信息**

如甲方无法提供企业资料或无法及时提供企业资料，可以通过官网查询企业资料以及产品信息。

**（4）宣传产品或企业已有的广告企划内容**

如宣传产品在此之前已有相关的广告公司做过文案，一般会留给企业广告企划书，企划书内会有相关的产品信息以及企业信息等，可作为参考。

**（5）相关的广告内容**

市面上如有相同类型的产品，也可以通过他们的广告文案举一反三、取长补短，进一步深化再纳为己用。

**（6）网络上相关的评论文章以及用户的反馈信息**

作为自媒体时代兴起的测评类文章一直以来在产品销量方面占着举足轻重的作用，新媒体文案写作可参考相关评论文章内容并加以利用。如没有此类产品的文章，可通过用户的反馈信息模仿测评类文章格式进行再创作。

### 2.1.2 调研分析

**（1）企业内部调研**

企业内部调研是软文调研的第一环节，通过对企业及其产品或服务进行系统分析、整体评价，帮助企业准确掌握自身的竞争优势，深入挖掘突显企业产品或服务的题材，为写作做准备。调研内容包括企业经营范围、企业价值、企业荣誉和资质、企业盈利模式、企业年营业额、企业创建史及创始人故事、企业文化、企业公益活动、企业生产及办公环境。

**（2）企业外部调研**

要求全面了解企业外部市场及竞争对手的情况，主要包括企业所在行业的发展情况及行业特点、行业排名前三的企业分析、竞争对手分析等内容。

其中竞争对手分析是企业外部调研最关键的内容。研究竞争对手的文案策略、文案选题方向、文案写作方法、文案投放渠道及效果等，做到知己知彼，优势借鉴，站在巨人的肩膀上创作出更加符合新时代特点的新媒体文案。

采用比较常见的 SWOT 分析方法对竞争对手进行全面分析。何为 SWOT 分析？SWOT 代表四个英文字母的首字母：Strength（优势）、Weakness（劣势）、Opportunity（机会）、Threat（威胁）。通过全面总结竞争对手这四个方面的特点，发扬优势、弥补劣势、抓住机会、消除威胁，从而使自身的文案水平得到进一步的提升。

### 2.1.3 卖点定位

**（1）产品定位**

分析产品定位，我们需要根据产品的定位来找受众感兴趣的点，这是新媒体文案的宣传重点所在。产品定位一般通过解答下列问题找出，见表 2-1。

表 2-1 产品定位相关问题

| 关于产品方面问题 | 关于商家方面问题 |
| --- | --- |
| 产品的哪种功效最为重要？ | 产品是否经济优惠？ |
| 哪些特点是独有的，其他产品没有？ | 产品的购买渠道在哪里？ |
| 产品的优势点、优势领域在哪里？ | 商家的折扣力度或优惠活动有哪些？ |
| 产品的实用价值在哪里？ | 商家的售后服务质量如何？ |
| 产品针对的受众群体是什么？它能帮助受众解决什么样的问题？ | 购买过该产品的用户对这个产品有怎么样的评价？ |

### (2) 新媒体平台定位

目前市面上比较流行的新媒体平台定位见表 2-2。

表 2-2 新媒体平台定位

| 平台 | 定位 |
| --- | --- |
| 微博 | 微博的优势较为明显，人人可看，人人可发布；但劣势也存在，限定字数少，难以精确表达 |
| 微信 | 微信的优势主要体现在朋友圈以及使用人群的分布，而这些用户都为有效的真实用户；但微信的劣势比较明显，需要加公众号或者微信号才能看到推送的文案 |
| 电商平台 | 电商平台是推送产品最好的平台，也是交易完成的最终场所之一；电商平台的劣势为：推送广告需收费，前期投入有一定风险 |
| 网易、头条、百度等 App 推送平台 | App 推送近年来逐渐成为新媒体广告的推送主要平台之一，但 App 推送的广告一般受众会有一定抵触情绪，效果甚微 |
| Bilibili、AcFun、优酷等自媒体视频平台 | 通过流量博主以软广告的形式推送的广告文案在近几年也成为一种趋势，优点是广告投入相较于传统媒体平台较为便宜，但是受众为粉丝群体，受众面较窄 |

### (3) 受众分析

用户群的主要特征、行为习惯、用户对企业产品或服务的评价及企业合作伙伴等方面都是第三方调研所需要收集、分析的数据，这对文案写作的选题及投放渠道的选择起决定性的作用。

不同的受众有不同的消费观，对于不同社会角色的人群探究其消费心理是文案的切入点和侧重点，因此，可以根据不同的受众来制定不同的写作文案。

此外，根据社会角色分析。社会角色并不能简单地进行划分，人的社会角色往往是多重叠加的，但利用大数据信息对潜在的用户进行标签化，如百度指数能够将搜索同类关键词的人群进行详细的人物画像。

提炼用户标签的过程，实际上是针对以下三个问题的循环研究过程：

①固定属性：即用户的基本特征，这些特征在短时间内不会发生变化，包括用户年龄、性别、职业、地区、学历等。

②用户路径：即用户的互联网浏览喜好，包括打开频率较高的聊天软件、常用的搜索网站、购物喜好平台等。

③用户场景：即用户在某特定场合或特定时间的动作，如在早上起床、上下班路上、晚上睡前等场景内，用户如何学习、如何娱乐等。

新媒体运营者需要在用户标签的基础上进行画像描述，以呈现完整的用户特征。描述用户画像看起来只是一个"写作文"或"写剧本"的过程，按照标签进行文字延展。但是在具体描述时，需要做到完整化、细节化。

> **想一想**
>
> 请分析小红书平台的产品卖点、受众人群以及平台定位。

## 项目引入

如果用一分钟,让你为一位喜欢的老师做宣传,受众人群是全校师生,你会选择哪位老师,从哪些角度对该老师进行宣传,选择什么样的宣传渠道?

【案例链接】

### 兴义民族师范学院招聘语言学博士

首先坦白,学校很一般很一般:

一、不是数字序列高校(985和211)、不是双一流;平台很一般,需要您来创造。

二、交通情况暂时不"高速",只有飞机到达全国各大城市;但高铁五年内融入上沪昆高速网线。

三、人才引进政策待遇一般,或者一套三室两厅90+平的房,或者30万安家费,二选一;另加10万~15万科研启动金。其他无。

四、工资待遇参照西部地区高校标准,据事实比较,略超湖南一点点。

(如果以上条件您绝对不考虑过来,请忽略以下内容)

以上情况可以接受的话,您再看看以下内容,也许可以考虑过来学校看看谈谈:

一、语言学博士应聘,年龄不超过45岁(最多46,不能再加了),免面试、免试讲、免拖免等,来了就签录用合同,约今年8月州人社局办入编手续。

二、文传院有汉语言文学、国际汉语教育两个专业,语言学课程丰富,任您挑选符合您的研究方向的课程;现有语言学博士四名,文献学博士二名,语言学硕士五名,可组建科研团队。

三、评职称容易,只要您曾参与过省厅级及以上课题项目且已结题有结题证书、一篇北大核心文章且总期刊文章数7篇(挂任何单位发表皆可),就可以参加明年上半年的"绿色人才通道"评副教授职称,已有副教授职称通过此通道快速评教授(学校教授数量亟待增加,校长为这事儿特别上火)。

四、工作压力不大,没有科研要求,申不申请项目发不发文章全凭您心意,学校不强制;您只想好好上课那就上课,当个好老师也行,这边学生娃相对淳朴,到课率长年高达90%以上,别讲太深奥的专业知识,学生不一定能吸收得了。

五、……搜肠刮肚再说一个,兴义市是世界级春城之一(中国大概只有昆明、兴义等两三个入选,数据来源百度),紫外线比昆明弱,四季较昆明分明。风景区万峰林、马岭河峡谷就是城市组成部分,学校新校区就在马岭河峡谷风景区边上,空气质量长年排贵州省第二。还有啥？噢对了，牛肉便宜，35元一斤，现宰现杀不注水。

其他没了。

总结起来，就是兴义是个适合养老的地方，兴义民族师范学院是个不会出现"过劳史"的工作单位，而且您想做学问就可以快快乐乐做学问，只问耕耘不求收获。

(出处：https：//weibo.com/ttarticle/p/show?id=2309404232712553636670)

【项目分析】

这篇史上"最实诚招聘"之所以能成为网红，是因为它与现实职场上我们所熟知的招聘启事是一种完全相反的风格。整篇文案的创意思维输出模式见图2-1。

```
                          ┌─ 非重点高校
                          ├─ 交通：没有高速，只有飞机
              ┌─ 学校定位 ─┤
              │           ├─ 人才引进政策一般
              │           └─ 待遇略超湖南一点点
招聘语言学博士 ─┤
              │              ┌─ 工作前提：应聘要求
              │              ├─ 工作现状1：学校专业及师资现状
              └─ 来校工作现状 ─┤── 工作现状2：评职称容易
                             ├─ 工作现状3：工作压力小
                             └─ 工作现状4：环境好
```

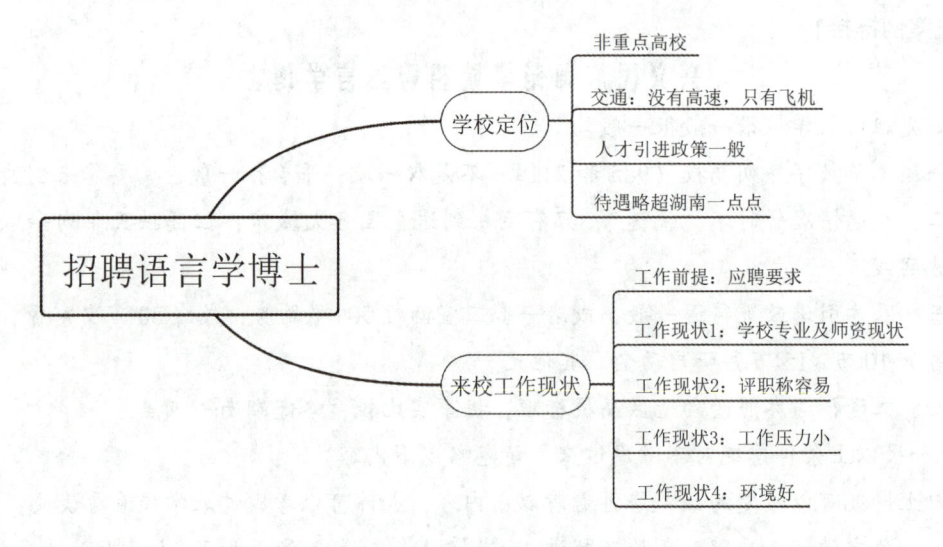

图2-1 创意思维输出模式

### 知识准备

## 2.2 新媒体文案创意思考方法

（1）发散思维树状图

在新媒体文案策划中，树状图可以创意思维发散，找到最大卖点，也可以是最打动用户的卖点。

实施的基本规则：

①主题明确：围绕一个中心主题，畅所欲言。

②追求数量：在允许的时间范围内，记录更多可能的意见。

③禁止评价：接受任何观点，但不予评价。

④活跃氛围：尽量制造轻松、自由的讨论氛围。

⑤呈现形式：由选定主题作为树干，相关联想作为树的枝干，所有的观点都可以开枝散叶。

> **想一想**
>
> 看到农夫山泉，你能想到什么？看到下面的三角形，你能想到什么？

**（2）创意表格思考法**

创意表格思考法，则为不同维度的要素排列组合，得到与众不同的创意结果（见表2-3）。

使用规则：从现有产品中分解问题维度，如口味、颜色、包装、结构等。对每个维度进行细分，将不同细分要素进行组合。

表2-3 创意表格

| 方向/特点 | 特点 A | 特点 B | 特点 C | 特点 D |
| --- | --- | --- | --- | --- |
| 方向 1 | 1A | 1B | 1C | 1D |
| 方向 2 | 2A | 2B | 2C | 2D |
| 方向 3 | 3A | 3B | 3C | 3D |

> **想一想**
>
> 请尝试用创意表格思考法对奶茶的研发提出建议。

**（3）词汇清单法**

词汇清单法主要针对标题撰写，围绕中心词，列出名词、形容词、动词等指定词汇库，在既定的词汇库中进行词汇组合造句，适时对语素进行替换。

> **想一想**
>
> 请尝试用词汇清单法为牙套撰写合适的文案标题。

**（4）金字塔结构法**

金字塔结构法是文案创意输出的逻辑思维方法，由麦肯锡公司提出，与语言写作中的"总分"结构相似，由中心论点展开若干个分论点，由若干个论据支撑分论点，常常用来整理缺乏逻辑性的发散思维，对创意逻辑进行梳理（见图2-2）。

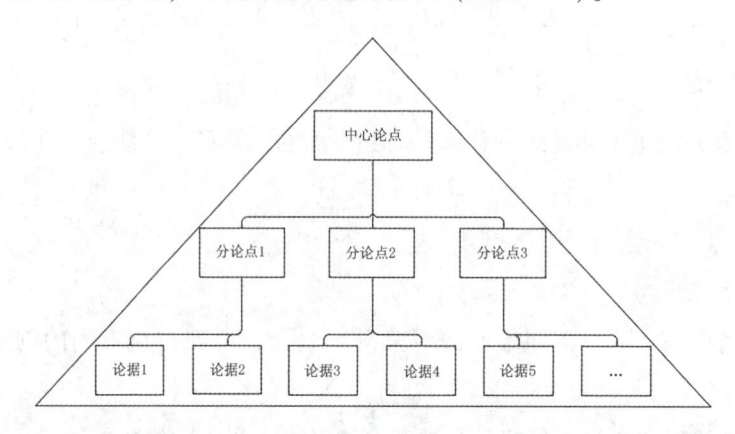

图2-2 金字塔结构输出模式

## 2.2.1 新媒体文案的关键点

新媒体经历着由"播"到"传"的传播渠道的发展变化。《新闻记者》曾指出，被动接收式传播渠道变化，正因社交媒体的兴起，人们开始在"自建立"的"圈"社群里，开始"自生产""自传播""自消费"内容的传播系统。

美国政治学家拉斯韦尔在其1948年发表的《传播在社会中的结构与功能》一文中，提出著名的"5W"模式，界定了新媒体传播的范围与内容。

5W：谁（Who）→说什么（Says What）→通过什么渠道（in Which Channel）→对谁（to Whom）→取得什么效果（with What effects）

其称谓来自模式中5个要素同样的首字母"W"。这5个要素各有其自身的特点：

"谁"是指传播者，在传播过程中担负着信息的收集、加工和传递的任务。传播者既可以是独立个体，也可以是集体或专门的组织。

"说什么"是指传播的讯息内容，它是由一组有意义的符号组成的信息组合。符号包括语言符号和非语言符号。

"渠道"是信息传递所必须经过的中介或借助的物质载体。它可以是各类线上平台网站、收集软件等新媒体传播媒介。

"对谁"就是受传者或受众。受众是所有受传者如读者、听众、观众等的总称，它是传播的最终对象和目的地。

"效果"是信息到达受众后在其认知、情感、行为各层面所引起的反应。它是检验传播活动是否成功的重要尺度。

在传统媒体时代，信息的生产和分发的主动权，都掌握在上特定人群手里，信息源由主流渠道传达到每一个受众。到了新媒体时代，信息的创造、传播、接收路径以社交媒体微载体构成四通八达的网状结构，而且这些节点随之变小，渠道成为通道，任何人信息制造与收发的主动权随之提升，信息与受众之间的联系增强了，受众不再处于被选择、被动接收的地位。

## 2.2.2 符号性

传播是基本的社会过程，新媒体传播在满足社会需求、发展和探索自我、交流信息、影响别人的基本功能上，携带的语言符号或非语言符号，如名牌名字、产品包装设计、产品服务体验等，使得文案更具有被传播的潜力，自带传播属性。

而这些符号在描述信息时，之所以能够被主动传播，是因为运用已知符号，品牌话语口语化、品牌价值融入、品牌场景诱因等，让受众脱口而出，耳濡目染。

已知符号，即使是模棱两可的图（见图2-3和图2-4），我们也能一眼识别它们是宝马与可口可乐品牌，很显然它们持有醒目的品牌符号，而这些图像符号或品牌符号让文案更容易被传播。

图2-3 宝马汽车符号　　　　　　图2-4 可口可乐符号

品牌话语简洁有力，如：苹果的"think different"，让大众认识到手机智能变革；"农夫山泉有点甜"，突出了水质的优越性；"不是所有的牛奶都叫特仑苏"，用口号突出自己专有署名。

在特定场景下，如"饿了么""困了累了喝红牛""爱上火，喝王老吉"都是利用了场景化诱因，消费者自然而然会在情景中想起某类品牌或产品。

## 2.2.3 社交货币

人们积极地在网络圈中与他人分享的信息及内容、体验，都属于社交货币。文案具有社交货币功能意味着能更好地被受众主动传播。

社交货币铸造有 5 种方式：

①满足自我认同。通过外部形象、思维形象、理性形象，塑造"共同体"的自我，例如，家在浙江的人更乐于分享《爱上一个叫浙江的地方》，身材高挑的人更容易产生共鸣转载《一米七以上的高个子女孩是什么样的体验》，热爱旅行的人更渴望转发《大学毕业用一年时间完成环球旅行》。

②打破思维定式。能够引起人们更多好奇心的文章往往具备话题性，比如"七岁男孩背诵圆周率到 1000 位"的信息，能容易得到人们的关注，沃顿商学院教授乔纳·伯杰将白色的卫生纸换成黑色，打破固有形态就具有了话题性。

③运用社会比较。安装过 360 软件的用户在开机时，将会有这样的提示，"您的开机速度击败了全国 99%的电脑，特此授予您五星级神机称号"，这样的文案提醒往往提供用户心理奖励，更容易被作为社交货币分享与传播。

④提供实用价值。实用性的文案，往往能够满足用户获得实际益处，例如，推送的内容《某手机隐藏功能，99%的人都不知道》，更容易与他人分享，成为消费者的交易货币。

⑤创造归属感。个体与特定群体之间的内在联系，是一种划分"我"与"他人"的心理表现，"会员专供""限量发售"都是代表了某种身份符号的象征，更容易分享与阅读。

### 2.2.4 附着力

信息的附着力，在于想法与观点能够停留在受众的思维里更持久，《让创意更有黏性》这本书提出了简单、意外、具体、可信、情感、故事 6 大法则。

①简单：精炼核心信息。让句子简洁明了；甄选简单词；选用熟悉词；避免冗字杂句；使用动词；结合受众经验；词汇丰富有层次。

②意外：吸引维持注意。找到核心信息，思考信息中反直觉的观点，破坏受众预期预测。如海底捞打破了"微笑服务"旧式优质服务的认知，依靠意外之举吸引客人：客人打了一个喷嚏，服务人员就从后厨端来碗姜汤；客人随口的一句西瓜很甜，餐厅就打包奉上了完整的西瓜。意外的故事与想法总是会带来新的惊喜价值。

③具体：帮助理解记忆。每一段文字的表达携带着某些记忆指令，会触动不同的大脑运动，唤醒连串回忆，如气味、影像、声响等，这些感官记忆往往能附着在字里行间。

④可信：让人愿意相信。用权威、反权威、细节、数据、用户自证、示范效果等方式都能提升信服度。

⑤情感：使人关心在乎。触动受众情绪，形成情感共鸣；与读者建立身份关联指向，切乎自身利益。

⑥故事：发人思而行动。挑战情节，往往是自我突破类型，如涅槃重生、鲤鱼跃龙门、反败为胜等；联系情节，往往两个人之间由描述的目标产品、活动、品牌、事件等作为连接口，顺承故事情节；创造情节，打破知识常规，再生创新场景。

## 模块小结

本模块我们学习了新媒体文案前期调查内容，了解了新媒体文案创意思考方法，初步探索了新媒体文案思维输出与表达，认识了新媒体文案从"播"到"传"的关键点，学习这些知识将为我们好写新媒体文案做好前期准备。

## 任务操作

### 1 撰写一则新媒体创意简报

【任务目的】

新媒体大行其道，依靠的就是创意，而把创意转化为策划方案的能力是新媒体运营者的必备能力，案例模拟训练是创意成长的快速捷径。

【任务内容与步骤】

①请大家按创意思维方法思考"不下床关灯，有什么解决办法"。

②充分运用发散思维虚构解决方案或产品，撰写创意简报，罗列创意思维输出的框架，角度不限。

③各小组进行成果分享与点评。

【任务提示】

①前期进行调研，发现用户痛点。

②运用创意思考的几类方法，与团队成员进行"头脑风暴"，搭建草稿框架。

③提炼方案创意点，进行创意文案简报设计与阐述。

【思考与练习】

①产品或方案的创意点如何融入文案写作中？

②创意思考方案是否能够组合使用？

### 2 撰写一则新媒体活动传播设计

【任务目的】

新媒体本质是互联网信息传播平台，而传播是不可小觑的过程，培养学生制造新媒体话题赢得更多阅读量的能力。

【任务内容与步骤】

①阅读 ALS 冰桶挑战：

2014 年，Facebook 成立正好 10 年，每个月通过移动设备登录 Facebook 的用户在这年第一季度突破了 10 个亿，社交网络显示出了巨大的威力。与此同时，移动设备也进入了狂飙突进的时代，同年第一季度，苹果公司 iPhone 售出超过 5100 万部，创造了新纪录，到这年 6 月，iPhone 的历史总销量达到 5 亿部。

人们开始意识到，利用社交网络和手机就能方便地发表组织活动。早在 2013 年年中，"凉水挑战"（Cold Water Challenge）就开始出现，参与活动的人发布一段视频，指名接受挑战的人，受挑战者要么选择捐钱给研究机构，要么选择跳入凉水里。半年之内，这个活动在互联网上慢慢流行起来。到了 2014 年年初，全国殉职消防员基金（National Fallen Firefighters Foundation）极大地推动了这个活动的影响力。

接着，这项活动在高尔夫球员之间传播开来，结果，著名高尔夫运动员格雷格·诺曼（Greg Norman）在 NBC 的王牌早间新闻节目《今日》（Today）上向主持人马特·劳尔（Matt Lauer）提出了挑战，这项活动迅速在全美流行开来。

同一天，一名高尔夫球员在完成了挑战之后指名他的侄女继续，后者的丈夫安东尼·谢奈尔加（Anthony Senerchia）罹患渐冻症长达 11 年，这是整个活动第一次开始与渐冻症联系在了一起，但是，当时大家并没有直接将两者捆绑在一起，受挑战者依然可以自主选择捐款的对象。

冰桶挑战成了当时互联网上最流行的现象，仅仅半个月的时间里，Facebook 上关于冰桶挑战的相关内容就超过了 1500 万条，而其中有 900 万是在一周内发出的。

数据显示，在 7 月 15 日，Twitter 上关于渐冻症的内容只有一百多条，但是此后一个月，这个数字飙升了 300 多倍。调查显示，在 2014 年 7 月到 8 月，渐冻症的讨论增加了 6 倍，在 8 月份的时候，全网 1/3 的讨论都和渐冻症有关，在冰桶挑战活动之前，有大约 42%的人完全不知道渐冻症。

（出处：https://mp.weixin.qq.com/s/JEv7xN7txHiGKXnpm_GHmg）

②借鉴冰桶挑战，思考并设计出一则适用新媒体文案传播的话题或活动，并尝试传播分享，并统计影响范围及时间数据。

【任务提示】

查阅现有新媒体平台热点话题，加以参考。

【思考与练习】

各组完成作业中传播话题或传播活动两者的表现有什么共同点？

## 同步测试

### 1. 单项选择题

（1）《传播在社会中的结构与功能》提出的"5W"模式，以下不属于界定新媒体传播内容的是（　　）。

　　A. 传播者　　　　　B. 讯息内容　　　　C. 受传者　　　　　D. 通道

　　E. 效果

（2）用户在某特定场合或特定时间的动作，如早上起床、下上班路上等场景内，用户如何学习、如何娱乐等是指（　　）。

　　A. 固定属性　　　　B. 用户路径　　　　C. 用户应用　　　　D. 用户场景

（3）在特定情况下，如"饿了么""困了累了喝红牛""怕上火，喝王老吉"都是利用传播中的（　　）诱因，使消费者自然而然想起目标产品或品牌。

　　A. 场景化　　　　　B. 情绪化　　　　　C. 品牌化　　　　　D. 口语化

（4）以下不属于新媒体文案传播过程呈现的特点是（　　）。

　　A. 符号性　　　　　B. 社交货币　　　　C. 附着力　　　　　D. 技术性

（5）（　　）是文案创意输出的逻辑思维方法，由麦肯锡公司提出，与语言写作中的"总分"结构相似，由中心论点展开若干个分论点，由若干个论据支撑分论点。

　　A. 金字塔结构输出模式　　　　　　　B. 瀑布式组合

　　C. 中心辐射法　　　　　　　　　　　D. 镜头拼接法

### 2. 多项选择题

（1）新媒体文案创意思考方法有（　　）。

　　A. 发散思维树状图　　　　　　　　　B. 创意表格思考法

　　C. 词汇清单法　　　　　　　　　　　D. 金字塔结构输出模式

（2）信息的附着力，通过（　　）让想法与观点能持久地停留在受众思维里。

　　A. 简单　　　　　　B. 意外　　　　　　C. 具体

　　D. 可信　　　　　　E. 情感　　　　　　F. 故事　　　　　　G. 想象

（3）社交货币铸造的几种方式有：（　　）。

　　A. 满足他人认同　　B. 打破思维定式　　C. 运用社会比较

　　D. 提供使用价值　　E. 创造归属感

（4）文案写作中的卖点定位，需要以下哪些分析？（　　）

　　A. 产品定位　　　　　　　　　　　　B. 新媒体平台定位

　　C. 受众分析　　　　　　　　　　　　D. 渠道分析

（5）SWOT 分析包含哪些内容？（　　）

A. 优势　　　　　B. 劣势　　　　　C. 机会　　　　　D. 威胁

## 参考答案

**1. 单项选择题**

（1）D　　（2）D　　（3）A　　（4）D　　（5）A

**2. 多选题**

（1）ABCD　　（2）ABCDEF　　（3）BCDE　　（4）ABC　　（5）ABCD

# 模块 3　新媒体文案写作实务

## 知识目标
1. 了解新媒体文案写作思维。
2. 掌握新媒体文案场景化、感官式写作。
3. 熟悉新媒体文案内容布局、标题设计。

## 能力目标
1. 能运用新媒体文案写作思维模式赏析新媒体文案。
2. 了解互联网思维与新媒体文案写作思维的互通性。
3. 能利用新媒体文案词汇力进行文案创作。

## 思政目标
1. 培养时空观念素养。
2. 培养与时俱进的互联网思维与创新思维。
3. 培养探究精神与思辨能力。

## 本模块重难点
1. 互联网思维与新媒体文案写作思维的互通性。
2. 利用新媒体文案词汇力进行文案创作。

## 项目引入

### 南航微信：服务即营销

2013年8月5日，微信5.0于苹果商店上线，这一版本或许是微信发展史上最重要的版本之一。为了防止公众账号对普通用户的骚扰，微信将公众账号分为订阅号和服务号两类；与此同时，微信开始大力提倡企业微信公众账号做服务而非营销，南航作为服务号的代表从中脱颖而出。

2014年1月，南航微信发布第一个版本，随着功能的不断开发完善，机票预订、办理登机牌、航班动态查询、里程查询与兑换、出行指南、城市天气查询、机票验真等这些通过其他渠道能够享受到的服务，用户都可通过南航微信公众平台来实现。到4月25日，南航微信用户达到20万人。其中有2万~3万人通过微信绑定了会员卡——绑定后，用户还可以直接通过微信获取里程查询、里程累积等会员服务。南航并没有用营销而是用服务实现了粉丝的迅猛生长，这在之前可能并没人预料得到。

在微信公众平台刚刚发布的一段时间内，微信营销甚嚣尘上，而微信5.0的发布算是让大批热血沸腾的营销人士冷静下来，南航、招商银行、大悦城等一批服务性微信账号的成功，展示了不同以往的营销方式——借助新媒体做好服务——服务即营销。

南航总信息师胡臣杰在接受媒体采访时说道，"对今天的南航而言，微信的重要程度，等同于15年前南航做网站！"胡臣杰的话或许体现了从传统媒体时代到新媒体时代的变迁。

（出处：https://www.qingdaonews.com/content/2014-09/09/content_10663848.htm）

【项目分析】

南航微信之所以能爆发出强大的用户动力，是因为它基于对消费者、对市场的细微洞察和与时俱进的创新精神，由"以产品为中心"向"以客户为中心"转变，为乘客分解详细的关键步骤并提供相应的服务链，甚至搭建互联网思维下的一站式微信服务体系。

## 知识准备

# 3.1 新媒体写作原理论

### 3.1.1 互联网思维界定

互联网思维就是在互联网、大数据和云计算等科技不断发展的背景下，重新审视市场、用户、产品、企业价值链甚至整个商业生态圈的思考方式。其本质是商业回归人性。

### (1) 用户思维

用户思维是互联网思维中最核心的思维方式，强调以用户为中心，换位思考，发掘用户的真正想法和需求，做出用户所期待的事。

在互联网的世界中，虚拟和现实最终走向融合共存，对互联网的认知要回归常识，人性的需求是推动科技进步、经济增长、社会进步、文化繁荣的最根本的力量。回应人性的需求，则是用户思维的逻辑原点。

参与感是用户思维最重要的表现方式，让用户参与到产品研发与设计中，如张大奕（淘宝网红）名下的服装品牌线上上新，都会将商品详情页面上传店铺动态或微信公众号，由网友参与评选与讨论，最终对款式进行修改调整，再生产和上架，仅仅半年时间，就成为淘宝服饰销量排名前列的品牌。

> **想一想**
>
> 腾讯创始人马化腾提出 10/100/1000 法则，即所有的产品经理每个月必须做 10 个用户调查，关注 100 个用户博客，收集反馈 1000 个用户体验，只有这样才能真正把握用户想要什么。请你谈谈对句话的理解。

### (2) 简约思维

简约思维指专注于做产品。简约意味着人性化，视觉上简洁，一目了然，便能获取有效信息；操作上简化，一键到底，抛开冗长的操作；描述简单，价值目的能快速被理解。

杰克·特劳特（Jack Trout）和史蒂芬·瑞维金（Steve Rivkin）在《新定位》书中谈及消费者思考模式：消费者只接受有限的信息；消费者喜欢简单；消费者对品牌印象不易改变。因此要专注，形成稳定的固有风格特色。

### (3) 极致思维

极致思维指把已有的产品或服务做到极致，超越用户预期，打造用户满意的产品或服务，敢于颠覆思维定式。

媒体人罗振宇为"罗辑思维"每天坚持 6 点准时在微信公众号发送一条 60 秒的微信语音信息，365 天从未间断，甚至后来将其从单纯的知识型 IP 转变为知识服务平台的流量入口。在短信收费时代，出现了微信、腾讯 QQ 等信息免费传递的社交软件，这些改变都达到了良好的效果。

### (4) 迭代思维

企业时刻关注消费者需求，根据消费者需求的变化适时创新，快速更新产品，最大限度地满足消费者需求。以用户思维为前提，对用户行为进行后台分析，收集用户反馈，尝试改变细微之处，比如缩短使用流程，尝试更新迭代。将来打败微信的不可能是另外一个微信。

### (5) 流量思维

免费往往是互联网公司获取流量的首要策略。而这种流量，代表着注册用户数量，活跃用户、用户访问评论等关注度的数据，正如"目光之所及，金钱必随之"。

**（6）社会化思维**

社会化思维是指利用社会化工具、社会化媒体和社会化网络，重塑企业和用户的沟通关系、组织运营的思维方式。

社会化媒体是互动式在线媒体的总称，由用户参与创作内容（见表3-1）。

表3-1　社会化媒体

| 社会化媒体 | 国外典型代表 | 国内典型代表 |
| --- | --- | --- |
| 社交网络 | Facebook Twitter | 新浪微博、微信 |
| 视频分享 | Youtube | 抖音、B站、优酷网 |
| 消费点评 | Yelp | 大众点评、美团 |
| 问答百科 | Wiki Answers | 百度知道、互动百科知乎、天涯问答 |
| 论坛 | Big Boards | 猫扑、百度贴吧 |

社会化网络指虚拟的网络中所存在的小型社会，人们彼此之间发生真实的社交活动。社会化的焦点是"网"，公司面临的客户以网的形式存在，这将改变企业生产、销售、营销等整个形态。

**（7）大数据思维**

通过后台数据挖掘与分析，进一步创新完善产品功能，以理解数据价值为核心，通过数据处理创造价值。

**（8）平台思维**

平台是互联网时代的驱动力，是由多主体共建、资源共享、共赢开放的商业生态圈。

例如，百度基于技术资源、用户资源和品牌资源，为大众开发游戏、旅游、视频、百科等免费服务，而这些使用行为则将自动记录。

---

**课后思考**

请阅读《玩转个性定制的"可口可乐"》，思考运用了哪些互联网思维。

2013年的夏天，仿照在澳大利亚的营销动作，可口可乐在中国推出可口可乐"昵称瓶"，"昵称瓶"在每瓶可口可乐瓶子上都写着"分享这瓶可口可乐，与你的_____。"

这些昵称有白富美、天然呆、高富帅、邻家女孩、大咖、纯爷们、有为青年、文艺青年、小萝莉，等等。这种"昵称瓶"迎合了中国的网络文化，使广大网民喜闻乐见，于是几乎所有喜欢可口可乐的人都开始去寻找专属于自己的可乐，并在各大网络媒体上晒照分享，可口可乐这一连贯过程使得品牌实现了立体式传播。

（出处：http://www.eqbang.com/webyx/3871346.html）

模块 3　新媒体文案写作实务

## 项目引入

### Google 公司的收信与回信

一个小女孩给 Google 写信，要求给她爸爸放假一天，Google 如何回应的呢？

这封信是一个叫凯蒂的小女孩用蓝色蜡笔写的："亲爱的谷歌员工，求求你能否让爸爸在周三休息一天，因为他只有周六才放假。对了，周三是我爸爸的生日，而且现在是适合放假的夏天，你懂的。"

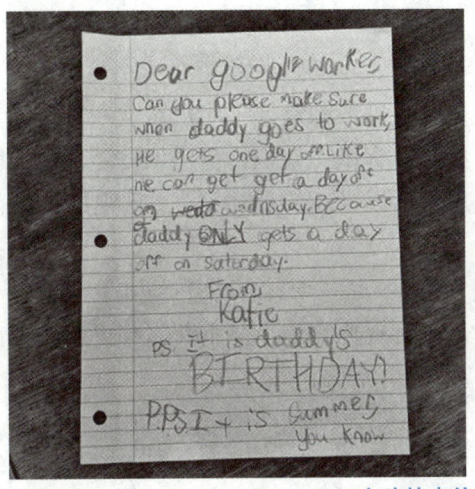

女孩的来信

小女孩凯蒂的请假条很快得到了 Google 公司的回应。她爸爸的上司 Daniel Shiplacoff 亲自回信给小女孩，赞许了凯蒂的行为，不但答应她爸爸能够在周三休假一天，同时在 7 月首周还可休假一周，Daniel 在信中还告诉凯蒂，她爸爸工作很优秀，为成千上万的 Google 用户设计了美丽而有趣的产品。

Google 公司的回信

（出处：https：//news.ifeng.com/a/20170217/50705623_0.shtml）

**【项目分析】**

这篇文案属于品牌文案，让更多人知道了 Google 公司的人性化，吸引了更多人才加入 Google。文案中"女儿""爸爸""责任""假期"等关键词串联了一个平凡家庭中家人与小孩的故事，戳中读者内心最柔软的部分，引起共鸣共情，从而读者愿意进行转发与传播。

## 知识准备

### 3.1.2 新媒体文案写作思维

**（1）用户思维**

用户的关注度、转发量、点赞数都反映了用户对文章价值的肯定，而这些价值往往来自用户需求：咨询价值，如行业资讯；知识价值，如技能学习、知识思考；情感价值，如情感感悟等。因此，用户思维，以"用户为中心"，重视用户的价值，尊重阅读体验与内容互动。

**（2）简约思维**

抓住产品的一个卖点进行直观化宣传，并不断完善更新，开门见山，直截了当，真正做到"立片言以居要"。

**（3）求异创新思维**

新媒体文案写作的首要目的是吸引用户点击、阅读、认同并转发文案，因此需要进行创新性描述和表达，文案标题、词汇力、传播度等都需要加以思考与创新，引入新价值、新创词、新话题、新热点，增加文案的新鲜感，增加文案的"网感"。

**（4）极致思维**

新媒体文案不是一稿终稿，而是一个漫长且反复的修改过程，更需要"知识"洁癖与"创新"趣味去打磨出来文艺品，需要精益求精的工匠精神。

**（5）迭代思维**

新媒体文案需要重视迭代思维，需要按照既定方向深度挖掘，根据用户人群的阅读习惯、同类竞争文案的写作风格以及不同平台的盲点需求等进行加工创造新语境。

**（6）流量思维**

新媒体的流量从何而来？这与创意、运营、写作都息息相关。创意能够带来新用户，运营能够筛选用户，而写作是保留用户。

**（7）社会化思维**

社会化思维主要指真实的用户需求率、普及率，设身处地地解决实际需求，渐而形成长期的特色品牌，继而形成口碑。如微信订阅号，吃喝玩乐 in 地方系列，切切实实地从用户的生活出发，满足用户日常休闲、娱乐等场所推荐的需求，才能在短期内涨粉百万。

**（8）大数据思维**

新媒体文案调研、策划、写作、投放等过程都需要依靠后台大数据进行分析，从而总结文案缺陷，学习优秀文案趋势，激活新文案的二次数据。如：文案的基本信息，包括日期、标题、类别、互动活动、广告；阅读数据，包括 7 天图文阅读人数、7 天图文阅读此书以及人均数据；传播数据，包括朋友圈分享次数、朋友圈阅读次数、打开率、转载率；用户数据，包括粉丝增长率、点赞数等。

> **想一想**
>
> 1. 请分享你关注的微信公众号或者其他平台，这类平台的受众人群的固定属性是什么，用户使用场景是什么样的，推送的文章属于什么类别？
> 2. 请比较下面两组标题，考虑为什么会产生不同的阅读效果。
>
> 第一组
> 原标题：穿高跟鞋的尝试总结（阅读 10000）
> 新标题：小姐姐，其实你的高跟鞋一直穿错了（阅读 10 万+）
> 第二组
> 原标题：普通文案和优质文案的区别（阅读 5000）
> 新标题：月薪 3000 和月薪 30000 文案的区别（阅读 10 万+）

### 3.1.3 新媒体写作过程论

新媒体写作与传统媒体有所区别，它最大的目的是获得读者的注意力，以点击率作为量化目标，并非获得评论家、编辑等喜好，外延和内涵都大于后者，包含了内容设计、制作互动、修改发布等程序。

**（1）写作设计阶段（设计运思——采集文片）**

写作设计，成为"样品图样"，围绕预期目标沿着图样进行创作，是对图样设想的外在与内在的综合把握，确定好观看与被观看的最佳面。

①确定类型需求。对写作对象的类别进行划分，包括文体类别、平台类别、受众类别，明了是为谁写、在哪发布、写什么。

②围绕作品期望。知晓作品的预期效果，是为品牌宣传、产品推介、活动推广等，考虑文本与媒体相互作用产生的空间效果与社会效果。

③收集多重文片。根据设计草案，通过搜索多重感官、体验的文片素材进行收集整合、加工提高，选择有效价值信息。

**（2）制作阶段（表述方式——修改补充）**

写作过程，就是不断加工打磨的过程。

①强化视觉功能。新媒体写作实质上是一种吸引眼球的写作，因此，在写作过程中颜色词、感官词、程度副词、情感词都需要加以使用。

②美化作品装帧。如文案界面的着色、文字排面、衔接层面、留白空间、字体设置都需要具有美感。

③综合表述写作。指技能、布局、方法、手段、技巧、理念上的综合，可以是中外、古今嫁接改造等。

**（3）传播阶段（传播渠道——链接空间）**

选择媒体，是写作程序完成后不得不考虑的问题。新媒体代表的物理层面，具有不同的文字展示空间与反映效果。新媒体针对的是特定的受众群体、收视时间、特定内容，是生活形态的衍生物。例如，微信公众号的推送时间往往集中于普通人的休息时间，比如12：00—14：00，19：30—22：00等，而内容往往贴近生活，推文界面往往简洁大方。

### 3.1.4 新媒体写作行为论

"世界……正迅速出现新的价值观念和社会准则，出现新的技术、新的地理政治关系、新的生活方式和新的传播交往方式的冲突，需要新的分类方法和新的观念。"世界预言家阿尔夫·托夫勒在著名的《第三次浪潮》一书中这么说道。新媒体写作与传统媒体写作迥然有异，新媒体的本质是为了人，与人的生活轨迹、生活情感、生活方式、生活情趣等相连，势必就决定了一种全新的写作理念进入社会。而写作生活（本体）化和生活写作（诗意）化必然成为新媒体写作行为的两重性混合。

**（1）展示性**

在新媒体世界，人人都有一个"圈"，有寻找共同的文化取向与兴趣的集群。例如，据中国博客调查报告分析，有超过60%的人开通博客等是为了"表达自己的观点""展示自我形象"，而往往新媒体文案写作中，更需要收集展示需求，设计传播内容。

**（2）理解性**

写作是把对生活的感受、事情的理解判断、社会态度看法编写成文字符号，具有一定的指向性与倾向性。

**（3）游戏性**

新媒体不仅仅只是传播信息的工具，更多的是娱乐交往的管道，文案撰写者可以根据主题制造不同的话题、活动、价值观，让所在媒体人群进行讨论、社交。

**（4）互动性**

图像文本、音频文本可以在不同的媒体上进行自由切换，抖音的视频分享可以通过一键下载或一键分享传送给微信用户、微博用户甚至朋友圈，并可以附上转发评论。因此，新媒体是一种技术现象下的互动自由。

### 知识准备

## 3.2 新媒体文案写作实务

### 3.2.1 新媒体文案标题设计

对于平面广告，第一印象取决于标题和视觉设计。

对于宣传守则，第一印象取决于封面。

对于电台或者电视广告，第一印象取决于播出的前几秒。

对于直邮邮件，第一印象取决于封面文案或者邮件标题、寄件人、主旨栏。

对于公共新闻稿，第一印象取决于第一段文字。

对于商品目录，第一印象取决于封面。

对于公司网站，第一印象取决于首页设计。

**(1) 新媒体文案标题设计的"三力"**

对文案而言，标题是整个文案的门面担当，如果用户不迈进这道门，那么后花园所有盛开的美都将付之东流。新媒体文案标题的设计，应从吸引力、引导力、表达力三方面考虑。

①吸引力：大卫·奥格威曾说，80%的读者只看标题，所以标题的关键字一定要抓住人心，快速感知整体信息。

②引导力：获得注意力的兴趣后，还得有引导和激发读者点击标题进入内文的持续发力。

③表达力：不断地吸引读者持续阅读，一页翻一页，直至结尾。

**(2) 新媒体文案的标题设计方法**

①数字化：数字、标点、运算符号等，利用数据引起读者注意，提高阅读效率。例如：

· 10 个容易被忽略的 Excel 小技巧，超实用

· 孩子出生 3 天再学 Excel 就已经迟到 2 天了

· 素材中国：5 分钟 PS 一个漂亮的 Logo

· 500 份霸王餐免费送！4.8 折！这家店没开业就在排队……

②人物化：用户对文案的真实性、可靠性具有一定的警觉，一般会以好友推荐、专业人士为优先，所以标题中可出现一定的专业人士以及名人观点或直接的姓名。例如：

· 马云谈雾霾：希望我真是外星人，能逃回我的星球

· 刘雯穿过 100 件牛仔裤，选出这几条最显瘦

③体验化：引起读者七情六欲的某些情绪共鸣，如猎奇、色欲、贪婪、恐怖、暴怒、恐惧、自负、傲慢，将读者迅速拉入营造的场景内容，如关键词"激动""兴奋"等情感类词，"强烈推荐""我看过的最"等行为类关键词。例如：

- 吃出"高级感",红遍半个时尚圈的 Brunch 惊艳上海,安排!
- 每逢周三"小周末",我都靠啥好东西续命冲刺四五六
- 一段小小的视频,上百万人都看哭了!
- 如果你不在乎钙和维他命,请继续喝这种豆浆!
- 女人的快乐,化妆品知道!
- 爸爸带孩子有那么糟糕吗?居然你被红牌罚下
- 中国人 90% "不会" 喝茶
- 如何在 KTV 出人头地,这些你肯定想读
- 你缺钱的时候 ATM 可以自动走过来
- "唔该,一份 A 餐,奶茶走冰少甜。"
- 住进富春江畔的滑滑梯房,尝一尝 5 小时秘制的砖窑烤鸡

④稀缺化:"即将售罄""限时"等有时间、空间、物品限制的条件词出现,读者往往会普遍快速反应,点击做出阅读决策。例如:

- 快领!京东购书优惠券明天过期!
- 这篇文章今晚删除,不看亏大了

⑤热点化:节假日、影视热播剧、热门书籍、社会热点等都将成为讨论话题,文案与热点相关,会增加点击量。例如:

- 不想当职场邱莹莹,Excel 这些快捷键必须会
- 官宣体:我们

⑥趣味化:常用流行语、流行歌曲等潮流词汇。例如:

- 为了在香港吃零食,我空出了 XXXXXXXL 的胃
- 拥有无可挑剔的蓝白配色,你就是晴空万里
- 让麦当劳这支超治愈短片,熨平你所有的"太难了"
- 是的,你有机会当上帝了

> **想一想**
>
> 假如你是一家快餐连锁企业的新媒体文案编辑,下周公司推出新品套餐,请拟出最少三个标题。

### 3.2.2 新媒体文案内容架构

新媒体文案的侧重点并非文采与笔法,而在于逻辑思路、展开文案的观点。

#### (1) 瀑布式

瀑布式故事构架,点明故事核心,按照事情的起因、经过、结果等脉络展开陈述;瀑布式观点构架,提出观点是什么,展开分析原因以及支持理由,层层递进(见表 3-2)。

表 3-2　瀑布式构架表

| 瀑布式故事构架 | 瀑布式观点构架 |
| --- | --- |
| 核心要素 | 核心观点 |
| 故事背景 | 观点阐述 |
| 故事起因 | 观点分析 |
| 详细经过 | 观点解决 |
| 故事结果 | 观点引申 |

【案例链接】

## 学好 PPT，还能给你带来什么

"学 PPT 能赚到钱吗？"，这是分答上问我最多的问题。

显然，把这个问题潜台词翻译出来更好——"大叔，如何才能像你一样，用 PPT 快速赚到钱？"

❶我似乎怎么也不能算有钱人。

把我在武汉全部身家都换成现金——我可以坦诚相告，我还是买不起在北上深一套地段不错的 100 平方米的房。按北师大房地产研究专家董潘教授的观点——"当你 40 岁时，没有 4000 万不要来见我，也别说是我学生"，你看我离见董教授遥遥无期。虽然我在中国不算是有钱人，但我觉得我是一个享受了很多人给我爱的人，这一点，我比很多有钱人强。

所以先谢谢你们。

❷我马上满 41 岁，已经工作 18 年了。

看起来我靠 PPT 赚钱挺快的，好像也就是从 2009 年开始，只是一晃也已经过去了 7 年。更何况，我也不是突然冒出来的。我大学时学的机械，后来在高校教制图，兼职做 IT 项目经理，还练培训，写过各种图书试图畅销，只是我当时没有名气，没人关心我在干什么。和我一起毕业的人，混得比我好的有很多，只不过人家喜欢闷声赚大钱，我没有多大本事，只好拼命秀，赚个辛苦钱。

人生的真相，说出来往往都是无奈，信不信由你。

说实话，我一奔五的人了，也没有什么天赋（待会晒一张我画的简笔画你们就懂了），每天拼十几个小时，牺牲乐趣，牺牲休息，牺牲健康，打出一片天空，是能感动一些人，也能让自己觉得这辈子值。但换成你，真愿意像我这样用 PPT "快速"赚钱？

❸你赚到的每一分钱，背后都有成本。

可大叔你在云课堂的《和秋叶一起学 PPT》系列课程不是累积销售破千万了吗？这是一个事实，但也很简单，这是销售额，不是实际收入。我们的团队已经 10 个人了，这些业绩是我们做在线教育三年时间累积起来的，不是一下子速成，更不是一个人做的。举个例子，双十一我们的在线课程又要大促，比如《和秋叶一起学 Word》课程，这次还是卖 69 元。我只说一点，如果你用苹果任意终端购买，要扣除 32%给苹果，如果你用微信支付的，要扣除 2%给微信，反正这些你们都算成了我的收入，对吧？然后我们还答应送一本书，免费快递给你。你可以算算，免费快递一本定价可能高达 49 元的图书给你，还没算给老师的分成、给小伙伴的人工费、外部导流的成本，我们如何赚钱？——我们的利润，真算起来，是个大坑。之所以我们能靠卖课程赚钱，主要是因为我们非常重视课程质量，很多人学了我们第一门课，自发购买了第二门、第三门课程，从而降低了我们营销和运营成本，这才让我们活了下来。

因为PPT，是我们普通人为数不多的，感觉不用付出多大代价，就能明显比一般人学得好的技能。

（出处：https：//mp.weixin.qq.com/s/awp_b3wi18LE-2e3oBuObg）

### (2) 沙漏式

沙漏式架构，首尾呼应，正文内容为故事或观点陈述，可以用体验化的标题作为引导（见图3-1）。

图3-1　沙漏式架构

【案例链接】

**连好友申请都写不好，难怪别人都不加你好友**

日常工作中，总免不了要跟别人沟通对接，"加个微信吧"已经成了我们首选的交流方式。但不得不说，大部分人在第一步"申请好友"的时候就已经出局。

原因起码有三个：没有诚意、没有介绍、没有价值。

如何得体地写好友申请信息？这篇文章将会告诉你！

**01 加好友，得有诚意和礼貌**

你加别人好友时，有认真策划过"好友验证申请信息"吗？

很多人要么用默认生成的，要么啥都不写。可如果连你是谁、要做什么都不知道，别人怎么会通过呢？连几个字都懒得介绍，怎么能表现出诚意呢？

通过别人分享的名片或者二维码添加好友，默认会生成"我是×××"这样的申请信息，会自动填写申请人的昵称。

可问题是，初次认识的人不一定能把昵称跟你本人对上号啊！

对于陌生人的请求，一般人还是会选择忽视。

另外，在微信群里点击别人头像添加好友时，默认的申请信息会是"群名+昵称"，于是就可能出现连昵称都看不到了……

所以，如果两个人是通过线上加的好友，验证消息相当于第一次打招呼，连这"第一次"都不认真，我还能指望你能跟我"连接"出啥？

另外，即使两个人是线下见面时加的好友，为了便于别人进行备注，或者稍后处理时还能记起你是谁,还是建议写好"好友申请"。

那"好友申请"怎么写会更容易被通过呢?

我从自己个人通过微信好友申请的方式总结了四个思路。

❶ 找到连接桥梁

在线下社交场合,如果我们希望认识一个人,经常会请一个中间人来介绍,那么在线上加好友时,这个规则一样适用。有充当中间桥梁的"牵线人"做"担保",我们更容易建立连接。

❷ 正式身份

看到官方 Title 一般也会通过,哪怕可能还不够了解,但起码不会担心是营销号或者微商。

所以要加别人好友的时候,如果没人引荐,也可以在表明自己身份的同时,用自己的企业或者品牌为自己加分。

❸ 说清目的,道明来意

显然这些申请也会秒过,因为可以清晰地看到加我的目的。

既然陌生人申请加好友,肯定带有目的。我们并不怕一个人加我们有目的,而是害怕有不可见人的目的。

所以在申请加好友的时候就开门见山,直接道明来意,会更有助于对方判断是否通过。

❹ 某种暗语

如果你们曾经在另外的某一些场景下引起过注意,留下过正面印象,这个也可以借用,不过注意得是"正面"的哈,如果是"负面"印象,拉黑还来不及呢。

# 02 通过申请后,及时自我介绍

如果你们已经认识,好友申请通过后直接打招呼即可;如果对方对你完全陌生,即使通过了好友申请,还得有一个得体的自我介绍。

永远不要觉得自己跟别人有多熟,一定要有自我介绍!此规则不仅仅适用于微信,还适用于所有社交。

这就跟商务中与别人初次见面要发名片、握手一样,属于基本礼仪。

另外,这也是为了减少沟通障碍。因为好友通过后,正是对方在线且对你最好奇的时间点,可谓相互认识的最佳时间段。及时的自我介绍,可以方便对方进行备注,所以一定要珍惜这黄金三分钟。

那这黄金三分钟应该如何对自己做介绍呢?有四个建议。

❶ 谁主动加的好友,就由谁先进行自我介绍

微信里或多或少就有这样一些人,加你为好友后至今一句话都没有说过,你连 Ta 是谁可能都不清楚……

❷ 措辞不卑不亢,内容简明扼要

自我介绍的风格多种多样,或卖萌,或严肃,因人而异。但初次打招呼,在与对方还

不是特别熟悉的情况下,还是收敛些更保险,过于夸张或许会引起不适。

另外,自我介绍切忌过长,用 100 字左右阐明重点就好。最基本的是下面三个要点:"我是谁" + "我能提供什么价值" + "一点礼节性的寒暄"。

❸ 可以通过寻找交集来进入熟悉状态

也可以快速翻翻对方的朋友圈,一方面看看他的兴趣、爱好、特征,另一方面看看评论或点赞,能否找到共同好友,以这些共同的交集为出发点来作为开场,也有助于双方更快进入熟悉状态。

❹ 可以存几条常用的自我介绍

如果你平时由于工作或其他原因,加好友比较频繁,每次都重新打字费时费事,那么可以写几条常用的自我介绍,存在手机的备忘录或印象笔记中,到了要用的时候,再进行局部针对性的修改。

这样不但可以保证在好友通过后及时反应,自己也可以省事,而且可以随着效果的测试不断优化自我介绍的措辞。

## 03 寻找自己的价值

为什么要强调在自我介绍时注明"我能提供的价值"?

因为互联网上人与人之间的连接,最好的方式是"互换"而不是"施舍"。

两个人连认识都不认识,刚通过好友,上来第一句就是"给我发个 PPT 模板",这跟突然敲开一个陌生人家的门,问"能不能给赐我一碗饭"不是很像吗?这哪里是"互联网思维",明明就是"互联网乞丐"啊。

(出处:https://mp.weixin.qq.com/s/EerCXSXFpI0J_ole6dgZ7A)

**(3) 盘点式/并列式**

盘点式/并列式也称片段组合式布局——镜头剪接法,由小标题拼接而成,独立性强,从不同角度进行描述。其架构见图 3-2。

| 开头 |
| --- |
| 小标题 1 |
| 内容 |
| 小标题 2 |
| 内容 |
| 小标题 3 |
| 内容 |
| …… |
| 结尾 |

图 3-2 盘点式/并列式架构

### 3.2.3 新媒体文案开头设计

> **想一想**
>
> 假如你在运营一个微信公众号,面向大学校园,文章开头引入哪些场景,会激发粉丝兴趣?
> · 作为班级代表,参加演讲比赛
> · 半夜给宝宝喂奶
> · 考前突击复习,不挂科
> · 夏日傍晚跳广场舞
> · 第一次参加招聘会
> · 周末在操场打篮球

新媒体文案开头需要承上启下,由标题引入正文的过渡作用,具有引发好奇、引入场景等特点。

**(1) 故事型**

故事型是阅读压力最小的,读者以旁观者的视角看文案,需要加强读者的代入感,才能实现故事型的目的性。

【案例】

标题:你还在迷茫吗?

开头:

年轻人经常把一个词挂在嘴边:迷茫。

我不喜欢自己的专业,我好迷茫啊!

我不是名校背景,我好迷茫啊!

**(2) 图片型**

正文开头以图片的形式展开,简化语言,增强表现力,提高阅读停留时间。

**(3) 思考型**

思考型通常以疑问句的形式开头,引导读者思考。

【案例】

标题:80%的人都这么做,而你还在敷衍每一餐

开头:为什么你还在不好好吃饭?

### 3.2.4 新媒体文案结尾思路

文案的阅读并非文案撰写的最终目的,而是希望激发读者做出期待的阅读行为,如点赞转发、下单购买、留言评论等。之所以会有这样的行为,结尾的处理是至关重要的,因此要优化结尾,鼓励读者做出反应动作。

**(1) 场景**

结尾融入场景，模拟生活真实场景。

【案例】

以上文案技巧，千万不要只是看过，而不去联系，否则，原本3个快捷键就能结尾的事，你却在凌晨一点本该呼呼大睡的夜班，只身一人缩在办公室椅凳上刷夜。

**(2) 提问**

在结尾进行提问，往往比陈述结词的互动感更高。

【案例】

来，今天的留言区，说说你过去做了哪些事，让你不再玻璃心。

**(3) 金句**

结尾安排金句，往往能够引起共同体的共鸣感，因有感而转发。

**(4) 神转折**

出其不意的反差感，营造出谐趣的阅读感，自然也会有利于传播。

### 3.2.5 新媒体文案关键词

所谓关键词，是指在搜索引擎中输入的一个词语或几个词语。利用关键词可以通过搜索引擎得到标题页面或内容界面。

**(1) 核心关键词**

核心关键词即产品、企业、网站、服务、行业等一些名称或这些名称的一些属性、特色词汇。例如，苹果、微软公司、淘宝网、神州租车服务（根据用户搜索习惯来选择、竞争热度）。

**(2) 辅助关键词**

辅助关键词即核心关键词的近义词，是解释、说明、补充等一些扩展使核心关键词更加清晰的词语。例如温州鸭舌、温州鱼饼、腾讯公司简介、淘宝网特色。

**(3) 长尾关键词**

长尾关键词是对辅助关键词的扩展，一般为短句。例如，温州瓯柑的长尾关键词是"温州哪个品种的瓯柑最好吃""温州哪个地区盛产瓯柑"。

关键词设置步骤：

①从用户的角度考虑（搜索习惯、浏览习惯、阅读习惯等）。用户阅读习惯从左到右，从上至下。软文的重要位置包括了顶部、左侧、标题、文章前半部分——标题、首段、结尾重申。

②关键词的确定（选择关键词—理解关键词—处理关键词—舍弃关键词—最佳关键词—关键词的密度—突出关键词）。可适当运用百度指数、谷歌趋势等锁定热门关键词。

③关键词扩展（使用关键词工具、使用相关搜索、其他关键词变体、使用形容词修饰、网站流量分析等）。

### 项目引入

#### 芝华士文案

因为我已经认识了你一生

因为一辆红色的 RUDGE 自行车曾经使我成为街上最幸福的男孩

因为你允许我在草坪上玩蟋蟀
因为你的支票本在我的支持下总是很忙碌
因为我们的房子里总是充满书和笑声
因为你付出无数个星期六的早晨来看一个小男孩玩橄榄球
因为你坐在桌前工作而我躺在床上睡觉的无数个夜晚
因为你从不谈论鸟类和蜜蜂来使我难堪
因为我知道你的皮夹中有一张褪了色的关于我获得奖学金的剪报
因为你总是让我把鞋跟擦得和鞋尖一样亮
因为你已经 38 次记住了我的生日，甚至比 38 次更多
因为我们见面时你依然拥抱我
因为你依然为妈妈买花
因为你有比实际年龄更多的白发，而我知道是谁帮助它们生长出来
因为你是一位了不起的爷爷
因为你让我的妻子感到她是这个家庭的一员
因为我上一次请你吃饭时你还是想去麦当劳
因为在我需要时，你总会在我的身边
因为你允许我犯自己的错误，而从没有一次说"让我告诉你怎么做"
因为你依然假装只在阅读时才需要眼镜
因为我没有像我应该的那样经常说谢谢你
因为今天是父亲节
因为假如你不值得送 CHIVAS REGAL 这样的礼物
还有谁值得

（出处：https://www.digitaling.com/articles/41045.html）

【项目分析】
在文案中，多次使用了父亲身份与"我"之间的互动事件，属于我们这代人共同的往事回忆历历在目。往往情感类、建筑类题材文案需要特写式场景式手法聚焦文字画面，对于颜色、构造、细节都需要细致描写。

## 3.3 新媒体文案写作技巧

### 3.3.1 场景式写作

文字的场景并不能通过文字堆砌构成，而是需要斟字酌句地、添砖加瓦地构建场景，让读者通过文字，联想出与之相关的场景画面，文字传递的信息以图像保存在用户大脑中，使得文案更有附着力。一般从特写式、鸟瞰式打造文案场景（见表3-3）。

表 3-3　特写式、鸟瞰式文案场景

| 特写式 | 将特定场景具有代表性、特征性的典型情景，集中、细致地凸显 |
| --- | --- |
| 鸟瞰式 | 宏观全面地描写特定场景的景象和气氛，构建完整的艺术画面。需要快速捕捉画面，视线由近推远或由远推近，甚至要补充画面以外（内）的画面 |

场景式布局描写步骤：确定场景，描述场景，转述他人，对比原画，形成字中画——文字中的故事，让文字与视觉相关——让文字立体化、场景化、视觉化，多用拟声词、具象名词、动词。

【课堂练习】

请随机搜索关于民宿等住宅的照片，以照片为原图进行场景式还原的文字创作。

【案例链接】

这里，茅草屋比肩而立，公鸡神气地走来走去，完全没有"拘泥"之感。在这里，你能感觉到事物的本质。空气新鲜，茅草屋前不远的篱笆上晒着魔芋。阶梯状的鹅卵石头水槽里，水静静地留着，里面浸着蔬菜。

去往露天澡堂的路上，有一个亭子，里面有暖炉，应着时节还会在暖炉旁边插几支竹筒，筒内盛着温水稀释了的烧酒，摆放着当天切下来的青竹筷子。

### 3.3.2 感官式写作

感官写作练习为什么重要？余光中指出："书写始于感觉。感觉不仅是书写的前提，更是人们关于世界所有认识的基础和源泉。"有感觉，才有感情、有思维，形成书写的中心旨趣，建构书写的实质内容，进而技巧地用语言表达出来，也就是对修辞的讲究了。书写始于感觉和思维，这个理论和古人说的"诗者，志之所之也，在心为志，发言为诗"相通（这里的"诗"可引申为一切文学作品）。

余光中的比喻，"我写作，是迫不得已，就像打喷嚏，却凭空喷出了彩霞；又像是咳嗽，不得不咳，索性咳成了音乐"，就囊括了三觉：触觉、听觉、视觉。打动人心的书写，正是诉诸人的五官六感，使读者"有感"。

动词是文案的脊梁，让文字生动跳脱；比喻，能够连接画面想象；名词，是体验感的主体来源，需为具体名词，详细到种类、来源等。如饮食类文案中往往对煎炒烹炸的步骤需要多重描写，这些名词也往往联系视觉文字（颜色词、材质词、布局词）、触觉文字（手感词等）、听觉文字（拟声词等）、嗅觉文字（气味词、原材料词等）、味觉文字（甜酸苦辣等口感词）见表3-4。

表 3-4　饮食类文案中的文字与词

| 视觉文字 | 颜色词、材质词、布局词 |
| --- | --- |
| 触觉文字 | 手感词等 |
| 听觉文字 | 拟声词等 |
| 嗅觉文字 | 气味词、原材料词等 |
| 味觉文字 | 甜酸苦辣等口感词 |

【案例】把热乎的红薯掰开，听到表皮轻轻地崩裂，随即热气迎空而破，在薄薄的雾气中看到了如蛋黄般金黄的红薯肉。

【案例】

普通：这一盘煎饺外酥里嫩，金黄剔透，好吃极了。

进阶：这个是……这是高汤焦掉发出的香味，确实这样的话就不用蘸酱了，高汤渗入皮之后，适度的焦黄确实让味道更香了啊，不过应该还不止这样，也不能说粉粉的，能让皮的口感这么清爽，应该是还有用山芋吧，每吃一个都有新的口感，感受新的味道，内馅柔润得好像要化掉一样，每嚼一口嘴里就溢满了鲜汁，微麻微辣的风味，轻轻地刺激着舌头，乍看之下，这些煎饺好像没有什么特别，其实里头下了不少让人吃起来回味无穷的功夫，没想到煎饺也能达到如此美味的地步，这是我头一次吃到的滋味……（源自《中华小当家》台词）。

### 3.3.3 数据式写作

数据式写作往往以实验、测评、用户反馈、用户体验等作为正文主体展开，开门见山地点明所反映的主题，分析产品/体验数据间的主要差异及趋势，归纳总结或发表评论。

【案例链接】

花了 4000 块吃遍京城 15 家汉堡，还是他家最好吃

上世纪 90 年代首先出现在美国街头，汉堡的发明，实在太酷了。

它衍生自牛排，让原本要正襟危坐享用的贵族食物，变成一种便利可口的平民快餐。集合蔬菜的鲜脆，肉的香嫩与多汁，芝士的浓郁奶香，面包的绵软温和，能分层视之、食之，也能双手捧着整个咬下去，感受口腔里爆裂的美味。

从《吃的全球史：汉堡》记载的阿森斯午餐汉堡柜台，到数不尽的摊贩与餐厅，汉堡的历史，在某种程度上成了全球饮食艺术的演变史。

汉堡到了中国会更好吃吗？这次，我们去了北京地区 15 家店进行试吃，一共吃了 36 只招牌汉堡，并按照统一标准打分，给你这份前无古人的北京汉堡最全测评。

汉堡 Top 5（含素汉堡）、性价比最高餐厅、重口清单，可拉至文末查看。

如需查询某餐厅或汉堡，可点击右上角「…」，直接查找关键词。

◎ 计分标准 ◎

--- 面包 --- *bun* ▼

满分 10 分，好的面包或松软，或酥脆，重要的是有面包香。若经过煎烤，需恰到好处，没有焦煳的边缘，更不会发干、发硬。

--- 肉饼（或素肉饼）--- *patty* ▼

满分 10 分，是汉堡组合的 C 位食材，拥有决定最终口感的特质。好的肉饼（或素肉饼）要足够多汁，被面包裹挟着融为一体；要足够好味，做到不寡淡、不腥膻。

--- 夹料 --- *toppings* ▼

满分 10 分。夹料指的是面包之间除了肉饼的其他食材。各家汉堡风格不同，但好夹料要做到能辅助肉饼和增加风味，不宜喧宾夺主，但可独具风格。

--- 整体&加分项 --- overall & bonus ▼

除了以上关键元素，我们还增加了一项标准。这个评分既包括汉堡的口味融合度、性价比，也包含一些 bonus，如点单附赠的特色小食，以及汉堡以外一餐给人的整体感受，满分也是 10 分。

\*汉堡总分取以上各项平均分，小数点后保留 1 位。

## 北京15家店 测评清单 36款汉堡！

| 店名 | 汉堡 | 单价 | 评分 | 一句话评价 |
|---|---|---|---|---|
| A店 | 老家腊肠芝心牛肉汉堡 | 99元 | 6.6 | 腊肠这么好吃，为啥放汉堡里？ |
| | 法式禽兽汉堡 | 168元 | 6.0 | 重口警告！ |
| | 迷你三堡 | 99元 | 6.5 | 外形迷你，好吃度也有限。 |
| B店 | 法式鹅肝野莓果酱牛肉汉堡 | 79元 | 7.3 | 鹅肝有点画蛇添足。 |
| | 美式牛肉芝士汉堡 | 48元 | 7.9 | 比较值得推荐。 |
| | 烟熏辣味培根牛肉芝士汉堡 | 52元 | 7.7 | 中规中矩的美味美式汉堡。 |
| C店 | 曼哈顿怪物 | 68元 | 7.5 | 馅料超多，融合感不错。 |
| | 煎豆腐汉堡（素） | 52元 | 6.3 | 酸死我吧你。 |
| | 墨西哥猪柳煎大虾汉堡 | 68元 | 6.6 | 又称黑胡椒主题汉堡。 |
| D店 | 经典汉堡 | 90元 | 7.1 | 好吃但性价比不高的汉堡。 |
| | 鸡不可失 | 88元 | 5.6 | 鸡不可失？失也别试。 |
| | 清新素汉堡（素） | 78元 | 6.8 | 料多≠好吃 |
| E店 | 混蛋肥 | 118元 | 7.4 | 名字比食物霸道。 |
| | 四川我饿了 | 78元 | 7.1 | 超级辣的川味炸鸡堡。 |
| | 笨拉登 | 80元 | 7.1 | 羊肉汉堡，稍腥膻重口。 |
| F店 | 烤肉三拼汉堡 | 88元 | 8.4 | 性价比超高，大满足。 |
| | 传统芝士汉堡 | 45元 | 7.9 | 经典而好吃。 |
| | 北方佬（素） | 48元 | 8.1 | 难得的好吃素汉堡。 |
| G店 | 奶酪裙汉堡 | 65元 | 6.8 | 奶酪有点苦。 |
| | 塔可汉堡 | 68元 | 7.8 | Side dish 超好吃！ |
| H店 | 纽约经典牛肉芝士汉堡 | 68元 | 7.3 | 如果能更好掌握熟度就完美啦。 |
| | 香酥蘑菇芝士汉堡（素） | 58元 | 6.9 | 比肉腻的素汉堡，充满芝士。 |
| I店 | 瀑布芝士牛肉汉堡 | 99元 | 6.1 | 抖音网红款，建议别吃。 |
| | 魔鬼汉堡 | 89元 | 6.8 | 有种迷人的家乡辣酱味。 |
| J店 | 招牌汉堡 | 55元 | 7.8 | 肉饼好吃度超过汉堡其他配件。 |
| | 奶酪鸡肉汉堡 | 39元 | 7.4 | 性价比高，鸡肉很香。 |
| K店 | 薯条汉堡 | 58元 | 8.6 | 获奖无数，好吃跪了。 |
| | 菇奶奶纯素汉堡（素） | 50元 | 8.1 | 作为「没肉」的素汉堡，足够优秀。 |
| L店 | 鸡肉蘑菇汉堡 | 78元 | 7.8 | 鸡肉饼的逆袭 |
| | 海鲜牛油果汉堡 | 88元 | 8.0 | 看得出主厨用心在研究菜品。 |
| | 安格斯牛肉眼汉堡 | 88元 | 7.4 | 粉嫩多汁肉饼与香甜的炸洋葱绝了。 |
| M店 | 嘉年华牛肉汉堡 | 118元 | 7.5 | 用了意大利恰巴达面包，加分。 |
| | 手撕猪肉汉堡 | 78元 | 7.6 | 像是肉夹馍与汉堡的结合体。 |
| N店 | 南锣大汉堡 | 228元 | 6.3 | 除了大，也是没啥特点了。 |
| | 深海鲷鱼堡 | 68元 | 6.4 | 吃过就忘了。 |
| O店 | 鹅肝牛肉汉堡 | 98元 | 6.8 | 这不是我想象中的鹅肝！ |
| | 烤鳗鱼汉堡 | 68元 | 7.4 | 咬一口，体会鳗鳗的爱。 |

◎ 01 ◎

位于蓝色港湾的美式汉堡店，室内外环境开阔舒适，服务也很好、很主动。由于是汉堡专门店，菜单可选很多，我们选了比较有代表性的三款：融合中国地域特色的老家腊肠芝士牛肉汉堡、加了鹅肝的法式禽兽汉堡、小型的迷你三堡。

◆□◆老家腊肠芝士牛肉汉堡

□单价 ￥99　　□评分 6.6／10

▼面包（6.5分）

为了摆盘好看，上层面包靠在夹料旁，夹料又厚实，所以必须分解着吃。虽可吃出黄油煎过的用心，但整体偏干硬。

▼肉饼（6.5分）

超厚实，有芝士夹心，可以吃到香肠粒。但真的特别腻，牛肉本身味道淡，外加芝士稍放一会儿就结块，吃完会得出料足 ≠ 好吃的结论。

▼夹料（7.5分）

这款汉堡的创新之处，香肠是辣味腊肠，足够好吃。另外配料还有清脆的胡萝卜、洋葱泡菜，以及炙烤过的甜椒，每种都可圈可点。但和肉饼比，的确喧宾夺主了些。

▼整体（6分）

总的来说，这是一款融合度较低的汉堡。料太多导致过犹不及，最喜欢的是那两三片腊肠而非肉饼，重点跑偏，并没起到相得益彰的作用。

## ✦☐✦法式禽兽汉堡
☐单价 ¥168　　☐评分 6.0 / 10

▼面 包（6.5 分，同上）

▼肉 饼（5 分）

　　肉饼有两个部分，一块是炸鹅肝牛肉，另一块是纯牛肉饼。点这款汉堡前，服务员会给出「重口预警」，但真实重口程度还是让人错愕。纯牛肉饼还好，但炸鹅肝牛肉很稀，脆皮咬开之后，里面一团糟，化了的鹅肝和全熟的牛的筋肉混合在一起，构成了一种既汤汤水水又干涩难嚼的违和组合。

▼夹 料（7 分）

　　最主要的两块夹料是苹果厚片和菠萝厚片，能起到一些解腻的作用，和莓果酱料比较搭。

▼整 体（5.5 分）

　　看起来诚意满满的配料，但华而不实。分层很多，但没有任何两层能很好地融合在一起。

## ✦☐✦迷你三堡
☐单价 ¥99　　☐评分 6.5 / 10

▼面包（7.5 分）
和大汉堡的用料一样，但因为个头更小，似乎更好地保留了水分，干硬程度有所减轻。
▼肉饼（6.5 分）
三款肉饼主料分别是牛肉、鳕鱼、大虾，用料新鲜丰富，但都有一个特点：干。虾有点过熟，鳕鱼炸得太干，能吃出食材本身香味，但咬一口就得马上找水喝。
▼夹料（6.5 分）
和肉饼特质一样，材料本身是好的，但更多是作为使其「好看」而非「好吃」的元素。
▼整体（6 分）
单独看，的确每个元素都没有很差，但整体吃起来不能很好融合。单独分层吃，每种又都不十分出彩。整体印象只能算勉强及格。

◎ 02 ◎

在南锣巷子口，有小酒馆的感觉，经常被人推荐来吃。环境还不错，但是 15 家里唯一一个不能开发票的餐厅。在这里我们点了两个肉汉堡、一个素汉堡。

◆□◆曼 哈 顿 怪 物
□单价 ￥68　　□评分 7.5 / 10

▼面包（8 分）
松软厚实，白芝麻分布得比较多，所以有比较明显的芝麻香。
▼肉饼（6.5 分）
肉饼感觉得到是店内自制的，特色比较明显。肉本身很香，但有点难嚼。店家自身调味过度，放了很多研磨黑胡椒，可以看到明显颗粒，多吃几口肉就会感觉很辣很呛。
▼夹料（7.5 分）
夹料很丰富，除了生菜、番茄片、酸黄瓜，还有酥炸洋葱丝和脆煎培根、流黄煎蛋，虽然看起来多，但整体竟然也达到了不错的效果，每一项都新鲜好吃。
▼整体（8 分）
随汉堡附赠小食，可选沙拉或薯条，分量不多，但都是精心调配制作的，很增色，也让人觉得性价比很高。

◆□◆墨西哥猪柳煎大虾汉堡

□单价 ￥68　　□评分 6.6／10

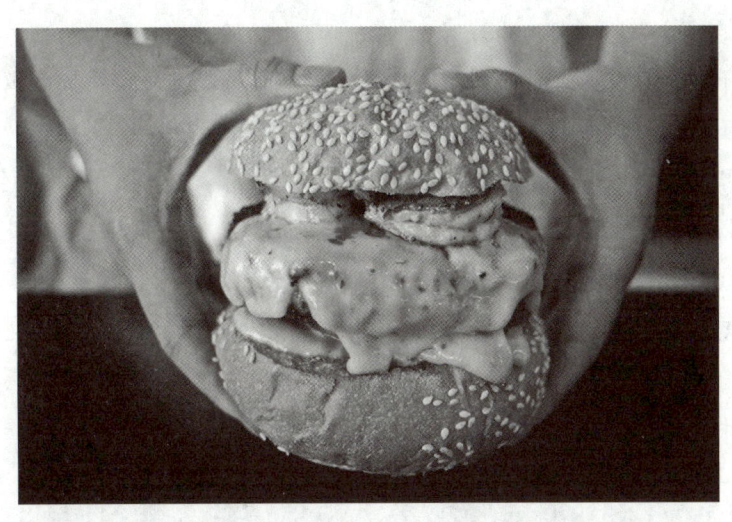

▼面包（8分，同上）

▼肉饼（5.5分）

从丰盛程度来看，满分；从口味看，虾肉优秀，猪肉不及格。猪肉饼比上一款更甚，加了超级多黑胡椒，辣死个人。

▼夹料（6.5分）

夹料不多，主要是番茄片和奶酪，奶酪味很重。

▼整体（6.5分）

本来是一个不错的组合，小食很棒，汉堡也很有异域风情，但黑胡椒真的放太多了，余味半天不散。

◆□◆煎豆腐汉堡（素）

□单价 ￥52　　□评分 6.3／10

▼面包（7分）

面包和上面两款一样，但素汉堡很干，所以最好还是配上薄点的面包。

▼肉饼（5分）

特别酸。不知主厨对汉堡料的调味有什么误解。豆腐饼看得出是自己做的，里面还有葱花，用料是不错的，但真的很酸。

▼夹料（7分）

用裙带菜搭配豆腐饼是很新奇的方式，裙带菜很好吃，也给馅料增添了一些湿度。

▼整体（6分）

豆腐饼和酱汁都很酸，很影响对这款的整体印象。

◎ 03 ◎

位于通盈中心地下，是一家菜单汉堡和自制汉堡的结合餐厅。

◆□◆混蛋肥

□单价 ¥118　　□评分 7.4／10

▼面包（8分）

黑白芝麻面包，面包味道很香，质感软。

▼肉饼（7.5分）

汁水非常足，也可能是因为煎蛋恰到好处，蛋黄和肉饼融合得很好。虽然没有宣传图上那么壮观，但是双层肉饼也很饱足。

▼夹料（7分）

鸡蛋煎得很好，奶酪也很香，番茄酱有点多。

▼整体（7分）

配菜是一些大薯条和番茄、生菜（似乎是可以选择性加到汉堡里），薯条有点软，且需要用盐、黑胡椒自行调味。

◆□◆四川我饿了

□单价 ￥78　　□评分 7.1／10

▼面包（8分，同上）

▼肉饼（7分）

特别大的一块炸鸡，飘着辣子鸡丁味，肉眼可见的辣椒碎和辣椒籽。吃起来很辣，有点糊味，反而鸡肉本身香气弱。

▼夹料（6.5分）

配了鸡蛋沙拉和大叶生菜，和鸡肉并不能很好融合。

▼整体（7分，同上）

◆□◆笨拉登
□单价 ￥80　　□评分 7.1 / 10

▼面包（8分，同上）
▼肉饼（6.5分）
羊肉饼还是挺膻的，颇为重口。
▼夹料（7分）
青椒厚片多汁，洋葱丝很软烂，整体偏咸。
▼整体（7分）
如果你特别喜欢羊肉这口，可以试试。不然的话还是不要尝试啦。

◎ 04 ◎

位于望京凯德 Mall 地下，最开始是在外卖上看到的。实体店座位不多，店面空间一半都是用来现制食物的地方，走进去能闻到很香的煎肉气味。这家店的汉堡都是牛肉饼为基础的（这也是一家速煎牛排店）。

◆□◆美式牛肉芝士汉堡
□单价 ￥48　　□评分 7.9 / 10

▼面包（9分）

虽然看起来没什么特别，但面包入口非常酥脆，上桌还是温热的，散发着明显的黄油香气。

▼肉饼（7分）

肉饼较厚，七分熟度，切开可以看到粉嫩的颜色，肉饼很厚实、汁水也丰沛，如果觉得寡淡，桌上有研磨盐、黑胡椒可以自己调味。缺点是肉稍带腥味，如果处理时能加一个去腥步骤就好了。

▼夹料（7.5分）

中规中矩的芝士＋番茄＋生菜＋煎洋葱丝（这里稍多了些），这样就刚刚好，不会喧宾夺主，还能减轻肉的油腻，也让汉堡成为能一口整体咬下去的汉堡。

▼整体（8分）

给人印象很好的汉堡，真正美式汉堡的样子，不用花尽心思创新，汉堡食材不在多，在精。唯一遗憾是牛肉饼的腥味，如能改善就好了。

◆□◆法式鹅肝野莓果酱牛肉汉堡

□单价 ¥79　　□评分 7.3／10

▼面包（9分，同上）

▼肉饼（7分，同上）

▼夹料（6分）

汉堡料加得越多，就越难保证好吃。虽然79元的价格和别家比起来并不贵，但是与比它便宜31元的基础款相比，并没有得到更好的体验。鹅肝质感不算新鲜，蓝莓酱也太甜，掩盖了肉饼原本的味道，也削减了芝麻菜的存在感。

▼整体（7分）

整体感觉用力过猛，无论从性价比还是口味上来说，都推荐基础款。

□
\ 好吃汉堡 Top 3 /

薯条汉堡

烤肉三拼汉堡

海鲜牛油果汉堡

□
\ 重口警告 /

法式禽兽汉堡

鸡不可失

瀑布芝士牛肉汉堡

---- 今日互动话题 ----

在你的记忆里，吃过的最美味的汉堡是哪款？

（出处：https：//mp.weixin.qq.com/s/bXXs4y5pXiUWrYmZM_vDYw）

## 模块小结

本模块我们学习了新媒体文案写作思维，掌握了新媒体文案场景化、感官式写作方法，熟悉了新媒体文案从布局、标题到内容设计，学习这些知识将为我们写好新媒体文案提供内容构想与编写输出技巧。

## 任务操作

### 撰写一则新媒体文案

【任务目的】

培养对日常主题或日常场景的专题文案的写作能力，加强文字表达和创意策划的把握。

【任务内容与步骤】

①以"海底捞火锅"为主题进行发挥，以场景式、感官式、数据式的写作手法，精心设计文案的标题、开头、正文和结尾。

②以小组为单位，可虚构场景，可实地调研，收集相关资料。

③思考并总结该文案体现出的新媒体写作思维。

【任务提示】

文案的词汇力和场景诱因表达需要感官词语加以修饰。

【思考与练习】

场景式、感官式、数据式的写作手法有哪些不同和相似之处？

## 同步测试

1. 单项选择题

（1）（　　）就是在互联网、大数据和云计算等科技不断发展的背景下，重新审视市场、用户、产品、企业价值链甚至整个商业生态圈的思考方式。

　　A. 互联网思维　　B. 创新思维　　C. 大数据思维　　D. 用户思维

（2）杰克·特劳特（Jack Trout）和史蒂芬·瑞维金（Steve Rivkin）在《新定位》书中谈及消费者思考模式是（　　）。

　　A. 极致思维　　B. 用户思维　　C. 简约思维　　D. 互联网思维

（3）（　　）是指互动式在线媒体的总称，是用户参与与创作的内容。

　　A. 传统媒体平台　　B. 社会化媒体　　C. 公开化媒体　　D. 社交化媒体

（4）所谓关键词，是指在搜索引擎中输入的一个词语或几个词语。"温州哪个品种的瓯柑最好吃""温州哪个地区盛产瓯柑"属于（　　）关键词。

　　A. 核心　　B. 辅助　　C. 长尾　　D. 复合

（5）（　　）故事构架，点明故事核心，按照事情的起因、经过、结果等脉络展开陈述。

　　A. 瀑布式　　B. 分列式　　C. 镜头剪接式　　D. 沙漏式

2. 多项选择题

（1）社会化思维是指利用（　　）、（　　）和（　　），重塑企业和用户的沟通关系、组织运营的思维方式。

　　A. 社会化工具　　B. 社会化媒体　　C. 社会化网络　　D. 社会化交往

（2）新媒体写作与传统媒体有所区别，它的最大目的是获得读者的注意力，制作阶段包含（　　）。

　　A. 强化视觉功能　　　　B. 美化作品装帧

　　C. 传播设计包装　　　　D. 综合表述写作

（3）新媒体文案标题的设计，应从（　　）等方面考虑。

　　A. 吸引力　　B. 诱惑力　　C. 引导力　　D. 表达力

（4）写作生活（本体）化和生活写作（诗意）化必然成为新媒体写作行为的两重性混合，具有（　　）的特点。

　　A. 展示性　　B. 理解性　　C. 游戏性　　D. 互动性

（5）互联网九大思维和新媒体写作思维相同的思维有（　　）。

　　A. 用户思维　　B. 简约思维　　C. 极致思维　　D. 迭代思维

E. 流量思维　　　F. 社会化思维　　G. 大数据思维　　H. 平台思维

3. 分析题

选择以下案例，并分析其新媒体文案写作思维。

（1）《深圳地铁表白文案，每一句都有故事》，找出你最喜欢的那一句，并说明喜欢这一句的原因，分析运用了哪些新媒体文案写作思维。

（2）《和1万人尬聊后，我总结了这11条聊天技巧》，分析其运用了哪些新媒体文案写作思维。

### 参考答案

**1. 单项选择题**

（1）A　（2）C　（3）B　（4）C　（5）A

**2. 多项选择题**

（1）ABC　（2）ABD　（3）ACD　（4）ABCD　（5）ABCDEFG

**3. 分析题**

新媒体文案写作思维：①用户思维；②简约思维；③求异创新思维；④极致思维；⑤迭代思维；⑥流量思维；⑦社会化思维；⑧大数据思维。

# 模块 4　知识类新媒体文案写作

## 知识目标

1. 掌握知识类文案的写作。
2. 了解常见的知识类平台。
3. 熟悉知识类文案的排版。

## 能力目标

1. 能够理解知识类文案的写作。
2. 能够使用知识类平台发布文章。
3. 能够对知识类文案进行排版。

## 思政目标

1. 了解我国知识类新媒体文案的政策和环境。
2. 培养新媒体文案写作从业者的职业道德。
3. 培养新媒体文案写作正确的价值取向。

## 本模块重难点

1. 知识类文案的概念和特点。
2. 常见的知识类平台以及这些平台的不同点。
3. 通过知识类文案标题的创作,掌握知识类文案标题的写法。
4. 通过分析知识类文案开头、结尾的写法以及知识类文案正文的布局方法,掌握知识类文案的正文写作技巧。
5. 通过简书平台的排版工具,掌握知识类文案的排版技巧。

## 项目引入

### 世间有千百种疼痛，你对痛有多少领悟？

# 芬必得®

芬必得®

超过 90% 的中国人都有感"痛"身受的经历。但你真的了解疼痛吗？忍一忍，喝点热水，贴贴药膏，这些对痛都有效吗？你该升级下疼痛认知了。

**疼痛伴随我们的一生，它是什么？**

从牙牙学语再到耄耋之年，疼痛伴随我们的一生。根据 2017 年全球疼痛指数（GPI）报告发现：超过 90% 的中国人都经历过身体疼痛。最常见的疼痛部位是脖子、肩膀和腰部。中国是身体疼痛人数最多的国家，也是对疼痛最焦虑的国家之一。

疼痛如此常见，那么疼痛是什么？国际疼痛研究协会（International Association for the Study of Pain, IASP）定义疼痛：疼痛是一种与组织损伤或潜在的损伤相关的不愉快的主观感觉和情感体验。事实上，疼痛是一种主观感受，每个人对同一伤害所感受到的痛感是不一样的。举个例子，关羽刮骨疗伤能谈笑风生，但换作是你可能早已痛不欲生了。

既然疼痛是一种主观感受，没办法用精准的仪器测量，那么疼痛该如何被评估呢？临床上常用的疼痛分级方法如：主诉疼痛分级法（Verbal Rating Scale, VRS），将疼痛进行分级。VRS0 级即无痛；VRS1 级即轻度疼痛，有痛感但可忍受，能正常生活，睡眠不受干扰；VRS2 级即中度疼痛，不能忍受疼痛，睡眠受干扰；VRS3 级即重度疼痛，疼痛剧烈，可伴有自主神经功能紊乱，睡眠严重受干扰。

**痛有那么多种，你对痛有多少领悟？**

也许你的生活里，就经历过不同等级的痛。曾经让你无法入睡的牙痛、让你能忍受的扭伤痛、痛彻心扉的痛经……生活里有太多的痛，你知道你的痛属于哪一种吗？

我们来看看大多数人都会经历的头痛，头痛是最常见的疼痛综合征。头痛像是一朵乌云，时不时挡住生活中的"朝阳"。熬夜加班没睡好，头痛。开会太紧张了，头痛。头痛实在太常见，

但你没有发现有时候头痛，痛的感觉还不一样？偏头痛和紧张型头痛是两种最常见的头痛，这两种头痛痛起来感觉是不同的。先来说偏头痛，有时候，脑袋一跳一跳地疼，散散步或爬爬楼梯都会加重头痛，还有点恶心、呕吐，这就是生活中常见的偏头痛了。偏头痛可是头痛类型的"大户"，常常被人们认为是偏侧头痛，即头一边在痛。尽管大多数偏头痛患者为单侧头痛，但是双侧头痛也有可能是偏头痛。而有时候，工作或学习压力大、紧张等让你的脑袋仿佛戴上了孙悟空的金箍，唐僧的"紧箍咒"一念，你头上的金箍收缩，压迫你的脑袋，让你食不知味。这种痛是紧张型头痛。紧张型头痛是最常见的原发性头痛，患者常有压迫沉重感或头周围紧箍感，有时厌食，但很少恶心、呕吐。

另一种常见的痛，女生深有感悟，那就是痛经。痛经像是"大魔王"，能摧毁你精心准备的约会、呕心沥血准备的会议。男朋友和同事"喝开水"或者"来点红糖姜汤"的问候，有时只能起到安慰作用。什么是痛经？痛经是指月经前及行经期间，下腹及腰部痉挛性疼痛，严重时伴有恶心、呕吐、肢冷，尤其多见于未婚青年妇女。有过痛经的女生，你们可不是"孤独天使"。很多女性都遭遇过痛经，据不同方法学统计，原发性痛经在青少年女性中的发病率在20%~90%，大约15%的青少年女性认为自己的痛经是较强疼痛。那么问题来了，什么是原发性痛经？痛经可分为两大类：一种是无生殖系统明显病变的，称为原发性痛经；另一种是由明确的疾病引起的痛经，称为继发性痛经。

痛经是女生的"大魔王"，那么牙痛就是吃货们的"拦路虎"。世界上最遥远的距离，莫过于美食就在眼前，不是不能吃，而是因为牙痛吃不了。正准备大快朵颐，岂料杀出来个"程咬金"。牙痛不是病，痛起来要人命。很多人都有牙疼起来痛苦万分的切身经历。牙齿慢慢地被腐蚀变成蛀牙，如遇酸、甜、冷、热刺激都会感到疼痛；蛀牙较深，病菌进入牙髓，引起牙神经发炎，导致阵发性疼痛，而牙髓炎还可引起急性根尖周炎，病牙呈持续性跳痛；智齿萌出，大多数都长得歪歪扭扭，以各种姿态生长，因清洁困难很容易发炎，引发疼痛；而拔掉牙齿，牙医拿着拔牙钳、牙钻等在你的口腔内鼓捣一番，会有组织损伤引发炎症，导致疼痛难忍。

再来看看肌肉疼痛。精神不集中或碰撞，引起的肌纤维及其肌腱损伤在运动中也很常见，这种创伤也可引发肌肉疼痛。此外，反复使用肌肉会引发过用性肌肉疼痛，认为是肌纤维过度用力导致的损伤。这种损伤常见于音乐家、运动人士和生产线上的工人，他们的工作往往需要频繁精细的重复性运动。

随着年纪增长，常听人抱怨关节痛。关节疼痛像是一阵"阴风"，搅乱了日常生活。骨关节炎就是导致关节疼痛的一个原因。骨关节炎是一种慢性退行性关节疾病，早期蹲下去站起来或跑楼梯时两膝酸软无力，慢慢演变成疼痛、肿胀、畸形及功能障碍。细心的知友们，也许观察到爸爸妈妈，蹲下去站起来或者是爬楼梯时两膝无力，时间长了还会疼痛、肿胀。敲黑板！你该注意了，你的爸妈有可能患上了骨关节炎，这将严重影响父母的生活质量。

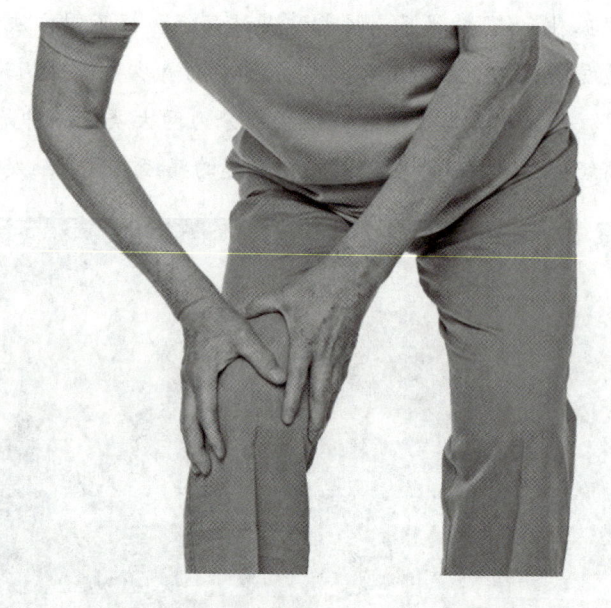

穿不合脚的鞋子时，除了不舒适，殊不知一种疼痛可能在潜入。如果长期穿不合脚的鞋，双脚受到挤压摩擦，容易造成滑囊炎，导致红肿疼痛。滑囊炎最常见的部位是肩部、臀部、膝盖、肘部，甚至是臀部。滑囊是关节周围充满液体的小囊，有助于减少肌肉、肌腱和关节之间的摩擦。如果把人体的关节部位比作零部件，那么滑囊的存在就像是有润滑作用的垫子。只要是摩擦力或压力较大的地方，都会有滑囊的存在，如肩部、臀部、膝盖、肘部、脚后跟等。反复地摩擦和压迫，会使滑囊劳损而导致炎症，产生疼痛，若有细菌感染，疼痛加剧。

对于沉迷手机游戏的人来说，腱鞘炎并不陌生。如果你早晨起床后，你的手指难以弯曲，但活动几下即见好转，这可能是腱鞘炎的发病信号。除了滑囊，另一个可以减少肌肉、肌腱和关节之间摩擦的部位是腱鞘，腱鞘包绕在肌腱周围，可分泌滑液，有利于肌腱的滑动。洗衣、做饭、打扫卫生等家务劳动时，手指手腕过度弯曲；提拿物品过重，手指手腕用力过大；长时间玩手机，手指持续弯曲；长期伏案工作时，手腕悬空……这些都会引起腱鞘炎，导致关节疼痛。

久站、久坐、负重、长期弯腰、腰扭伤，还有睡软床等，可能导致腰椎间盘突出，压迫坐骨神经，导致坐骨神经支配的大腿后部、小腿后外侧和足部疼痛；有的人喜欢玩电脑游戏，有的人必须使用电脑工作，时间长了会有手指麻木和疼痛的感觉，即「鼠标手」。以上两种都是生活中常见的神经痛。神经痛是指由中枢或外周神经损伤或疾病引起的疼痛综合征。鼠标手学名腕管综合征，是上肢神经受到卡压引发的手指麻木和疼痛，因此，鼠标手的痛也是一种神经痛。

生活中疼痛层出不穷，它的破坏力有时候超乎你的想象力，但人们缺乏对疼痛的全面认识，认为痛忍一忍、喝喝水、贴块药膏就好了。实际上，了解疼痛是什么类型，对疼痛"知根知底"才能从容应对。

经临床试验及临床使用验证，布洛芬可以有效缓解上述这些疼痛，布洛芬是通过抑制炎性致痛因子前列腺素来缓解疼痛的。（关于止痛药是如何发挥药效的知识，你可以点击了解更多）研究表明，布洛芬可有效缓解肌肉痛、神经痛，400毫克剂量的布洛芬可有效缓解偏头痛、紧张型头痛、牙痛、痛经，以及关节炎等炎症性疼痛。

在一定范围内，布洛芬的镇痛作用随剂量增加而增强，因此，针对不同的疼痛，可选用不同剂量的布洛芬。

芬必得®布洛芬缓释胶囊0.3克可用于缓解轻至中度疼痛如关节痛、肌肉痛、神经痛、牙痛、痛经。

芬必得®布洛芬缓释胶囊0.4克针对中度及较强的疼痛，如偏头痛、牙痛、原发性痛经；还可以有效缓解炎症部位引发的疼痛，如骨关节炎、滑囊炎、腱鞘炎引起的疼痛。

以下是华丽的广告图

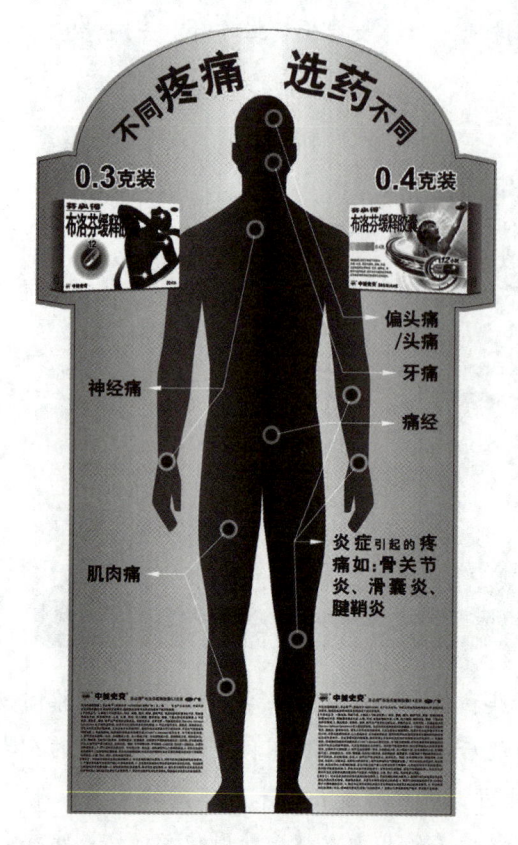

(请按药品说明书或者在药师指导下购买和使用)

(出处：https://www.zhihu.com/org/fen-bi-de-fenbid/posts)

【项目分析】

此次芬必得的广告是以知乎为平台开展的新媒体营销活动，这是一篇关于疼痛的科普性文章，文章开头首先介绍了什么是疼痛、疼痛的分级，然后介绍了生活中常见的一些疼痛症状：头痛、痛经、牙痛、肌肉疼痛等，并告诉消费者对疼痛「知根知底」才能从容应对。最后在文章的末尾告诉读者布洛芬可以有效缓解这些疼痛，并贴上一张芬必得布洛芬的广告图。这篇文章虽然是广告帖，但是并没有引起读者的不适，反而通过介绍疼痛的知识让读者涨了不少知识，不少读者还会分享转发这篇文章，达到传播的效果。

## 知识准备

## 4.1 认识知识类文案

### 4.1.1 知识类文案概述

随着互联网的深入人心，消费者越来越喜欢从网上获取信息、学习知识。知识类文案就是以传播企业和产品相关的知识为主，而且在传播知识的同时，将广告信息有机结合。

**（1）什么是知识类文案？**

所谓知识类文案就是向用户传播知识的文案。网友上网一个非常重要的驱动力就是获取知识，尤其是对某一方面知识或者经验的需求，比如祛痘的经验、减肥的经验、糖尿病的知识、家装的知识等。只要你能系统地将知识提供给目标受众，就有很多的机会可以将产品信息进行软性的植入。例如《糖尿病患者请注意：降低糖化血红蛋白可有效控制并发症》，在这篇文章中就介绍了什么是糖化血红蛋白、糖化血红蛋白如何检测、多肽对糖化血红蛋白指标的影响等知识，让人一看感觉像是一篇科普文章，很容易获得用户的信任。

---

糖尿病患者请注意：
### 降低糖化血红蛋白可有效控制并发症
作者：罗银

什么是糖化血红蛋白：

糖化血红蛋白（英文：HbA1c）通俗地说就是人体中的红细胞与葡萄糖合成的一种蛋白。糖化血红蛋白占人体红细胞的比例，是目前世界医学科学家推荐的判定糖尿病长期控制情况的良好指标。

最具权威的两大糖尿病临床研究，美国1型糖尿病控制及并发症试验（Diabetes Control and Complication Trial，DCCT）和英国2型糖尿病控制与并发症关系研究（UKPDS）均把糖化血红蛋白作为糖尿病控制的一个重要评价指标，且都充分肯定了强化治疗在预防血管并发症发生、发展中的重要作用。

在第59届美国糖尿病学会（ADA）年会上，ADA将糖化血红蛋白监测的重大影响和胰岛素问世相提并论，将前者作为血糖控制的金指标，提出所有糖尿病患者每年均应至少常规测定糖化血红蛋白两次。

---

**（2）知识类文案的特点**

知识类文案是针对用户想要获取知识这样一种心理而形成的软文，在编写相关文案内容时，要注意文案的以下特点：

①商业性。从本质上来说，知识类文案也是一种广告，它是企业软性渗透的商业策略在广告形式上的实现，通常借助文字表达与舆论传播使用户认同某种观念、观点和思想，从而达到企业品牌宣传、产品销售的目的。

②伪装性。不同于电视广告等硬广告在宣传上的开门见山，知识类文案利用一切文字资料来伪装自己，进而达到变向广告宣传的效果。这些文字形式对于用户来说都非常熟悉，用户在阅读这些文字时，不经意间就会被它所影响，从而产生某种思想和行为。

③信任性。知识类文案会给人一种信任的感觉，进而增强用户了解产品的兴趣，从而达到宣传或推广销售的目的。这种信任感是得益于文案真的在传播知识，而用户通过阅读文案是有所收获的。

> **想一想**
>
> 什么是知识类文案？它有什么特点？

### 4.1.2　常见的知识类平台

现在国内的知识类平台很多，有百度、知乎、豆瓣、简书等。每个知识类平台都有各自的特点，用户使用比较多的、口碑比较好的有三个平台：知乎、豆瓣和简书。

**(1) 知乎**

知乎（见图 4-1）是一个真实的网络问答社区，社区氛围友好、理性、认真，连接了各行各业的精英，他们分享着彼此的专业知识、经验、见解，为中文互联网源源不断地提供高质量的信息。

图 4-1　知乎 PC 端首页

准确地讲，知乎更像一个论坛，用户围绕着某一感兴趣的话题进行相关的讨论，同时你可以关注和你兴趣一致的人。对于概念性的解释，百度百科几乎涵盖了你所有的疑问；但是对于发散思维的整合，是知乎的一大特色。知乎鼓励在问答过程中进行讨论，以拓宽问题的发散性；鼓励答案的非针对性，鼓励答案的可参考性。

知乎几乎没有任何激励机制，没有积分，没有相应的等级提升体系，更没有任何形式的物质奖励，但用户的参与度却是很高，这是为什么呢？因为知乎满足用户分享的欲望，同时满足了个人建立威望的人性需求。

知乎抓住了人性中的一个优点：分享。人其实是渴望分享的动物，有件趣事没有人分享就好比女人穿着件漂亮衣服却没有人问她在哪里买的一样难受。有位知乎活跃者说他之所以在知乎上如此活跃是因为"中国互联网在满足像我一样的人的需求方面,做得太少",而知乎,正好给了他们一个高质量的分享舞台。这个分享其实也是有回馈的,它能让你建立威望,你回答得越多,就越显得你知识渊博,你的威望就越高。这恰好满足了马洛斯的需求金字塔中最高层次的需求——自我实现的需求。

如果说微博、SNS等产品是满足了人的社交需求的话,那么,知乎等问答社区则是满足了人的最高层次的两个需求:尊重和自我实现的需求。尤其是在这个"往来无白丁"的精英社区,回答的问题被精英、名人所"赞同"和"感谢",顶层需求的强烈满足感比其他任何激励措施都更加持续有效。

### (2) 豆瓣

豆瓣(见图4-2)是一个社区网站,由杨勃创立于2005年3月6日。该网站以书影音起家,提供关于书籍、电影、音乐等作品的信息,无论描述还是评论都由用户提供,是Web 2.0网站中具有特色的一个网站。网站还提供书影音推荐、线下同城活动、小组话题交流等多种服务功能,它更像一个集品味系统、表达系统和交流系统于一体的创新网络服务,一直致力于帮助都市人群发现生活中有用的事物。

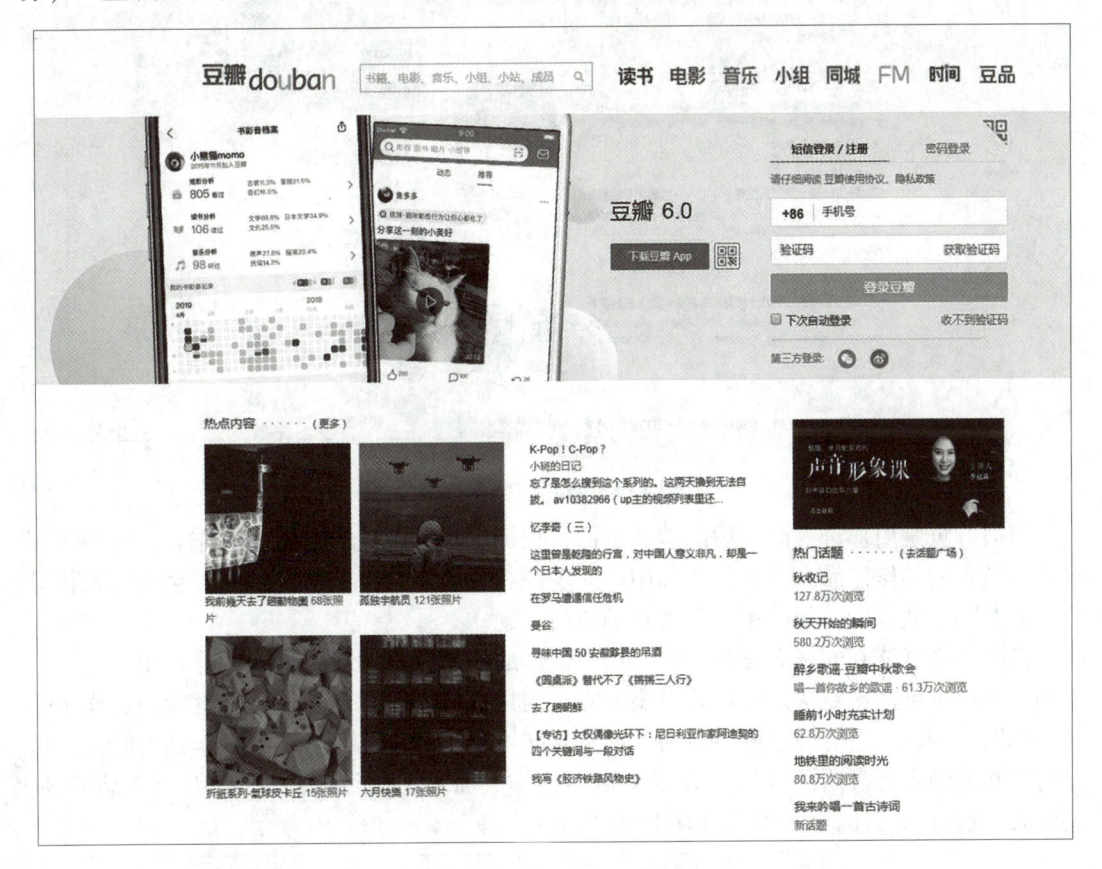

图4-2 豆瓣PC端首页

豆瓣的核心用户群是具有良好教育背景的都市青年,包括白领及大学生。他们热爱生活,除了阅读、看电影、听音乐,更活跃于豆瓣小组、小站,对吃、穿、住、用、行等进行热烈的讨论。他们热衷参与各种有趣的线上、线下活动,拥有各种鬼马创意,是互联网上流行风尚的发起者和推动者。豆瓣已渐渐成为他们生活中不可缺少的一部分。

豆瓣擅长从海量用户的行为中挖掘和创造新的价值，并通过多种方式返还给用户。凭借独特的使用模式、持续的创新和对用户的尊重，豆瓣被公认为中国极具影响力的Web2.0网站和行业中深具良好口碑和发展潜力的创新企业。豆瓣主要的盈利模式是品牌广告、互动营销以及不断建设和增长中的围绕电子商务行业的渠道收入。

在豆瓣上，你可以自由发表有关书籍、电影、音乐的评论，可以搜索别人的推荐，所有的内容、分类、筛选、排序都由用户产生和决定，甚至在豆瓣主页出现的内容上也取决于你的选择。

**（3）简书**

简书（见图4-3）是一个创作社区，任何人均可以在其上进行创作。用户在简书上可以方便地创作自己的作品，互相交流。简书经过多年的经营，现在已经成为国内优质原创内容输出平台。

图4-3 简书PC端首页

简书首页是用户进入简书后的默认页面，根据用户所关注的专题、创作者，实时为用户推送最新的创作作品。除了推送和用户兴趣最相关的作品，简书首页同时会为用户推荐热门的专题、创作者，帮助用户发现新的热门专题。

专题是简书核心的作品分类方法。用户创作的作品会通过专题进行区分，用户可以自己创建专题也可选择专题进行作品投稿。除了用户自行创建的专题，简书也专门运作了一些品牌性的专题，由简书招募各地的主编来共同维护。用户在简书上浏览作品的时候，可以选择并定制自己喜欢的专题，方便浏览与创作。简书上已经有超过50万个作品专题，关注人数超过10万的专题数已经有1000多个。

> **想一想**
> 
> 如果你是一家电商企业的负责人，你会选择哪个平台进行推广呢？

### 4.1.3 三大知识类平台的对比

知乎、豆瓣和简书作为国内有影响力的三个知识类平台，各有各的特点，各有各的不同，接下来就各个平台的特点进行对比分析。

**（1）用户数量的差别**

根据 2018 年的数据，知乎注册用户数量达到 2.2 亿，豆瓣注册用户有 1.6 亿，简书注册用户数量有 2000 多万。可见知乎的用户数量是最多的，也是最让大家熟知的，而简书的用户数量相对来说比较少。

**（2）目标用户的差别**

知乎和豆瓣用户年龄集中在 30~39 岁，这个年龄段的人更乐于学习、分享知识；用户中，男性普遍多于女性。简书的用户主要集中在 20~29 岁，这个年龄段的用户大多是初入职场或处于职场的上升期，对于工作的压力有着需要释放的空间，简书可以让这一人群把想说的话写出来，并且分享给同龄人寻找共鸣；简书的性别分布比较均匀，男女比例平衡。

知乎的目标用户是爱好钻研、探索，好奇心强的人，偏理性；豆瓣的目标用户是文艺青年，爱好书、电影等，偏感性；简书的目标用户是职场白领，对职场有新鲜感、爱奋斗，偏理性。

**（3）App 视觉上的不同**

知乎 App 的色调是蓝色系，色调统一，让人看上去比较舒适，这种蓝色系的色调也让人感觉比较理性和专业。知乎 App 上的大栏目模块比较清晰，用户能够快速找到自己想了解的内容。知乎 App 上的菜单没有文字解释，对于新用户不太友好，新用户需要熟悉这款 App 之后才能上手。

豆瓣 App 的色调是绿色系，部分页面色调也不统一。它的菜单使用的是空格式，模块很清晰，这样看上去视觉效果比较好。在 App 上，它的大板块——书影音——之间没有颜色区分，看上去也不太醒目。

简书 App 的色调是红色系，整体色调统一，让人看上去有一种温暖的感觉。它的菜单设置简单明了，让人一目了然，就算是新手也很容易上手。但是这款 App 的排版感觉有点凌乱，给人一种头重脚轻的感觉。

**（4）投稿机制的不同**

在这三款 App 中，知乎的投稿机制门槛是比较高的，高质量的内容一般都在知乎专栏里面。一般人想申请专栏是比较难的，它的专栏申请机制有很多要求。另外，知乎上的文章只有赞同和评论，没有阅读量的显示，所以对于自己的文章有多少阅读量是没有办法知道的。

豆瓣上的文章内容比较多，但是很杂，而且主要模块的入口不太明显，新手很容易找不到这个入口。虽然豆瓣也有推荐内容机制，但是它推荐的内容没有个性定制，不具针对性，用户可能对推荐的内容不感兴趣。虽然豆瓣提供了豆瓣小组这个类似论坛的功能，加入小组的用户也会觉得有归属感，但是小组里面的内容整体来说质量并不高。

相对前面两个 App，简书的投稿机制是最人性化的。如果创作者投到了正确的专题下，那么就意味着可以增加浏览量，能够被首页收录，是对自己劳动果实的认可，这样大家写作的目标也比较明确。如果没有被成功收录，也会有反馈文章，被告知原因是内容不优质还是投稿不精准。相反,知乎、豆瓣就没有这个机制。同时简书还有文字字数的记录,创作者可以看到每天的劳动成果。

> **想一想**
>
> 请你讲讲知乎、豆瓣和简书三个知识类平台的不同点。

## 4.2 知识类文案标题的写作

一篇文案的主要作用是借助内容来引起用户的注意,从而达到阅读、评论或转发传播等目的,在这个过程中,拟定一个有吸引力的文案标题是至关重要的。标题是用户对文案的第一印象,用户往往会根据它来决定该篇文案是否有继续点击阅读的价值,可以说文案的标题常常是决定该文案能否成功的关键。在撰写文案之前,文案创作者要先明确文案的主题内容并据此拟定文案的标题,这样文案的标题才会与内容息息相关。

### 4.2.1 知识类文案标题的创作思路

对于一个知识类文案创作者来说,掌握标题的技巧、套路是远远不够的,这些技巧、套路经常改变,创作者往往今天用了一个效果较好的技巧或套路,明天可能就没有效果了。所以创作者要掌握标题的底层逻辑,这个底层逻辑是不会变的,这也是写好知识类文案标题的一大要点。

**(1)标题要有利于用户树立网络社交形象**

马斯洛需求层次理论指出人类,有 5 种需求:生理的需求、安全的需求、社交的需求、尊重的需求和自我实现的需求(见图 4-4)。

图 4-4 马斯洛需求层次理论

一篇好的文案，用户会将其分享到自己的社交圈中，从而增加文案的曝光度。用户为什么会转发文案？就是为了满足与人社交的需求，获得尊重的需求，以及自我实现的需求！对于上网的人来说，都试图管理和控制他人对自己所形成的印象，而且总是会倾向于以一种与当前的社会情境或人际背景相吻合的形象来展示自己，以确保自己还处在群体之中，博得大家的关注与认可，以及愉快的评价。所以人们往往会给自己贴标签，以此来塑造固有的形象，自动把自己归纳到某个群体中。如下面的标题：

·没有房子的年轻人，每一个都很慌
·无产中产阶级：穷且奢华的年轻人
·"垮掉"的90后，可能是中国心智最健全的一代人

这些标题都是非常经典的标题，标题中年龄、收入、地域等标签是运用得比较频繁的，现在的用户已经看过太多，感觉不到新鲜了，文案创作者就需要挖掘更深层次的场景与动机、喜好、人生态度等。这就要求文案创作者对自己的用户有更深入的调研、更加精准的用户画像，把标签贴得更加牢固，让用户觉得新颖且有代表性。如下面的标题：

·悬浮青年：活得挺好，但是很难更好了
·新中产，病了
·90后的日常：单身，没钱，奔三了

这些自嘲标题所表达的观念让分享的人处在"90后"的潮流语境中，他们在网络环境中可以用标题作出充分的自我表达！光自我表达还不够，用户还希望与群体交流，塑造一个思维活跃的优质形象，而不是"潜水党"。

所以用户会主动分享一些能引起讨论的热点事件，或者能产生共鸣的观念，好吸引一些人在发起的话题下点赞、交流、讨论，不断刷新自己的活跃度。如下面的标题：

·为什么不想生二胎？因为第一胎已经把钱花光了
·朋友圈分错组，吐槽发错人｜现代人的13个危机时刻
·"我们的哀伤和年龄是没有关系的"｜53岁的樱桃子去世

所以说要判断文案是否会被分享，一定要考虑到你的用户想在社交圈中树立的形象，且分享时不会产生顾虑，分享出去后不会带来困扰。所以大多数时候正面的价值导向更容易被分享出去。

(2) 标题要勾起用户的好奇心

每个人都是"好奇宝宝"，在街上围观看热闹的人很多，大多数人都不知道事情的缘由，只是看到人多就好奇大家在围观什么，就莫名其妙地加入了围观的队伍。好奇心是人的本能，如果你的标题能撩得读者心痒痒，打开率就有保障了。像以前知乎上经常出现这样的标题：《如何评价/看待××××》《××××是一种怎样的体验？》。这种标题被人们亲切地称呼其为"知乎体"。这种"知乎体"现在已经被新媒体用烂了，建议少用，不妨换一种思路：利用窥探心理！

假如你是班上的第二名，你总会好奇第一名晚自习在看什么参考书；同样我们对于行业精英、大厂、明星或者某个热门群体，都充满了窥探心理，互联网大佬们又提出了什么新颖的观念，大厂又有什么新举动，明星们又有什么新的保养方式？对于这些问题，我们都充满了好奇心！那么我们可以利用这种好奇心，制作一些标题。如下面的标题：

- 微信更新了一项可能影响到千万人的功能
- 宋祖儿刘昊然苏炸天,但她神似张柏芝的颜竟然出现一个大 bug
- 《如懿传》扑街:但这不是周迅的错,是玻尿酸的错

**(3) 标题要给用户明确的利益承诺**

马斯洛说一个人对尊重和自我实现的需求是无止境的。最高一层的自我实现的需求,它是指实现个人理想、抱负,发挥个人的能力到最大限度,完成与自己的能力相称的一切事情的需求。自我实现的需求是在努力实现自己的潜力,使自己越来越成为自己所期望的人物。

所以大家对提供竞争性利益是无法抗拒的,让用户觉得能解决问题、改善生活,就是刚需。所谓雪中送炭才刻骨铭心,解燃眉之急才是救急。所以精确掌握用户需求,给出明确的利益承诺,他们不仅会分享给朋友还会收藏,以便能随时调取查看或运用。

这样的选题主要是实用帖,标题主要是盘点式和集邮式,利用数字明确直接地告诉用户可获得的利益。如下面的标题:

- 25 岁以后,被 Excel 打过的 14 个耳光
- "家里没有矿,是作为上班狗的自觉" | 10 条职场过来人的忠告
- 从萌新到精英,职场人都需要的角色选择模型

> **想一想**
> 知识类文案标题的创作思路有哪些?

### 4.2.2 知识类文案标题的常见策略

如果说学历是求职的敲门砖,那一个好标题,就是文案的敲门砖。文案写得再好,没人点进来看,也无济于事,所以,标题的重要性不言而喻。现代生活节奏的加快,往往需要人们第一眼就能看明白标题,不能在一秒钟看明白的标题,是不适合传播的。

下面介绍一些知识类文案标题的策略,通过使用这些策略可以写出优质的标题。

**(1) 善用符号**

①叹号:既有强烈的情绪感,也可以起到强调的作用,用户轻易地被带入情绪中并自然地觉得"果然是这样子"。如下面的标题对比:

修改前:2016 微信功能预测

修改后:微信 2016 年功能规划,太强大了!

②问号:用户带着疑问看文案,并会仔细地在文案中寻找答案,引起用户和创作者的共情,如下面的标题对比:

修改前:探寻百万级大号首批粉丝获得秘籍

修改后:百万级大号的第一批粉丝是如何获得的?

③省略号:省略号给用户留下悬念,引起用户的好奇心,并突出地表达了转折的作用。如下面的标题对比:

修改前：中国首富向银行心脏插刀，银行破产模式开启

修改后：打劫！中国首富向银行心脏插刀，银行破产模式开启，我们的钱……

④括号：比较适合在标题中概括内容，并解释说明或者补充说明、精准定位和额外福利等。如下面的标题：

  a. 补充说明：薛兆丰——北大最好的经济学课（马化腾鼎力推荐）
  b. 增加吸引：新媒体人必备的工具合集！超实用（已超过100万领取）
  c. 精准定位：让孩子学好拼音/汉字/成语，这一套大容量资源就够了！（3~12岁）
  d. 额外福利：川普胜选演讲全文：不会让你们失望（附英文原文）
  e. 提示信息：小黄人科技线下精英培训班（北京站）

### （2）善用数字

标题中的数字往往给人赤裸裸的视觉冲击，同时数字也是最严谨的形式，让信息量直接被用户所提取。如下面的标题：

修改前：国家能源局煤炭司原副司长魏鹏远因涉嫌受贿、巨额财产来源不明被捕

修改后：煤炭司原副司长：家中搜出2亿现金，烧坏4台点钞机……

### （3）借力

在标题中，可以增加名人、名物等名气大的内容，通过借助名人效应，增强用户的认知，另外用户也能知道你们到底有哪些共同点。如下面的标题：

修改前：鬼畜视频如何魔性地占领你的朋友圈

修改后：比小咖秀还要火的软件就要诞生了

### （4）加入亲身经历

以自己的亲身经历为切入点，讲述自己的故事，设置情景，用户代入感更为强烈，同时，用户也能从故事中获取知识。如下面的标题：

修改前：特斯拉的前世今生

修改后：拥有一台特斯拉是怎样一种体验？

### （5）增加对比

通过强烈的对比，让用户感受到差异化，引起好奇心。如下面的标题：

修改前：HPP超高压灭菌技术是你最好的选择

修改后：HPP超高压灭菌技术VS传统超高温灭菌技术

### （6）接地气

更接地气的文案标题，用户容易理解，而且通俗易懂，有利于用户的传播。如下面的标题：

修改前：全气候电池革命性突破锂电池在低温下性能的局限

修改后：我们发明了"不怕冷"的锂电池

### （7）抓住痛点

遇到用户的痛点，并找到解决办法，用户会有强烈的认同感。如下面的标题：

修改前：不可不看的微信好友删除教程

修改后：如何优雅地查出微信里谁删了你？

### （8）设置悬念

对于有效的关键信息，可以设置一定的悬念，吸引用户查看。如下面的标题：

修改前：亚洲新首富王健林：儿子不当万达接班人
修改后：亚洲首富王健林，对王思聪接班问题表态啦！

**（9）追热点**

根据当时的热点新闻资讯，编写热点标题，吸引用户眼球。如下面的标题：
修改前：武汉话版疯狂动物城，笑出了另外一种境界
修改后：《疯狂动物城》：为何兔子的发言，从公关角度来说是场灾难？

**（10）夸张法**

利用夸张的手法，把文案提升一个层次，引起用户的好奇心。如下面的标题：
修改前：不得不看的创意文案
修改后：价值30万的创意文案，超过100万人收藏！

> **想一想**
>
> 请你观察一下，生活中遇到的知识类文案标题中，使用了哪些策略？

### 4.2.3 知识类文案标题的误区

在知识类文案中，衡量一个标题好坏的指标有两个：打开率和传播率。打开率就是一个人在看到这个标题后，会不会被吸引去点击。传播率就是一个人在看完文案后，愿不愿意去分享这个文案。当然，影响传播率的还有文案质量，但标题也有很大相关性。至于打开率，则几乎取决于标题。大多数创作者在打开率和传播率上都做得不是很好，很大原因就是存在一些对于知识类文案标题的误区，下面我们就介绍一些创作者常见的误区。

**（1）标题就是把文案内容进行概括**

知识类文案最终的目的是在互联网上进行传播，一个对文案内容进行概括而不吸引人的标题，它的传播性也是要打折扣的。例如下面的标题：

·不要那么悲愤，这个世界不欠你的

这个标题就是把文案的内容进行了概括，但是并不是非常吸引人，导致这篇文案的转发率非常低。后来有个小编把这个标题修改了一下：

·我一个6年的闺蜜拉黑了我

就这样一个改动，原来好几年没什么反响的文案，带来了几百万的阅读量，这个标题也被评为当年的年度神标题。

所以创作者一定要认清楚一点：标题不是为了把文案概括清楚，而是吸引点击。

**（2）标题的目的就是阅读**

有些创作者写标题的目的就是让用户阅读他们写的文案，而忽略了另一个目的——传播。只有让用户继续传播你的文案，文案的阅读量才会有所提高。如下面的标题：
原标题：爱得早，不如爱得刚刚好。
修改后：有多少人最后嫁给了自己的高中同学？

使用原标题，大多数用户看了文案就关掉了，而不会对文案进行传播。而修改后的标题，用户可能在阅读之前就浮想联翩了，看完之后再丢在高中同学群里，或者转发给某个人。

所以创作者要注意：标题的目的是让用户继续去传播，而不只是阅读。

**（3）标题不真实**

真实是标题的一个非常重要的原则，让用户明白你要真实准确地表达什么样的信息是与用户建立稳定关系的唯一前提。为了吸引用户，靠说谎来获取流量是不可取的行为。

例如某品牌发布了一篇名为《年终大促销，点击就有奖品》的新媒体文案，打开一看却是一张购买玛莎拉蒂减 15 元的优惠券，瞬间就让用户觉得自己受到欺骗，进而取消关注。所以文案标题一定要真实，不要让用户有被欺骗的感受，从而影响用户对你的信任，最终走向"取关"的局面。

**（4）标题强加于人**

有些知识类文案标题常常随意把自己的意见强加于用户，替用户做出唯一的选择。在这种强压之下，用户没有选择的余地，应有的权利被剥夺。而完美的吹嘘和强势的肯定却往往物极必反，引起用户的心理抵触，使软文宣传走向反面的效果。

如马斯巧克力的一则软文标题，《只要你喜欢巧克力，你就一定喜欢"马斯"》，马斯巧克力或许适合一些人的口味，但绝不是所有人都一定喜欢它。

再如米勒啤酒的一则软文标题，《您早该踏入"米勒时代"》，殊不知大多数用户看后都会想："为什么我非要选择米勒？"或许一些执拗的用户还会说："我偏不喜欢米勒。"从而使得软文效果大打折扣。

> **想一想**
>
> 知识类文案标题存在哪些误区？

## 4.3　知识类文案正文的写作

好的标题可以吸引读者点击，但是要想让文案获得好的阅读效果，达到营销的目的，正文的内容就非常重要。没有优质的正文内容，其他一切都是枉然。好的正文内容，既可以简单明了地表达中心思想，又可以提高用户阅读体验，也能达到广告信息传播的目的。要想做到这一点，需要掌握一定的方法和技巧。

### 4.3.1　知识类文案开头的写法

在这个碎片化阅读时代，知识类的文案越来越多，文案被点开不等于被阅读，很多人都是点开一篇文案就关掉了。选题和标题决定了读者是否点击你的文案，而开头决定了读者是否阅读你的文案。那么我们怎么样才能写出让用户愿意阅读的开头呢？

**1. 总述观点，使人一目了然**

总结文案大意，明确点出文案精华。就像报纸中的报道，每一篇报道总要先给出一段导语，这段导语明确地表达了这篇报道的内容大意。采用这种开头法能够让用户清晰明了地知道整篇文案所讲述的事情。用最简短的语言，提炼出文案的大纲内容，最好能够将文案的精华提炼出来，呈现给用户。可以是将文案的小结论直接呈现给用户，也可以是将文案的整个结构流程直接呈现给用户。

例如，知乎网友"肥肥猫"，在回答"有哪些读书学不来，却很重要的素质"的时候，就使用了总述观点法开头，获得了 70K+的点赞（见图 4-5）。

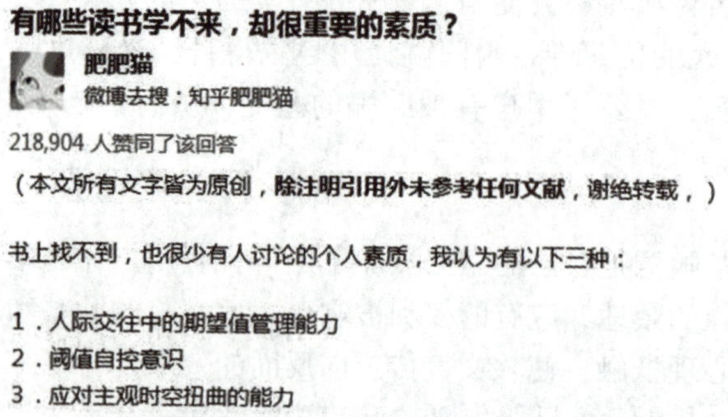

有哪些读书学不来，却很重要的素质？
肥肥猫
微博去搜：知乎肥肥猫
218,904 人赞同了该回答
（本文所有文字皆为原创，除注明引用外未参考任何文献，谢绝转载。）

书上找不到，也很少有人讨论的个人素质，我认为有以下三种：
1．人际交往中的期望值管理能力
2．阈值自控意识
3．应对主观时空扭曲的能力

图 4-5　网友"肥肥猫"使用总述观点法开头

在使用总述观点法开头的时候，可以采用以下技巧：

①抓住重点要素：主张鲜明，明确个人态度。比如在回答"有哪些经验越早知道越好的人生经验"一篇高赞文案中，开头就说"有些经验你越早知道，你就可以越早成长"。这种写法就是与文字标题相呼应，直抓文案重点。

②提炼文案精华：把文案中的结论亮点在最开始就呈现给用户。比如在《你每天用来长知识的 App 有哪些》中，开头说"推荐几个高质量长知识 App，上到天文，下至地理，你想要的这里都有"。这就是利用开头将文案精华淋漓尽致地展现给用户。

③语言简短有力：简单的一句话或者一段话来概括文案内容。比如在回答"如何让头大的女生变漂亮"的一篇高赞文案中，开头就说："这次主要说一说大脸妆容以及穿搭tips，让你一键摆脱大脸变小脸"。这就是简短又有力地概括文案内容的方法。

**（2）设置悬念，诱人深读**

无论是小说还是文案，创作者都爱设置悬念。一段没说完的话，让人吊着胃口，一种欲罢不能的心理将用户一步步深入引诱。这种方式就是利用人们对事物的好奇心来集中注意力，设置悬念，一步步引诱用户。这种写法的好处在于"骗人入门"，为你的文案下文做铺垫。例如，使用提出疑问的方法，能够更好地让用户思考该问题，并在不自觉中产生共情心理，用户就会想要解除对这个问题的疑问。

在知乎上有一个网友"谢春霖"的回答，就是使用这种提问的方法，开头就写道："为了回答你这个问题，先给你出一道题，看看你会如何思考"（见图 4-6）。

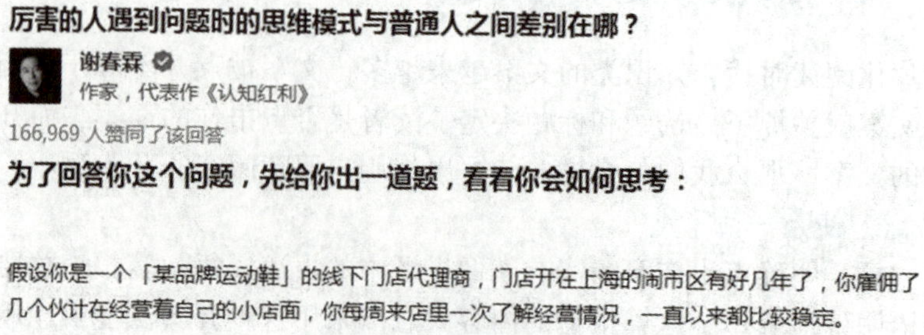

厉害的人遇到问题时的思维模式与普通人之间差别在哪？
谢春霖
作家，代表作《认知红利》
166,969 人赞同了该回答
为了回答你这个问题，先给你出一道题，看看你会如何思考：

假设你是一个「某品牌运动鞋」的线下门店代理商，门店开在上海的闹市区有好几年了，你雇佣了几个伙计在经营着自己的小店面，你每周来店里一次了解经营情况，一直以来都比较稳定。

图 4-6　网友"谢春霖"使用悬念法开头

在使用悬念法开头的时候，可以采用以下技巧：

①惊人法：使用令人意外的结果、数字来描述事件。比如在一篇回答"在朋友圈中，你最讨厌发什么样的文字或图片"的文案开头这么写道："终于可以吐槽一下我微信里的大姐了！以前没有屏蔽她的时候，天天被她刷屏 100 次！"这个 100 次就会让人很好奇是什么样的朋友圈内容，自然而然地吸引读者继续读下去。

②误会法：提出一个和文案相关的违背观点，让人误以为没有这样的方法存在。比如一篇回答"家装中最不值当的投入是什么"的装修类问题的文案中说："任何超出生活实用性的设计都将成为房屋本身以及居住者的累赘。""累赘"会让人想到这样的装修没什么意义，吸引用户去了解哪种装修是没意义的，然后在文案中以"累赘"二字做文章教用户怎么装修。

③设问法：抛出问题，询问文案相关主旨的情况。比如在《人都是怎么废掉的》文案中，开头说："那些追求安稳的人最后为什么死了？"在文案开头就抛出问题，让用户不得不想去解开这个谜团。

**（3）故事制造氛围，增强读者代入感**

人们都喜欢听故事，这对他们来说是一种享受。在文案开头用故事引入，给人制造一个轻松的阅读氛围，这样不仅有代入感还会让用户有继续读下去的欲望。故事的作用不是简单说个故事，而是要让用户身陷一个小小的场景，能够让人有身临其境的氛围，仿佛这个场景就在眼前，仿佛自己就是这位主人公。

在知乎上有一个网友"小岩井"写的文案，开头使用故事制造氛围，把用户代入文案，获得了很高的点赞（见图 4-7）。

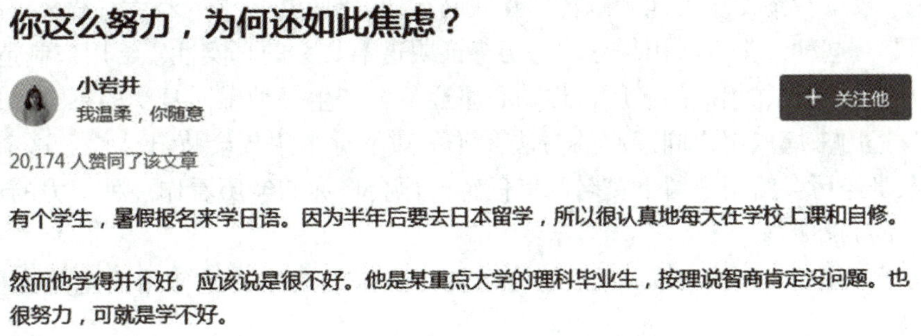

**你这么努力，为何还如此焦虑？**

小岩井
我温柔，你随意
＋关注他
20,174 人赞同了该文章

有个学生，暑假报名来学日语。因为半年后要去日本留学，所以很认真地每天在学校上课和自修。

然而他学得并不好。应该说是很不好。他是某重点大学的理科毕业生，按理说智商肯定没问题。也很努力，可就是学不好。

图 4-7　网友"小岩井"使用故事法开头

在使用故事法开头的时候，可以采用以下技巧：

①以"我"代入：把"我"作为故事中的关键人物，联系全文。比如网上一篇回答《为什么一个人的状态，总是最糟糕的?》的文案开头："一个人的状态总是最糟糕的，我的母亲曾经告诫我……"开头就用"我"来讲述这篇文案，氛围轻松又有代入感。

②三段论：把整个故事的起因、经过、结果都向读者表达出来。比如一篇回答"现实可以有多美好"的高赞文案开头："婚礼前一个月，我被查出肺癌。医生让我积极配合治疗，老公的老板给他放了长假来陪我，取消婚礼，婚礼场地方说会一直给我留着。全世界都以一种美好的方式祝福我。"这种开头既切合问题又将读者情绪代入，可以说是一种很好的方法。

### (4) 利用大咖人物，权威认证

开头引用名人的话，或者有影响力人物的事件，给自己的文案增加权威度，让人一看就觉得你是个见识广博的人，会更愿意看你的内容，向你学习。可以使用一段明星事件或者一句名人名言，只要把第一句话敲定下来，第二句话就是对名言的进一步描述，换言之就是你对这句话的解读。

在知乎上有一个网友"巴洛克有一只兔"写了篇讲述瘦身方法的文案，她在文案的开头就用明星增强文案的权威效果（见图4-8）。

> **有什么不错的瘦腿方法？**
> 
> 巴洛克有一只兔，持续好看的人值得尊重与爱
> 
> 前一段时间闫妮的腿上了热搜，又细又白又直，四十八了竟然还能保持地像少女。果然年龄只是一个数字，好的身材才是标准。

图4-8 网友"巴洛克有一只兔"使用名人法开头

在使用名人法开头的时候，可以采用以下技巧：

①一"名"惊人：使用经典语句，调动用户情绪。比如"十点读书"的《你凭什么穷得那么心安理得》一文中，开头说"贫穷不应该成为换取同情的筹码"，这句话就给整篇文案下了一个调性，调动了用户情绪。

②权威见解：表明权威身份，现身说法。比如在一篇高赞文案中，开头说："今年（2019年），我最好的硬装设计朋友Daniel从英国回来了，准备在深圳做自己的工作……"这种开头就用一个某人有什么样背景的方式，让人有信服感。

### (5) 引用自身经历，创造信任场景

"我是一枚运营狗，从工地搬砖转到互联网行业，现在已经在×××大厂做×××产品经理有一年多了。"这种开头方法用自己的经历来证明这篇文案的真实性，给用户制造信任感。你看到别人有一段和你相似的经历，你的心里会不会产生一种感同身受的感觉？这就是一种利用自身经历来博取用户同理心的写法，在不知不觉中用户会将自己代入这个角色中。用自己的亲身经历会给用户留下莫名的信任感，他会将你的经历看作一种努力的方向或是和自己有关的利益诉求。

在知乎上有一个网友"Bhappy"写自己转行经验的文案，她使用的就是这样的开头（见图4-9）。

> **运营小白 如何学习运营？**
> 
> **Bhappy**
> 从工地走向互联网的女人
> 
> 3,461人赞同了该回答
> 
> 我曾经是个彻头彻尾的小白，白到什么程度呢？从未接触过这方面的东西，甚至连运营都没听说过。但人生就是这么奇妙，我一个建筑公司出身的施工狗，现在漂到了互联网公司做市场运营，还升了小主管。

图4-9 网友"Bhappy"使用自身经历法开头

在使用自身经历法开头的时候，可以采用以下技巧：

①引发共鸣：将自己置身在段子或者金句里，这样的开头会让用户和你产生共鸣。比如在《我不怀疑你的能力，但不看好你的人品》中，开头说："决定你人生上限的，不是能力，而是做人做事的格局。"这就是利用金句将个人情感置身于文案中，一下引发共鸣。

②点明个人经历：在这个事件中把自己的一个经历转变过程讲述出来，特别是成功的点。比如在回答"如何玩好王者荣耀"的一篇文案中，开头说："本条回答历时3天，凝聚我对王者荣耀这个游戏的所有理解，可能是知乎王者荣耀板块最全面的进阶攻略。"这就是摆明个人经历，给用户创造信任感。

> **想一想**
>
> 知识类文案开头有哪些写法？

### 4.3.2 知识类文案正文的布局

文案布局，就是文案撰写中对素材、文字和标点符号及数字的排兵布阵，是把文案中的所有材料、创作者的认识，按照文案的中心思想和行动目标，合理地排列，组合成一个完整而和谐的整体。具体来说，知识类文案布局要做到"秩序井然、气势连贯、高度一致、身材匀称"。下面介绍几种常用的知识类文案正文布局的方式。

**(1) 总分式**

总分式结构是现在知识类文案中比较常见的一种布局方式。其中，"总"是指文案的总起或总结，起点明主题的作用；"分"指的是分层叙述，即将中心论点分成几个基本上是横向展开的分论点，一一进行论证，逐层深入，最后呈现出一个发散的结构。因为有的文案太长，读者已经不需要总结了，只要看到了自己想要的信息即可。

例如，《三星堆完全游园指南7.0》这篇文案就是这样的结构。第一段总结全文要讲述的内容，接下来就展开论述，介绍三星堆相关基础知识和具体的游园指南，包括交通、票务、餐饮等，文案脉络清晰，将游园的方方面面介绍得十分清楚。

> **三星堆完全游园指南7.0**
>
> 全文包括两部分，参观基础知识篇（担心太长没人看）和游园指南篇（包括交通、票务、餐饮等信息），这次堆主是真的托马斯全旋回答参观常规问题了。
>
> 一、参观基础知识篇：三星堆是个什么"堆"
>
> 说起"三星堆"，大部分朋友都一知半解，时有吃瓜群众千里迢迢过来参观，一头雾水地离开，在留言小本本上表示各种失望——真是"堆主家中坐，锅从天上来"。为了让大家对我堆有个更深刻的了解，以后带妹子来了想帅气地讲解又不至于"最怕空气突然地安静"，特新增基础知识篇，如果只想坐车车吃饭饭逛园子的休闲玩家可以跳到文章后半部分"日常游园指南篇"。
>
> （出处：http://www.360doc.com/content/19/0224/14/51350952_817198012.shtml）

**(2) 片段组合式**

片段组合式主要是将要体现共同主题的几个生动、典型的片段有机地组合起来，用于叙述事件，描写商品特点，烘托品牌。这种方法主要是以叙事的手法来写作，但要注意每个片段的内容不要太多，且不能分散主题，一定要多角度地围绕主题进行展开推广。例如脑白金的推广软文《人类可以长生不老吗》，就采用片段组合的形式，从"美国人的疯狂""《新闻周刊》的权威论断"两方面来说明产品的特性,最后再以"脑白金是什么"来烘托产品。

### (3) 三段式

三段式写法是从新闻学中的"倒三角"写法延伸而来的,这三段分别如下:

第一段:以简练的语言对事件的主体、客体、时间、地点等进行概述性的描述,再以一句话简单概括出事件的意义。

第二段:对第一段中的事件展开描述,交代事件发生的背景、过程和相关的细节,重点在于描述事件的"由头"。

第三段:提出针对事件的观点,升华事件的意义。

例如,网上有一篇三段式的文案《杰克摩菲重磅打造贴身服饰,蓝海蔚然显现》,该文案的第一段为概述性描述,最后一段为总结性描述,中间的段落则是对产品的详细描述。

---

**杰克摩菲重磅打造贴身服饰,蓝海蔚然显现**

一直以来,服装行业在许多人的心里仅指男装、女装这些外衣品类。杰克摩菲品牌服装以其敏锐及前瞻性的眼光认识到,男装和女装并不能代表整个服装行业,在其之外还有一个广阔和市场潜力巨大的品类,那就是贴身服饰系列,它是内衣品类的延展,包括家居服、大内衣、小内衣、晚装、弹力运动装等系列产品。

目前,中国中产阶级和新富阶层不断扩大,越来越多的时尚新贵不仅对生活提出了要求,而且对生活品质有了更多的需求。据杰克摩菲调查,时尚女人一生要用250件~300件贴身服饰,这使得中国贴身类服饰行业在过去几年内每年平均以两位数的速度增长。中国的贴身类服饰在未来5年,销售额将达到5000亿元。

2009年下半年,杰克摩菲品牌服装通过系统资源整合,在国内率先推出了时尚贴身服饰系列——杰克摩菲品牌服装的秘密jackmurphy,杰克摩菲首次将家居服、韵律服、大小内衣等贴身服饰产品尽数揽入囊中。

杰克摩菲品牌服装集团董事长游林说:"今天的中国贴身服饰市场,已经呈现出巨大的机会,但是同样也面临巨大的挑战。杰克摩菲品牌服装集合6年的力量,进军贴身服饰市场,将再次一举夺得市场先机,创造出真正的财富'蓝海'。"

为此,杰克摩菲品牌服装的秘密jackmurphy从设计理念、时尚元素、面料选择,再到生产质量,都力具世界顶级水准。杰克摩菲产品设计由来自丹麦、新加坡、意大利这几个国家的顶尖设计师共同担纲,力求融合法国最具世界潮流的设计理念、丹麦和新加坡的最新时尚元素、中国本土的文化,共同演绎国际一流的东方品牌。目前,杰克摩菲品牌服装的秘密招商正在如火如荼进行。

杰克摩菲品牌服装对于未来也是雄心勃勃,打算利用5年的时间,将内衣、贴身服饰、运动装、休闲装4大类产品的品牌汇聚在一起,形成杰克摩菲品牌服装时尚生活馆或者杰克摩菲品牌服装俱乐部,满足消费者一年四季对各种时尚服饰从内到外全方位的"一站式"购物需求。

(出处:http://www.jackmf.com)

**(4) 递进式**

递进式正文布局就是把用户的问题一层层地剥离开来，在论证的过程中做到层层深入、步步推进，一环扣一环，每个部分都不能缺少，即正文中材料与材料间的关系是逐层推进、纵深发展的，后面材料的表述只有建立在前面材料的基础上才显得有意义。

这类结构的文案具有逻辑严密的特点，其内容之间的前后逻辑关系、顺序不可随意颠倒。递进式结构的文案主要是针对一些比较复杂的产品，表现为观点或事件的论证和讲述，常以议论体和故事体的形式进行写作，这种文案的重点内容都在文案的后半段。

例如，联想有一篇名为《中国历史上最悲催的职业》的文案就是采用递进式结构的故事型写法，它从与人们的生活密切相关的职业这个话题谈起，提出历史上悲催的职业——刺客，再从刺客谈到皇帝，引起用户的兴趣与好奇。层层深入，分析皇帝悲催的原因，引出皇帝悲催是因为"太后坑"。接着顺势转折，提出在现代你能"比皇帝过得好"，巧用"太后"与"太厚"的谐音，将用户对"比皇帝过得好"的方法的好奇心嫁接到产品上，引出联想的超薄笔记本，堪称一篇"神文案"（见图 4-10）。

**联想Lenovo广告神文案：中国历史上最悲催的职业**

原创  2016-02-04  举报     9   19   12

中国历史上最悲催的职业，是刺客？皇帝？是太后？……百思不得其解，那就继续往下看吧～

**中国历史上最悲催的职业**

图 4-10  递进式结构文案

**（5）抑扬式**

抑扬式就是先抑后扬，是指为了肯定某人、事、景、物，先用曲解或嘲讽的态度去贬低或否定它的写作方法。例如要写某个人的好，开头先写他的不好，再通过表扬来说明他的好，这种写法要注意"抑少扬多，扬能压抑"。

通过文案推广自己的产品、服务或思想时，也可以写它们的不好，这种不好一般都不是核心点上的不好，而是一些不影响中心思想的不好。当然这需要文案创作者用高明的写作手法来体现。如下面两篇描写某化妆品的文案，前一篇采用平铺直叙的方法，后一篇采用欲扬先抑的方法进行改写，读者可以进行对比。

①平铺直叙式写法：

欧莱雅的产品我一直都十分喜欢，最近欧莱雅推出了一款新产品——"雪颜亮采再现"系列，可以在网上申请免费试用。于是我凌晨就等在计算机前准备开始抢，但没想到的是，活动一开始就被其他人抢完了。哎！要是我速度再快一点就好了。

②抑扬式写法：

欧莱雅！我恨你！你知道你有多招恨吗！你不知道我一直都很喜欢你的产品吗！为什么刚出的新品不多放一些！你不知道"雪颜亮采再现"是我的目标吗！我凌晨就等在计算机前准备开始抢，3 秒啊！只有 3 秒就没有了！哎！要是我速度再快一点就好了！

以上两个片段都是推广欧莱雅新"雪颜亮采再现"系列产品的文案，后一则采用先抑后扬式的写法，相比前一则的写法，其文案更显得曲折生动，给用户留下了深刻的印象，增加了文案的感染力。

> **想一想**
>
> 知识类文案正文的布局有哪几种方式？

### 4.3.3 知识类文案结尾的写法

让用户读完一篇文案并不是知识类文案的最终目标，真正的目标是用户在读完这篇文案后会产生我们所期待的行为，而知识类文案的结尾设计会帮助文案创作者促成文案目标的实现。一篇知识类文案的结尾要做到总结全文、突出主题或者与开头呼应，才是好的结尾。知识类文案的结尾对全文有着举足轻重的作用，下面介绍几种常用的知识类文案结尾的写法。

**(1) 总结全文**

最常见的结尾模式就是在文末归纳总结文案的重点，这种写法一般是从一篇文案里提取三四个点展开写，然后在结尾总结要点。在总结的基础上再加上一些金句，就可以让读者对文案印象更深，对文案的主旨也起到升华的作用。

例如，网友"一直特立独行的猫"写的文案《焰火下的孤独，是每一个梦想必须经过的地方》，结尾这样写道："自己有一个梦想，别人总会有闲言碎语怎么办？当梦想照进现实的时候，每一天早晨闹钟想起的时候，是起身一跃还是翻身盖被，才是证明自己的最好答案。焰火下的孤独，是每一个梦想必须经过的地方，每一个人都一样。"不仅很好地总结了文案，而且用金句"焰火下的孤独，是每一个梦想必须经过的地方"再次升华了文案主旨。

---

**焰火下的孤独，是每一个梦想必须经过的地方**

文/一直特立独行的猫

在电影院电梯里的时候，墙壁上贴着周杰伦的一张海报。朋友惊讶地说："这是什么？周杰伦的歌舞剧？他怎么又玩歌舞剧了？"我抬头看了一眼那张海报，看了一眼这个曾经心中的偶像，这个我曾经跑全国跟他演唱会的巨星。

……

如果说自己的梦想不被人理解，那也许是因为自己曾夸下了很大的海口又很多次没有做到。真正的梦想放在心底全力冲刺就足够了。每当孤灯夜下一个人跑的时候，表面上看，似乎只有你一个人孤独地奔跑，但是在你灵魂深处，你应该感觉到这世上有许多牛人和你一起奔跑。这时的你，感觉不再是孤单，而是和众多志同道合的朋友为实现各自的理想而一起奋勇拼搏。这世上没有谁天生就该帮我们，信我们，但如果我们的梦需要亲朋好友在旁边使劲拍巴掌才可以实现的时候，那多半不会再为梦想而战，是为虚荣。

模块 4　知识类新媒体文案写作

> 自己有一个梦想，别人总会有闲言碎语怎么办？当梦想照进现实的时候，每一天早晨闹钟想起的时候，是起身一跃还是翻身盖被，才是证明自己的最好答案。焰火下的孤独，是每一个梦想必须经过的地方，每一个人都一样。
>
> （出处：https：//ishare.iask.sina.com.cn/f/313RWEoXJAv.html）

### （2）再次强调全文观点

在写作文的时候，语文老师经常强调首尾呼应的写法。这种再次强调全文观点的结尾写法也是类似首尾呼应的写法，可以在结尾处呼应开头的观点，也可以在结尾处呼应开头的情感，还可以在结尾处呼应开头的场景描写或者环境描写。这种首尾呼应、再次强调全文观点的写法，不仅使文案的观点更加深入人心，也使得文案的结构完整严密。

例如，文案《古天乐陪跑 10 年，拿下金像奖影帝：勤奋是最被低估的职场竞争力》，开头简单回顾了古天乐的陪跑之路，然后提出了观点：

大家喊着认知升级往前跑，但认知升级之前，你有没有问过自己：你的勤奋到位了吗？

一年只有 365 天，就算风口到来，勤奋与努力才是本质的底层能力。

文案结尾，再次重申观点：

这个世界唯一让每个人都能平等享受的东西，就是时间，没有谁一天可以活 26 个小时，但是总有人，选择勤奋地度过前 16 个小时。

> **古天乐陪跑 10 年，拿下金像奖影帝：勤奋是最被低估的职场竞争力**
>
> 文艺长跑界里，有几个人我一直比较关注，北美的小李子、日本的村上春树、还有我们香港的古仔古天乐，可出道二十余年，古仔一直没能拿个影帝，还是挺闹心的。
>
> ……大家喊着认知升级往前跑，但认知升级之前，你有没有问过自己：你的勤奋到位了吗？
>
> 所以我想说：一年只有 365 天，就算风口到来，勤奋与努力才是本质的底层能力。
>
> ……这个世界唯一让每个人都能平等享受的东西，就是时间，没有谁一天可以活 26 个小时，但是总有人，选择勤奋地度过前 16 个小时。
>
> （出处：http：//mt.sohu.com/20180422/n535496277.shtml）

### （3）发问式

在文案末尾采用话题进行提问也是现在经常使用的结尾方法。通过提问可以带着用户思考，激发用户的互动积极性，促进留言互动，从而增加文案的热度。网上有一篇文案《这届高考状元真是颜值高很会玩家里好自己又很厉害，教育就是拼爹妈太对了！》，创作者开头就先列举了几个颜值高、很会玩、家里好、自己又很厉害的高考状元，接着分析了出现这种现象的原因，不是因为阶层固化，是家庭环境影响的结果。在文案的最后，创作者指出"焦虑来自家长不想拼，但想让孩子越级"，分析家长言传身教的重大作用。在文末，创作者抛出了问题，引发了无数用户的反思与思考：

现在"原生家庭"的概念很流行，很多人吐槽自己的原生家庭对自己有多坏的影响，导致了自己现在的失败。

但是现在，自己也要当父母成为别人的原生家庭了，虽然不一定也要让孩子当状元（谁不想啊，关键是不能啊！），但给自己孩子塑造一个怎样的原生家庭，又将怎样影响他的一生，我们都想好了吗？

结尾的扎心一问，会让无数家长开始反思自己在孩子教育方面的举措，也能让还没有成为家长的读者思考如何提升自己，以便将来能给孩子一个美好的未来。

---

**这届高考状元真是颜值高很会玩家里好自己又很厉害，教育就是拼爹妈太对了！**

**这届高考状元真是颜值高很会玩家里好自己又很厉害的**

这一届的高考状元们接二连三地出炉了，北京的文科高考状元说了一番话，令人深思。他出生在知识分子家庭，父母是外交官，生活在北京这样的城市，从小视野大见的多，确实比其他孩子有更好的条件。加上从小父母给自己培养好的学习习惯，塑造好的性格，都是潜移默化的，因此基础比较牢靠，最后就水到渠成。

……

现在"原生家庭"的概念很流行，很多人吐槽自己的原生家庭对自己有多坏的影响，导致了自己现在的失败。

但是现在，自己也要当父母成为别人的原生家庭了，虽然不一定也要让孩子当状元（谁不想啊，关键是不能啊！），但给自己孩子塑造一个怎样的原生家庭，又将怎样影响他的一生，我们都想好了吗？

（出处：https://mp.weixin.qq.com/s?_biz=MjM5NzA4MTgyMA%3D%3D&mid=2650896475&idx=1&sn=8c8f2bd493c46a01d1176d7c8b32e9a7&scene=45#wechat_redirect）

---

**想一想**

知识类文案结尾有哪几种写法？

---

## 4.4　知识类文案的排版

知识类文案，除了扎实的文笔和有吸引力的标题，排版也是很重要的一环，排版会很大程度上决定阅读量。如果一篇文案的排版十分难看，用户是不会看的，因为太累了。排版是指将文字、图片、图形等可视化信息元素在版面布局上调整位置、大小，是使版面布局条理化的过程。排版是梳理文案条理的一部分，往往一篇条理清晰、阅读量高的文案都是排版优秀的文案。如果文案的排版好，那么用户就可以愉悦地往下读；如果文案的排版不好，用户往往会放弃阅读。所以排版的核心价值就是帮助用户顺利阅读。

### 4.4.1　知识类文案的排版工具

所谓"工欲善其事，必先利其器"，在知识类文案的排版之前，要先了解排版的工具。有些好用的排版工具我们要熟练掌握，这样在排版的时候才会得心应手。

**(1) 平台自带排版工具**

在每个知识类平台上发布文案或者回答的时候，都会启动平台自带的排版工具，这些工具提供最基本的文本排版功能，基本上可以满足创作者在平台上发布文案。例如，在知乎上发布文案时，就会弹出知乎的文本排版工具（见图4-11）。

图4-11　知乎自带的文本排版工具

使用平台自带文本排版工具的好处就是方便，创作者不用再去寻找其他工具进行操作，只需要使用平台自带的工具就行了。这种自带的排版工具可以完成最简单的文案排版工作，但是比较复杂的排版工作，或者文案长度比较长的时候，那么创作者一般会使用专业的排版工具。

**(2) 浏览器**

在电脑端发布文案的时候，一般都会使用浏览器登录知识类平台。浏览器是一种显示网页服务器或档案系统内的文件，并让用户与这些文件互动的软件，它用来显示在互联网或局域网内部的文字、影像及其他信息。现在主流的浏览器有IE浏览器、谷歌浏览器和360浏览器。

①IE浏览器（见图4-12）：英文全称"Internet Explorer"，是微软公司推出的一款网页浏览器。IE浏览器是Windows系统当中自带的一种网页浏览器，并不断处于开发和更新的阶段。由于先入性的优势，以及和操作系统捆绑，IE浏览器的用户非常多。只要安装了Windows系统，就会附带安装"IE浏览器"。

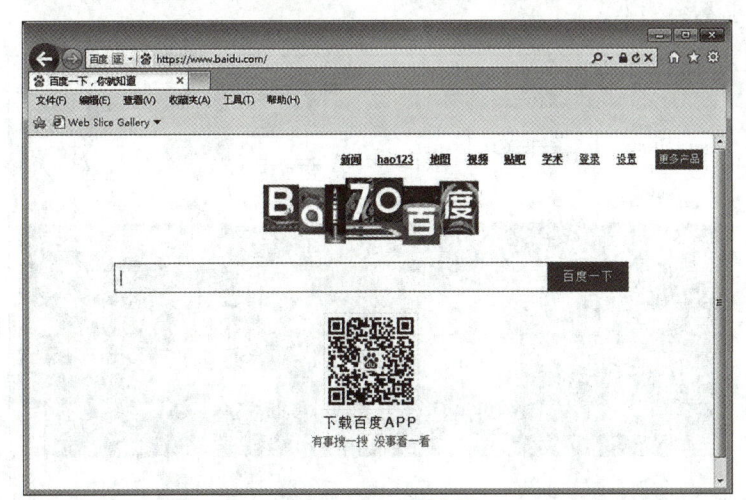

图4-12　IE浏览器

2015年3月，微软确定放弃IE浏览器，转而将其整合在了Windows 10操作系统中，将 Microsoft Edge 作为最新的浏览器。Edge 浏览器的一些功能细节包括：支持内置 Cortana 语音功能；内置了阅读器、笔记和分享功能；设计注重实用和极简主义；渲染引擎被称为"EdgeHTML"。该浏览器运行比 IE 流畅，界面设计更简洁。

②谷歌浏览器（见图 4-13）：英文全称"Google Chrome"，是一款由 Google 公司开发的网页浏览器。该浏览器基于其他开源软件撰写，包括 WebKit，目标是提升稳定性、速度和安全性，并创造出简单且有效率的使用者界面。

谷歌浏览器最大的亮点就是其多进程架构，保护浏览器不会因恶意网页和应用软件而崩溃。每个标签、窗口和插件都在各自的环境中运行，因此一个站点出了问题不会影响打开其他站点。这种架构将每个站点和应用软件限制在一个封闭的环境中，进一步提高了系统的安全性。

图 4-13 谷歌浏览器

③360 浏览器（见图 4-14）：是 360 安全中心推出的一款基于 IE 和 Chrome 双内核的浏览器。360 浏览器在安全方面有巨大的优势：拥有全国最大的恶意网址库，采用恶意网址拦截技术，可自动拦截挂马、欺诈、网银仿冒等恶意网址；独创沙箱技术，在隔离模式即使访问木马也不会感染。

图 4-14 360 浏览器

（3）Word

Word 是文案创作者经常使用的一个文本编辑、排版工具。Word 是微软公司开发的一款基于 Windows 操作系统的办公软件，它可以帮助公司和个人完成日常的文档处理工作，满足绝大部分办公需求（见图 4-15）。作为 Office 套件的核心程序，Word 提供了许多易于使用的文档创建工具，同时也提供了丰富的功能集供创建复杂的文档使用。哪怕只使用 Word 应用一点文本格式化操作或图片处理，也可以使简单的文档变得比只使用纯文本更具吸引力。

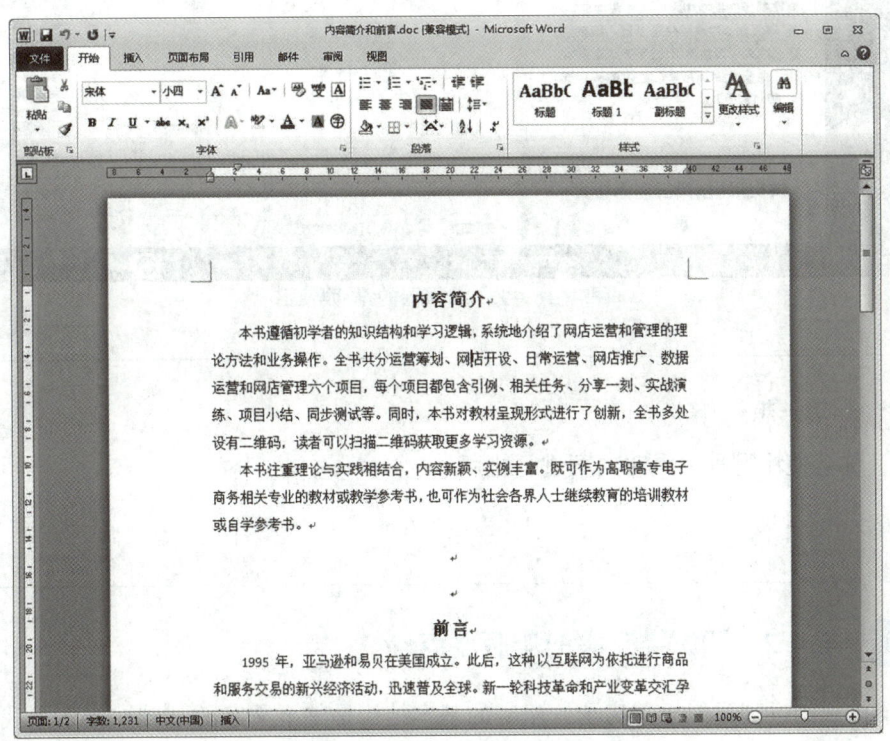

图 4-15　用 Word 编辑文本

Word 在当前使用中是占有巨大优势的文字处理器，这使得 Word 专用的档案格式 Word 文件（.doc）成为事实上最通用的标准。Word 文件格式的详细资料并不对外公开。Word 文件格式不止一种，因为随着 Word 软件本身的更新，文件格式也会或多或少地改版，新版的格式不一定能被旧版的程序读取。微软已经详细公布 Word 97 的 doc 格式，但是较新的版本资料仍未公开，只有公司内部、政府与研究机构能够获知。业界传闻说某些 Word 文件格式的特性甚至连微软自己都不清楚。其他与 Word 竞争的办公室作业软件，都必须支援事实上最通用的 Word 专用的档案格式。

（4）135 编辑器

近年来，手机的流行，让越来越多的用户使用手机观看知识类文案。文案创作者们也会在手机知识类平台上发布文案，这时候手机平台的文案编辑器就至关重要了。135 编辑器就是一款常用的手机平台文案编辑排版工具，进入 135 编辑器的网站就可以进行文案的编辑与排版（见图 4-16）。135 编辑器的特点是使用操作简单，很容易上手，而且功能非常全面。

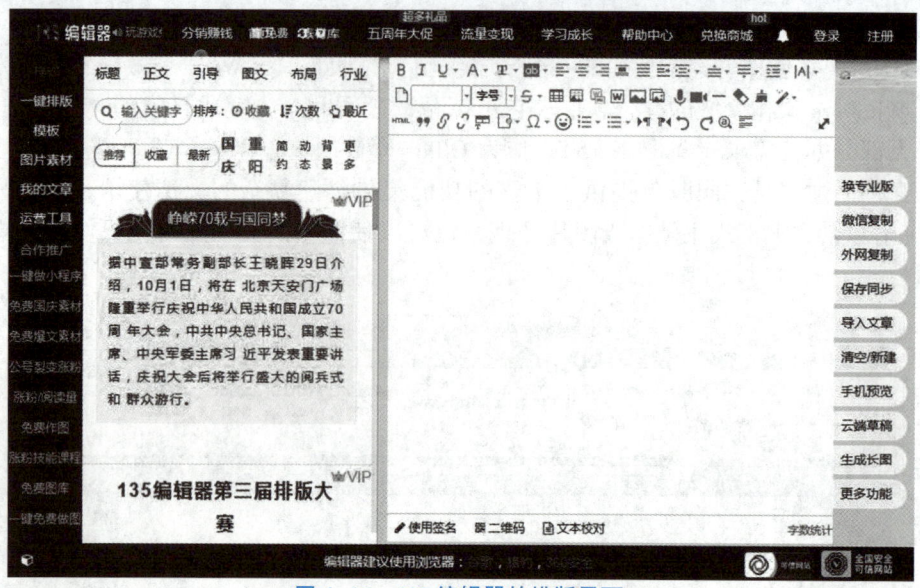

图 4-16　135 编辑器的排版界面

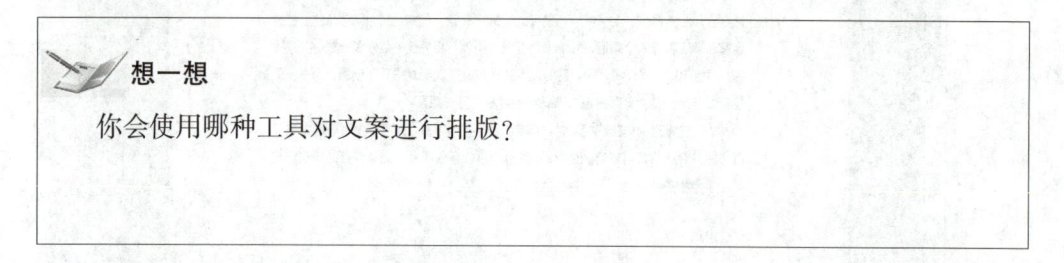

> **想一想**
>
> 你会使用哪种工具对文案进行排版？

### 4.4.2　知识类文案的排版要点

文案排版的过程类似于盖房子，坚实的基本结构是整个文案的基础。接下来我们来看一下知识类文案的排版要点。

**（1）布局合理**

在知识类文案中，不仅仅有文字，还可能有图片、动画等元素，要将这些元素进行合理的布局，文案才能让用户喜欢。要达到布局合理，在排版的时候就需要注意以下原则：

①和谐统一。知识类文案中的标题、文本、图片等位置应该尽量统一，页面上的各部分内容量应该尽量保持均衡，不能一部分特别多，一部分又特别少。文案的背景与配色也要保持和谐统一，让人看上去有一种舒服的感觉。

②元素种类不宜过多。要将知识类文案中的文本、图片、表情等各个元素有机地起来，相互配合、传达信息。一篇文案中的元素种类不宜过多，如果太多，看上去就会比较杂乱。

③强调主题。对于知识类文案中想要表达的核心内容，要加以强调，可以通过字体、颜色、样式等方式的排版进行强调，以引起用户注意。

④内容精简。对于在手机上阅读的文案，内容要尽量精简。在手机上看文案的人，一般都利用碎片化时间进行阅读，如果文案太长，用户就会失去兴趣。所以对于在手机上的知识类文案，尽量精简其内容，做到言简意赅，以便用户接受。

**（2）颜色和谐统一**

在制作知识类文案时，所使用的颜色不能五花八门，看上去十分凌乱，要让搭配的颜色和谐统一，让人看上去有一种舒服的感觉。在排版的时候可以参照以下原则：

①总体协调。知识类文案的整体色彩应该是十分协调、统一的。如果文案中有部分需要用到对比的颜色以强调不同，那么这种颜色也应该是少的，而不能整篇文案大都是这种对比的颜色。

②明确主色调。知识类文案中应该有一种主色调，这种主色调应该是明确的，让人一目了然的。如果一篇文案中使用的颜色太多，并且没有主次之分，那么这篇文案就会让人有种眼花缭乱的感觉。

③使用邻近色。邻近色更容易产生层次感，并使整体颜色更加和谐，例如深蓝、蓝色和浅蓝的搭配使用。用邻近色也给人一种正式、严谨的感觉，会使整篇文案看起来比较协调。

④加强背景与内容的对比度。在知识类文案中，为了凸显内容，应该尽量使背景色和内容的颜色对比度较高，深色背景用浅色的文字，浅色背景用深色的文字。

**（3）文字易读化**

当下社会快餐文化流行，人们好像越来越不愿将时间花在长时间阅读上，而且习惯读图，但是文案又是由很多文字组成的，所以应该想办法让文字内容更加易读、美观。

①字体要有层次感。创造排版的层次感，让页面结构更加清晰。排版的层次感通常指页面中文本排列构建出的视觉层次。平时我们看过的书籍，书中的主标题看起来比副标题更重要，而主标题和副标题又明显比正文部分更显眼。所以在进行文字排版时，一般也可以遵循这个原则。页面中所有字体尺寸应该是基于正文字体来进行选择的，因为正文是用户在每个页面中阅读最多的部分。

②控制间距。通过调整行间距和段间距，让用户更容易扫读文字。段间距让用户能够更好地识别内容，控制好行间距则可以让大脑更轻松地识别文字内容。

③划分阅读区。报纸上一行的文字一般情况下不会超过40个汉字，这是因为如果每行文字过长，用户会不停地转动脖子，感到疲惫的同时也会降低阅读效率；目光从行尾移至下一行首，也很容易串行，影响读者浏览文案的节奏。这点同样适用于网页上的文案阅读。由于显示器是横向的，我们更要注意划分阅读区域。

④运动对比。在知识类文案的排版中，对比是经常用到的，主要是标题与正文的对比、文字颜色的对比，以及文字颜色与背景颜色的对比。标题和正文使用两种字体字号的对比，让文字内容富有层次，很容易吸引读者眼球；一部分文字采用了与主要文字不同的样式，增加视觉效果，突出展示了段落的重点；正文文本与背景合适的对比可以提高文字的清晰度，产生强烈的视觉效果。

**（4）图文排版简单化**

为了增加阅读体验，一种友好的图文排版必不可少。图文混排的样式有很多，读者反而不太喜欢过于复杂的图文排版，而简单好看的图文排版越来越受欢迎，所以在写知识类文案的时候，要尽量让图文排版简单化。

①处理好图文关系。尽量使用一些比较简单的图文组织关系，例如左图右文、左文右图、上图下文、下图上文等。

②多图形简单排版。如果存在多图的形式，那么图文的排版也不要太复杂。可以采用例如左图右文的形式，即左边放图片、右边放文案。同时多图片的时候要保证图片尺寸尽量一致，文案长度尽量相近，保证它们都是对称对齐的。

> **想一想**
> 知识类文案的排版有哪些要点？

### 4.4.3 简书平台排版

写知识类文案时要用到知识类平台自带的文案排版器，这些文案排版器的功能大同小异，一般都会有加粗、倾斜、删除线等文案排版常用的功能。接下来我们就以简书平台为例，介绍排版工具。在简书上写文案的时候，在标题下面就会有一行工具栏，常用的排版功能在这里都能实现。

**（1）加粗**

该功能经常用作标注文案重点，明确文案中心思想，段落、关键词都可以使用。在简书平台中，所使用的图标是"**B**"（见图4-17）。

图4-17 简书平台的加粗功能

**（2）倾斜**

该功能可以使文字倾斜，以达到不同于正文文本的功能，一般适用于引用例子、区别于正文等的文案。在简书平台中，所使用的图标是"*I*"（见图4-18）。

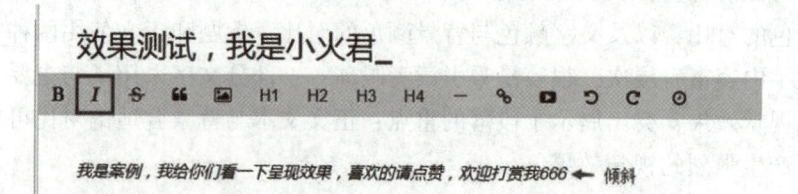

图4-18 简书平台的倾斜功能

**（3）删除线**

该功能可以使文字中间产生划线，删除已经取消但需要展示给别人看的内容，一般适用于引用错误案例，并在正文中修正的文案。在简书平台中，所使用的图标是"S"（见图4-19）。

图 4-19　简书平台的删除线功能

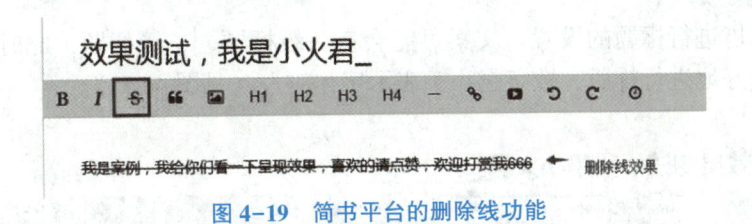

(4) 引用

该功能使段落前面产生一条竖线，达到引用的效果。如果在文案中需要引用别人的语句，那么就需要用到引用功能。同时引用也可以凸显标题，起到强调的效果。在简书平台中，所使用的图标是" 66 "（见图 4-20）。

图 4-20　简书平台的引用功能

(5) 插入图片和视频

该功能可以插入图片或者视频。有图片或视频的文案，用户体验会好很多；有些文案只有密密麻麻的文字，却一张图片都没有，用户体验就非常差。在合适的位置，配上图片和视频，会帮助用户更好地理解和阅读文字。在简书平台中，插入图片所使用的图标是"　"，插入视频所使用的图标是"　"（见图 4-21）。

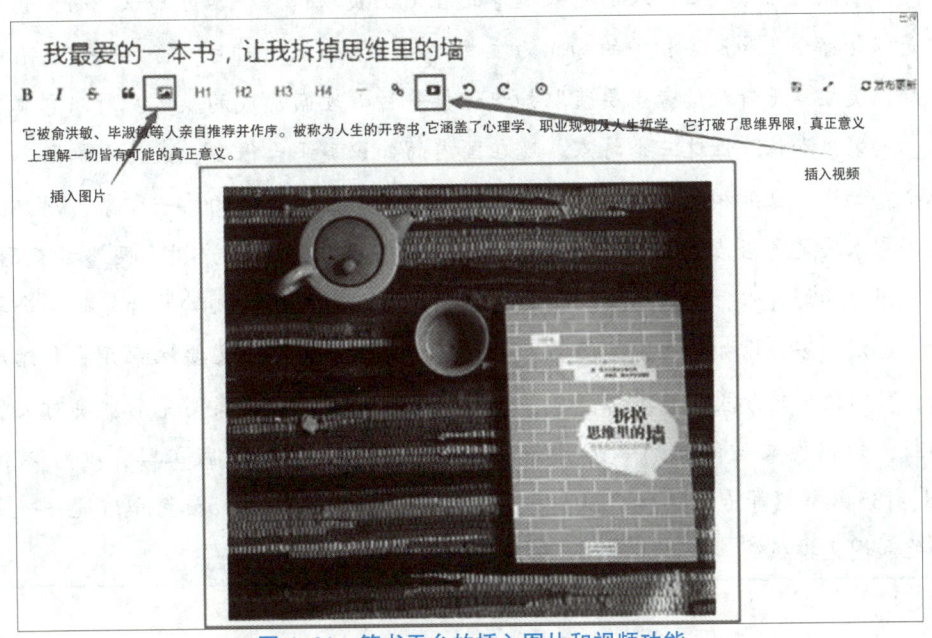

图 4-21　简书平台的插入图片和视频功能

### (6) 段落小标

该功能可以进行标题的设置。文案可能会有一级标题、二级标题，此时，H1～H4按钮会协助你更好地进行排版，数字越小，表示字体越大（见图4-22）。

图4-22 简书平台的段落小标功能

**想一想**

你在排版中经常会用到哪些功能？

## 模块小结

随着互联网深入人心，人们越来越喜欢在网上获取信息、学习知识。而知识类文案就是以传播企业和产品相关的知识为主的，在传播知识的同时，将广告信息有机结合。知识类文案是针对读者想要获取知识这样一种心理而形成的软文，所以它具有商业性、伪装性和信任性这三个特点。现在国内的知识类平台很多，最为人们所熟知的有三个：知乎、豆瓣和简书。知识类文案的标题是用户对文案的第一印象，用户往往会根据它来决定是否点击文案。知识类文案的标题要有利于用户树立网络社交形象、要勾起用户的好奇心、要给用户明确的利益承诺。在写知识类文案的标题时要会善用符号、善用数字、增加对比、抓住痛点等策略。知识类文案正文要注意开头和结尾的写法，可以使用总分式、片段组合式、三段式等布局方法。文案写完后，要对文案进行排版，知识类文案的排版工具比较多，可以使用自带的排版工具，也可以使用Word、135编辑器等专业排版工具。排版时要注意：布局合理、颜色和谐统一、文字易读化和图文排版简单化。

## 任务操作

### 1　使用知乎 App 进行文案写作

【任务目的】

通过下载与安装知乎 App，在知乎 App 中编辑个人资料、发布回答、提问、写文案和发想法，熟悉知乎 App 的使用，掌握在知识 App 上发布知识类文案的方法。

【任务内容和步骤】

①在手机主页面点击"应用商店"图标，找到搜索图标🔍。

②在手机页面上端搜索框内输入"知乎"，下载"知乎"并安装，安装完毕后点击"打开"，进入 App 首页进行注册并提交，也可使用微信、QQ 等直接登录（见图 4-23~图 4-26）。

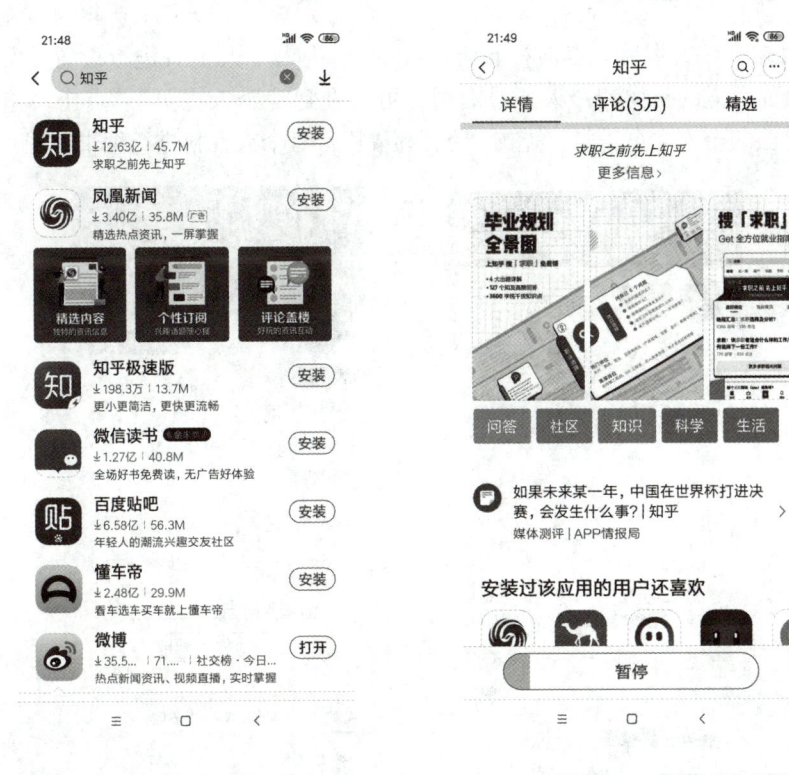

图 4-23　搜索"知乎"　　　　图 4-24　下载"知乎"

图 4-25 注册并登录"知乎"　　图 4-26 "知乎"首页

③进入"知乎"首页后，点击右下角"我的"，进入个人主页进行设置（见图 4-27）。进入后，在页面上方的头像和个人账号右边，可以看到"个人主页"，点击"进入"。进入后可以看到自己的个人主页信息，点击"编辑资料"，对个人资料进行编辑（见图 4-28）。

图 4-27 "个人主页"首页　　图 4-28 编辑个人资料

④点击"头像",就可以拍照或者从相册中选择一张作为头像,也可以使用微信、QQ空间和新浪微博的第三方头像(见图4-29)。在"头像"下方,用户还可以修改用户名、性别、生日、职业经历、教育经历等信息(见图4-30)。

图4-29 编辑"头像"　　　图4-30 编辑个人资料

⑤点击"添加形象关键词",可以从推荐的选项中选择,最多可以添加30个,选择好后,点击"保存"即可(见图4-31)。

⑥点击页面下端中间的" ",就可以在知乎上撰写文案了。里面有回答问题、提个问题、写文案和发想法4个选项(见图4-32)。

图4-31 添加形象关键词　　　图4-32 知乎App撰写软文选项

⑦点击"回答问题",弹出回答问题页面,选择其中一个问题,点击问题右下角的"写回答",就可以写出自己对于该问题的回答了(见图4-33和图4-34)。

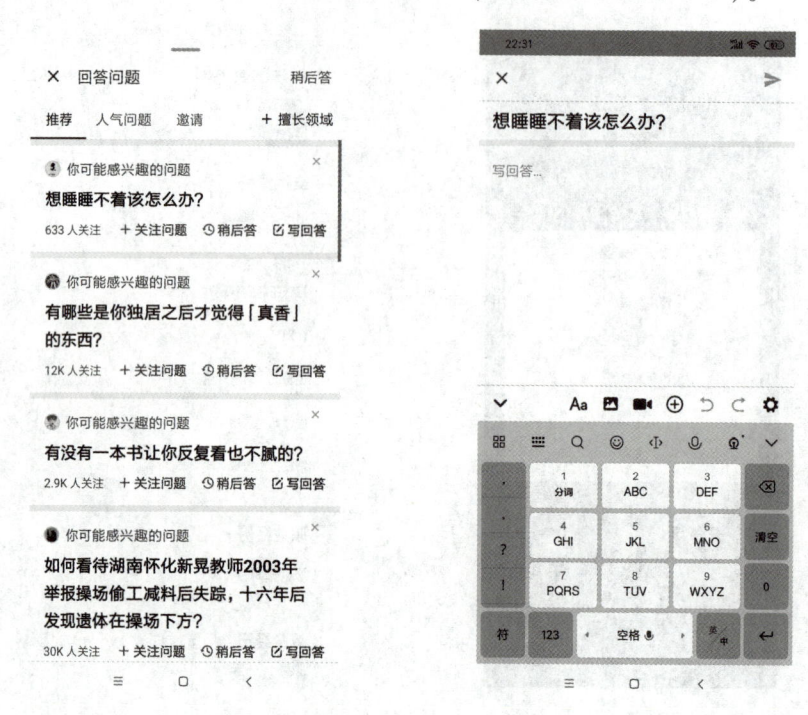

图4-33　知乎App回答问题页面　　　　图4-34　知乎App写回答

⑧点击"提个问题",弹出发布问题页面,输入问题并以问号结尾;如果对问题有所补充的话,可以在问题的下面添加补充说明,这样可以更快获得解答,写完问题后,点击右上角的"发布问题",就可以发布该问题了(见图4-35)。

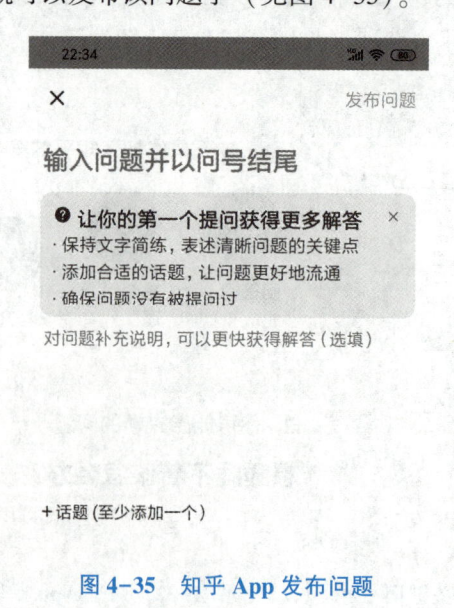

图4-35　知乎App发布问题

⑨点击"写文案",弹出写文案页面,输入文案的标题和正文,点击右上角的"➤"按钮,就可以发布该文案了(见图4-36)。如果对于该文案还不太满意,可以点击"草稿"按钮,保存为草稿,等日后修改好后再进行发布。

⑩点击"发想法",弹出发想法页面,输入文字、图片或者视频,点击右上角的"➤"按钮,就可以发布想法了(见图4-37)。

图 4-36　知乎 App 写文案　　　图 4-37　知乎 App 发想法

【任务提示】

选择合适的文案是第一步,在知乎 App 中所发表的文案要事先写好,所写的文案要符合知识类文案的写作要求,同时要加入产品的广告,以达到宣传产品的目的。

【思考和练习】

请体验一次利用知乎 App 给相关企业或产品做软文推广,以最后发表的文案为成果上交,并回答以下问题:

①利用知乎 App 做软文推广需要注意什么问题?知乎上的文案有哪些特点?

②营销人员利用知乎 App 做软文推广需要完善哪些方面的能力?

## 2　使用豆瓣 App 进行文案写作

【任务目的】

通过下载与安装豆瓣 App,在豆瓣 App 中编辑个人资料、加入豆瓣小组、撰写话题回复、发布动态内容和写日记,熟悉豆瓣 App 的使用,掌握在豆瓣 App 上发布知识类文案的方法。

【任务内容与步骤】

①在手机主页面点击"应用商店"图标,找到搜索图标🔍。

②在手机页面上端搜索框内输入"豆瓣",下载"豆瓣"并安装,安装完毕后点击

"打开"，进入 App 首页进行注册并提交，也可使用微信、新浪微博等直接登录（见图 4-38~图 4-41）。

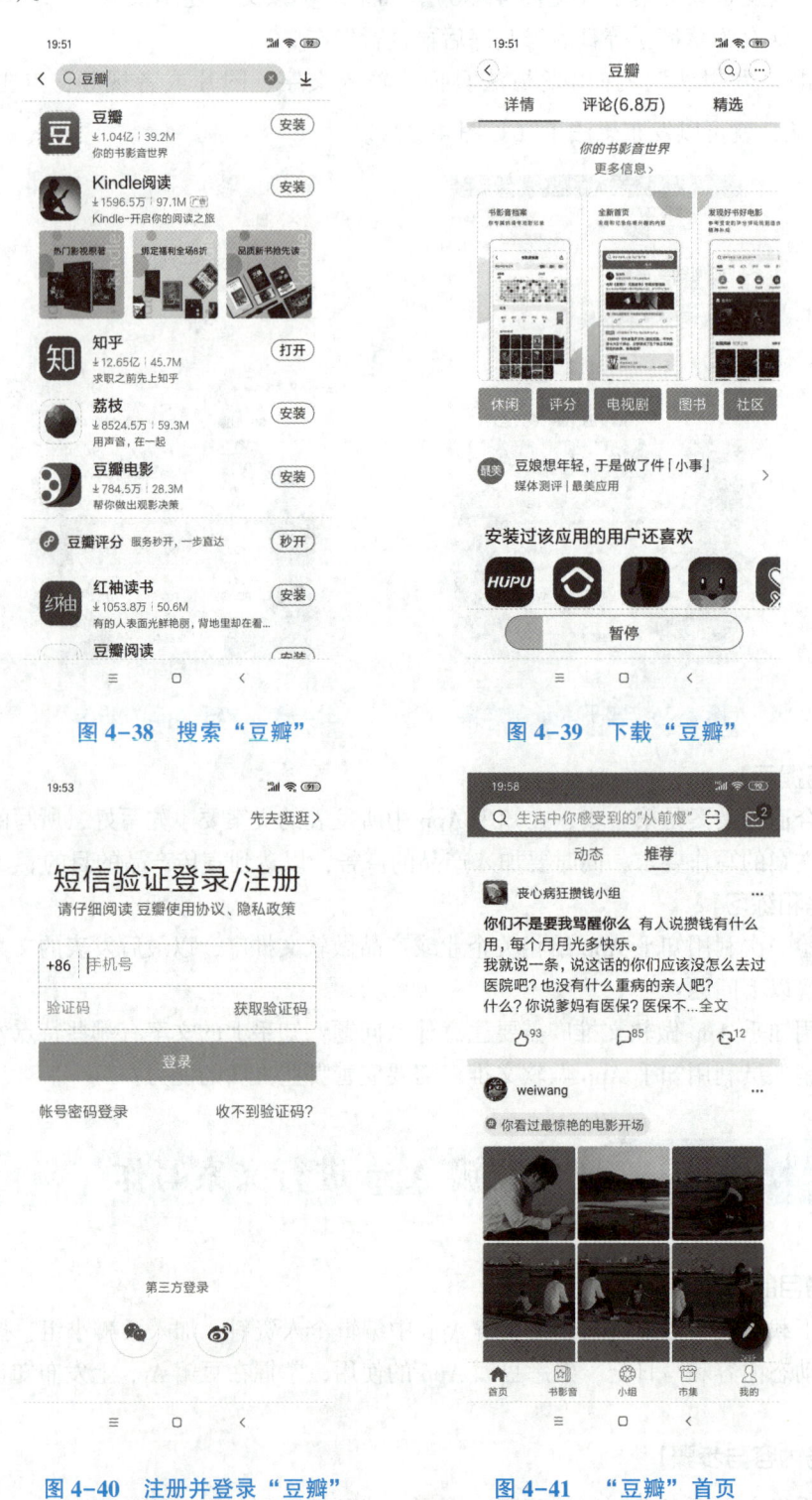

图 4-38　搜索"豆瓣"

图 4-39　下载"豆瓣"

图 4-40　注册并登录"豆瓣"

图 4-41　"豆瓣"首页

③进入"豆瓣"首页后，点击右下角"我的"，进入个人主页进行设置（见图 4-42）。进入后，在页面上方的头像和个人账号右边，可以看到"个人主页"，点击"进入"。进入后可以看到自己的个人主页信息，点击"编辑个人资料"，对个人资料进行编辑（见图 4-43）。

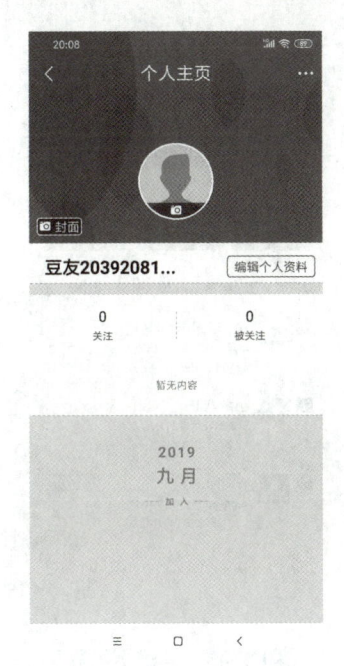

图 4-42　"个人主页"首页　　　　图 4-43　编辑个人资料

④点击"头像"，就可以从相册中选择一张作为头像。在"头像"下方，用户还可以修改昵称、性别、简介、城市、生日等信息（见图 4-44）。

图 4-44　编辑个人资料

⑤点击页面下端中间的"小组"按钮，进入小组界面（见图4-45），选择自己感兴趣的小组，进入小组之后，点击右上角的"加入"，就可以成功加入该小组了（见图4-46和图4-47）。部分豆瓣小组需要申请才能加入，提交申请后要管理员审核通过才能加入该小组，这种小组在小组界面中显示的就是"申请"按钮（见图4-48）。

图4-45 豆瓣小组界面

图4-46 具体某小组界面

图4-47 已加入小组界面

图4-48 需要审核的小组界面

⑥进入小组首页，在"我加入的"找到加入的小组，选择一个讨论的话题，在页面下

方就可以撰写该话题的回复了（见图 4-49 和图 4-50）。写完回复后，点击"发布"就可以发布该回复了。

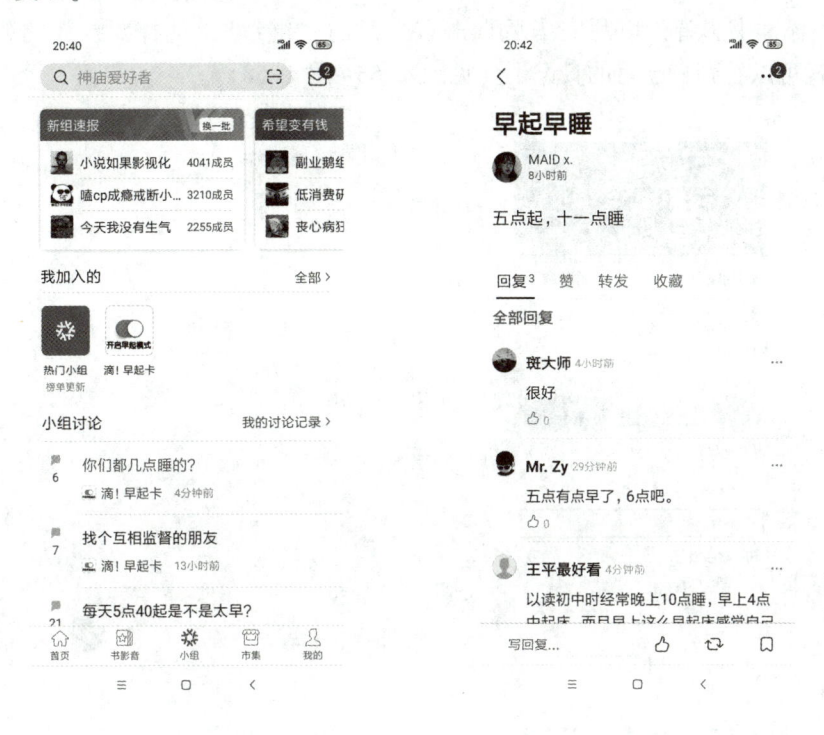

图 4-49  "我加入的"小组界面　　图 4-50  回复小组内话题

⑦点击豆瓣首页右下角的"悬浮铅笔"图标，打开编辑界面，输入要发布的内容，也可以添加图片。内容编写完成后，就可以点击右上角的"发布"，发布动态内容（见图 4-51）。发布后，会返回到首页动态界面，能看到发布的内容，还能看到下面的提示发布成功（见图 4-52）。

图 4-51  动态编辑界面　　图 4-52  发布成功的动态

⑧进入"我的"选项卡，就可以看到"我的日记"（见图4-53）。点击"写日记"按钮进入写日记界面（见图4-54）。在写日记界面可以填写日记的标题和内容项，还可以插入图片以及添加书影音，填写完毕后点击右上角的"继续"，选择要投放的频道，点击"发布"，就可以看到自己写的日记了（见图4-55~图4-58）。

图4-53　"我的日记"所在处

图4-54　"我的日记"界面

图4-55　日记编辑界面

图4-56　编辑日记

图 4-57　选择发布频道　　　　　图 4-58　已发布的日记

【任务提示】

选择合适的文案是第一步，在豆瓣 App 中所发表的文案要事先写好，所写的文案要符合知识类文案的写作要求，同时要加入产品的广告，以达到宣传产品的目的。

【思考与练习】

请体验一次利用豆瓣 App 给相关企业或产品做软文推广，以最后发表的文案为成果上交，并回答以下问题：

①利用豆瓣 App 做软文推广需要注意什么问题？豆瓣上的文案有哪些特点？

②营销人员利用豆瓣 App 做软文推广需要完善哪些方面的能力？

## 同步测试

1. 单项选择题

（1）以下哪个知识类平台的用户数量最多？（　　）

A. 知乎　　　　　　B. 豆瓣　　　　　　C. 简书　　　　　　D. 淘宝

（2）哪款知识类 App 的色调是红色系？（　　）

A. 知乎　　　　　　B. 豆瓣　　　　　　C. 微信　　　　　　D. 简书

（3）什么符号会让用户带着疑问看文案？（　　）

A. 叹号　　　　　　B. 句号　　　　　　C. 问号　　　　　　D. 逗号

（4）以下哪款浏览器是 Windows 系统中自带的浏览器？（　　）

A. 谷歌浏览器　　B. 360 浏览器　　C. IE 浏览器　　D. UC 浏览器

（5）下列哪款排版工具主要用于手机文案的编辑？（　　）

A. 360 浏览器　　B. 135 编辑器　　C. Photoshop　　D. Dreamweaver

### 2. 多项选择题

（1）知识类文案的特点有（　　）。

A. 商业性　　B. 伪装性　　C. 易读性　　D. 信任性

（2）以下哪些平台是知识类平台？（　　）

A. 知乎　　B. 豆瓣　　C. 简书　　D. 淘宝

（3）属于马斯洛需求层次理论的是（　　）。

A. 生理的需求　　B. 安全的需求　　C. 社交的需求　　D. 尊重的需求

（4）知识类文案的布局方式有（　　）。

A. 激发式　　B. 总分式　　C. 三段式　　D. 递进式

（5）以下哪些写法适用于知识类文案的结尾？（　　）

A. 总结全文　　B. 图文并排　　C. 再次强调观点　　D. 提出问题

（6）下列哪些工具可以对知识类文案进行排版？（　　）

A. 平台自带排版工具　　B. Word　　C. 135 编辑器　　D. 微信

### 3. 分析题

（1）知乎、豆瓣和简书 3 个平台的目标用户有什么区别？

（2）选择下列其中一个企业在知识类平台上的营销活动，并分析其成功的因素。

①奥迪在知乎回答《用汽车发动机煎牛排这事靠谱吗？》。

②芬必得发布文案《止痛药吃下去后，到底发生了什么？》。

③"麦当劳赞酱"助力麦当劳提升品牌关注度。

④雀巢「小儿科」案例，助力公司提升品牌影响力。

## 参考答案

### 1. 单项选择题

（1）A　（2）D　（3）C　（4）C　（5）B

### 2. 多项选择题

（1）ABD　（2）ABC　（3）ABCD　（4）BCD　（5）ACD　（6）ABC

### 3. 分析题

（1）知乎和豆瓣用户年龄集中在 30~39 岁，这个年龄段的人更乐于学习、分享知识；用户中，男性普遍多于女性。简书的用户主要集中在 20~29 岁，这个年龄段的用户大多是初入职场或处于职场的上升期，对于工作的压力有着需要释放的空间，简书可以让这一人群把想说的话写出来，并且分享给同龄人寻找共鸣；简书的性别分布比较均匀，男女比例平衡。

知乎的目标用户是爱好钻研、探索，好奇心强的人，偏理性；豆瓣的目标用户是文艺青年，爱好书、电影等，偏感性；简书的目标用户是职场白领，对职场有新鲜感、爱奋斗，偏理性。

（2）可以从用户的选择，文案的标题、开头、布局、结尾和排版等因素进行分析。

# 模块 5　传播类新媒体文案写作

**知识目标**

1. 掌握传播类文案的写作方法。
2. 了解常见的传播类平台。
3. 熟悉传播类文案的排版。

**能力目标**

1. 能够理解传播类文案的写作。
2. 能够使用传播类平台发布文案。
3. 能够对传播类文案进行排版。

**思政目标**

1. 培养撰写传播类方案的职业素养。
2. 培养各新媒体平台的职业规范。
3. 培养新媒体文案写作新思维。

**本模块重难点**

1. 传播类文案的概念和特点。
2. 常见的传播类平台以及这些平台的不同点。
3. 传播类文案标题开头、结尾的写法以及正文的布局方法。
4. 传播类文案的排版。

## 项目引入

### 懂

懂是一座桥梁，能让人与人的心灵沟通；懂是一种理解，明白他人的欲言又止；懂是一种体谅，知晓他人的言外之意。

一个懂字，说起来很简单，做起来却很难。

会说的人很多，真正能做到的又有多少呢？

人这一生，被人懂，是幸运；有人懂，是幸福。

01

**不懂尊重，再多的朋友也会失去。**

尊重，是人与人交往最基本的底线，如若没有尊重，两人的关系也不会长久。

不懂尊重的人，总让人退避三舍。

你有什么烦心事和 TA 分享，TA 不仅不帮你解忧反而大肆宣扬甚至调侃你；

你有什么缺点在 TA 眼中成了可以当作茶余饭后的谈资；

你有什么难处 TA 不帮忙反而开始数落你；

你将真心全盘托出，换来的却是 TA 的理所当然。

我们都是平等的个体，没有谁高人一等，不懂得尊重的人到最后只能落得个孤家寡人的地步。

而懂得尊重的人，总是让人惬意暖心，如闻淡淡幽兰，如品一盏香茶。

懂得尊重是一种平等，不俯望不仰望，不卑也不亢。

懂得尊重是一种修养，知性而优雅，将人格魅力升华，大爱无声挥洒。

02

**不懂让步，再优秀也难以得人心。**

朋友之间，如果你不懂让步：

可能会因为利益，而丢掉信任；可能会因为矛盾，而各奔东西。

如果彼此懂得，朋友的手才能越握越紧！

亲人之间，如果你不懂让步：

和父母产生分歧时，会顶撞父母；和手足产生矛盾时，会心生隔阂。

那血浓于水的情，永远根连根，心连心。

所以懂得让步，家庭才会和谐友爱。

感情之间，如果你不懂让步：

等到失去时就会后悔莫及；等到想挽回却为时已晚。

世间的理争不完，争赢了孤家寡人；情义的事道不尽，懂让步便得人心！

让步，不是懦弱，而是和蔼可亲的性格！

让步，不是退缩，而是为人处世的原则！

无论何种感情：

因为懂得让步，所以慈悲；因为懂得让步，所以宽容；因为懂得让步，所以收获感情。

03

**不懂珍惜，拥有再多也不会如意。**

有个年轻人想知道什么才是世界上最好的东西，于是他去问智者。

智者告诉他：想知道世界上最好的东西是什么，你就要去寻找一下。

于是年轻人收拾行装，告别妻儿老小，踏上了漫漫旅程。

踏遍千山万水后他都觉得那不是最好的。

于是他只能重新找到那位智者。

智者问他:"你现在觉得世界上最好的东西是什么?"

这个年轻人回答道:"我出来这么多天了,我现在最想念的就是我亲爱的妻子以及我那可爱的孩子,我真的很想跟他们一起围在桌子上吃晚餐,说说笑笑。这就是我现在觉得最好的事情。"

当他说到这里的时候,他突然想明白了,这不就是我一直都拥有的吗?这样的画面不正是我觉得最喜欢的吗?

这世间最珍贵的,不是极力想得到的东西,而是你现在所拥有的一切。

只是我们拥有的时候,要懂得珍惜。

做一个懂得珍惜的人吧,珍惜才能感知幸福,惜福方能留住幸福。

04

**不懂付出,再奢求也不会有收获。**

在人生的赛场上,如果你想得到什么,必须先有所付出。

遗憾的是,许多人在生活的火炉前不知廉耻地说:"火炉啊,给我一些热量吧,我会给你增加木柴的。"

农夫在地里许愿:"佛啊,如果今年你给我一粒粮食,我保证明年会播下种子,辛苦耕耘。"

但是佛祖并不遵循这样的规律。

只有春种一粒粟,才能秋收万颗子。

农夫只有在春天播下种子,秋天才会有丰收;在庄稼丰收之前,必须付出辛勤的劳动。

如果你想生活赐予你什么，首先你必须先付出。

如果你在剩下的人生之路上牢牢遵循这个规律的话，许多问题都会迎刃而解。

当你付出之后，这个世界将告诉你，你会物有所值，你会收获到更多。

念念不忘，必有回响，我们所有的付出，都有意义。

05
**不懂行动，再有想法也难以圆梦。**

有人问一位90岁的老奶奶："您最后悔的事情是什么？"

那位奶奶答道："我20岁的时候想学钢琴，但那时觉得学业繁忙，等工作了有闲暇时间再学。30岁的时候想学钢琴，又觉得家庭琐事太多，等退休了再学。60岁的时候，又觉得有点晚了，就放弃了。唉，要是当时开始的话，现在已经演奏30年了。"

看得出来，这位奶奶的言语间透露着些许遗憾和无奈。

总觉得一切都还来得及，可岁月却从不等人。

等到了耄耋之年，才后悔当时没及时做想做的事。

"明日复明日，明日何其多。我生待明日，万事成蹉跎。"

时间向来最公平，有付出，才会有回报。

等来等去，却从不行动，自然得不到想要的结果。

时光不能倒流，生活没有如果，想做的事，就去做吧，千万别徒留遗憾。

成年人的世界路不好走。

每个人都磕磕绊绊，有各自的难处和孤独。

活了大半辈子才明白：人生最难得的就是一个懂字。

懂爱的人才知道珍惜；懂心的人才知道可贵；懂珍惜的人才能得到；懂爱护的人才能

幸福；

懂怜悯的人才有爱心；懂感激的人才能心善；懂付出的人才能得到回报；懂选择才能做大事。

大千世界，被人懂，是幸运；有人懂，是幸福。

（出处：https：//mp.weixin.qq.com/s/16PVqhXcDc1lfVzjMWPBdQ）

【项目分析】

此文案是"洞见"的 2020 年度爆文《懂》。在新媒体行业，"洞见"正如它的介绍：不是每一种观点，都可以叫洞见。所以该公众号以写那些细腻有力、观点明确、引起共鸣的文案而出名。一般来说写疗伤的鸡汤文容易，但写出能够真正触动、慰藉心灵的文案很难，"洞见"的秘诀就是在情怀和理性之间把握好了这个分寸。

**知识准备**

## 5.1 认识传播类文案

### 5.1.1 传播类文案概述

随着移动互联网的发展，多种移动终端设备的迅速普及与功能延伸，特别是传播类文案在微博、微信这种以个人为单位的自媒体的兴起与推广，以及头条、短视频、直播等大众传播平台的异军突起，一个新的传播时代已悄然来临。

**(1) 什么是传播类文案**

传播类文案生长在新媒体环境下，文案的内容震撼力是否强、黏度是否高将直接决定文案传播的范围和深度。文案的最新使命是在短时间内实现传播信息关键词的价值量最大化，在用户的耐心消失之前，一下子说到用户心里去，引起共鸣。所以，文案就是要把传播的信息进行设计，使其更容易被人理解，更容易在诸多的信息中被发现、被记住和被再次传播。

**(2) 传播类文案的特点**

传播类文案与知识类文案的写作有共通之处，但因为传播类文案投放的渠道不同，其写作也有不一样的要求，要注意文案的以下特点：

①情感性。在 10w+ 的传播类文案里，情感类文案贡献最大。人的情感包括爱情、亲情和友情等。爱情是最容易引起共鸣的，也是最容易惹人喜惹人怒惹人心动的情感，很多人对爱情有着深刻的领悟，却只有少部分人将这样的情感表达出来。亲情永远是最容易戳中泪点的，游子在外，独自一人，思念父母，触景生情。因而，让文案成为情感的代言人，和用户真心地交流。

②立场性。当品牌推广上升到一定阶段，就不能再期望广告可以带来大幅度的销量或

浏览量。品牌的建立非一日而成，是经过多次的推广宣传才能在用户心中建立一定的形象。有观点有立场，才能获得更多用户的青睐，自发传播才能得到更多的心理支持。

③故事性。故事是一个非常容易代入情感的载体，相对一眼明意的图片，几行触动人心的金句，可以完整地将场景、人物、心情重现，并细腻地抓住用户的情感变化，开头、伏笔、高潮、结尾，跌宕起伏的剧情是吸引用户的重中之重，将产品理念、品牌诉求融入故事中，化之无形，就成为别人眼中的软文，在不知情或弱感知情况下，心甘情愿接收产品讯息和广告宣传。

④有趣味。趣味性一直是用户比较喜爱的，趣味性文案多以押韵、顺口居多，好玩、好记才容易想起，并向别人说起。写文案，玩营销，纵然潮流变幻莫测，好玩才是王道。

### (3) 传播类文案的类型

①分享经验方法。这类文案就是对某个行业、某个领域的实用内容（多为资料包、工具箱、教程集合）整理打包，用户能快速提升基础能力。这类文案以收集整理为核心，具有创作难度低，且用户群体量大等优点。但文案内容无深度和无广度，缺乏与用户的情感纽带，并且需要保持持续输出才维持用户。

②传递实时热点。这类文案就是以热点资讯为核心，包含预见性和突发性的资讯，受众可以是全网任意用户，突出及时性、新颖性、热议性。因此这类文案具有目标用户群体广泛、文案传播速度快等优点。但要求创作者必须及时跟进，必须具备一定的深度分析能力，否则文案将淹没在千篇一律的热点文案中。

③抒发情感观点。这类文案也就是俗称的鸡汤文，当前快节奏的生活和无处不在的压力，偶尔也需要这种激励性的"语言艺术治疗"，鸡汤文抓住了人性弱点，能引起粉丝的共鸣，往往会引起群体效应。因此，鸡汤文容易在用户中迅速地传播而产生10w+的爆文，一旦用户被感动就能提高用户对公众号的忠诚度。但是写出用户共鸣的文案对创作者的语言驾驭水平要求非常高。

④轻松娱乐幽默。这类文案无需深刻的内涵，内容质量也要求不高，只要能让用户达到放松、愉悦、快乐的效果就行。因此，在创作此类文案时内容来源可以很广泛，能让用户会心一笑也能提高用户对公众号的忠诚度。但由于取材广泛会导致内容与品牌属性变弱，公众号不能形成很好的护城河。

⑤科学普及纪实。这类文案就是科普类文章或者为特定领域的特定用户群体提供客观的事实描述，没有特殊含义，仅仅描述事实。因此，此类文案能吸引特定的用户群体，一旦得到用户的认可将获得用户很高的忠诚度。但创作此类文案需要一定的专业背景，不同用户群体之间不容易传播，不容易拓展新用户。

### 5.1.2 常见的传播类平台

现在国内的传播类平台很多，有新浪微博、微信公众号、今日头条、抖音、趣头条、百家号等。每个传播类平台都有各自的特点，目前用户使用比较多、增长速度比较快的平台有新浪微博、微信公众号、今日头条和抖音。

#### (1) 新浪微博

新浪微博是基于用户关系的社交媒体平台，用户可以通过PC、手机等多种移动终端接入，以文字、图片、视频等多媒体形式，实现信息的即时分享、传播互动（见图5-1）。新浪微博基于公开平台架构，提供简单、前所未有的方式使用户能够公开实时发表内容，通过裂变式传播，让用户与他人互动并与世界紧密相连。

图5-1 新浪微博

### （2）微信公众号

微信公众号是用户在微信公众平台注册一个账号，账号开通后，可以在微信公众号里发视频、图片、文字等推销商品或分享生活经验等，还可以进行粉丝管理、粉丝互动、粉丝属性分类（见图5-2）。

图5-2 微信公众号

### （3）今日头条

今日头条是一款基于数据挖掘的推荐引擎产品，为用户推荐信息，提供连接人与信息的服务的产品（见图5-3）。它基于个性化推荐引擎技术，根据每个用户的兴趣、位置等多个维度进行个性化推荐，推荐内容不仅包括狭义上的新闻，还包括音乐、电影、游戏、购物等资讯。

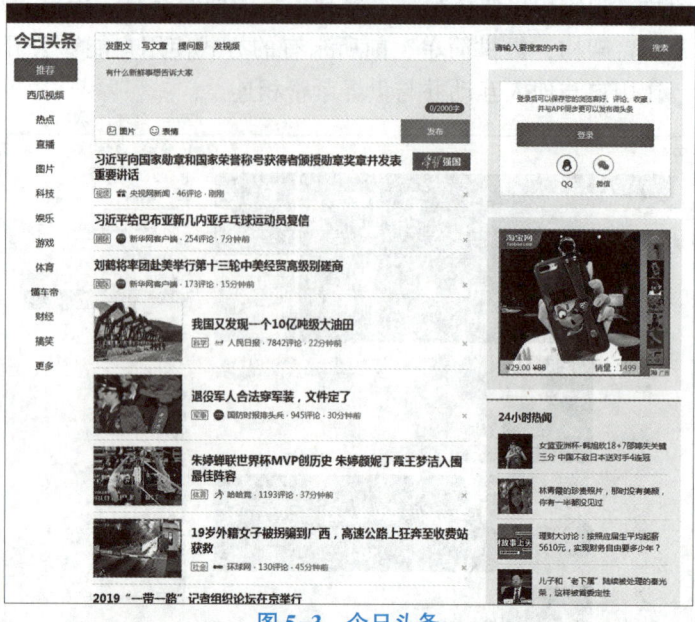

图 5-3　今日头条

**(4) 抖音**

抖音是一个专注 15 秒视频的短视频分享社区，用户可以选择歌曲，配以短视频，形成自己的作品，也可以自己上传剪辑作品（见图 5-4）。它与小咖秀类似，但不同的是，抖音用户可以通过视频拍摄快慢、视频编辑、特效（反复、闪一下、慢镜头）等技术让视频更具创造性，而不是简单地对嘴型。

图 5-4　抖音

> **想一想**
>
> 什么是传播类文案？它有什么特点？

## 5.2 传播类文案标题的写作

在这个生活节奏紧张的时代，碎片化阅读已经慢慢变成大众最习惯的阅读方式，排队、候车、上厕所、用餐等零碎的时间里，点开一篇文案来读，是消遣时间挺不错的选择。一篇文案，让人有点开它的欲望，总是因为它有一个吸引眼球又符合内容的标题。标题是文案的门面，是成功的一半，标题的重要性怎样去强调都不为过。

相同内容不同标题的两篇文案点阅率相差非常大。例如：

原文标题：罗振宇打脸往事：没有预言家，只有段子手（见图5-5）

首发平台：猪九诫（IT爆料汇）；阅读量：3.2W（近期阅读最高）。

修改后标题：这些年，罗振宇害了多少人？（见图5-6）

转发平台：亚当斯密经济学；阅读量：10W+（日常阅读1W）

这足以说明标题对文案的重要性。

图 5-5 原文标题　　　　　　　　图 5-6 修改后标题

### 5.2.1 千万级粉丝公众号的选题过程

从 2016 年公众号"咪蒙"发出第一篇文案到 2019 年年初，它已积累 1500 多万粉丝；公众号软文报价，从开业时首单 2 万元，到巅峰时的每篇 80 万元，整整翻了 40 倍，而且品牌主还要排队。用心的制作团队，从来不会随随便便地拟一个标题。他们是如何选题的？

第一步：做 50 个选题。

咪蒙团队每天都会开展头脑风暴，根据最近的热点想出 50 个选题。选题标准只有 8 个字：意料之外，情理之中。因为好的题目必须要自带戏剧冲突。

比如，今天是七夕，你会做什么选题？

一般的公众号都会写：

- 单身太久会得单身癌
- 去年七夕的时候，你在做什么

咪蒙写了一篇：

- 七夕我在民政局排队离婚

因此，在众多的文案中脱颖而出，受到粉丝的追捧。

第二步：四级采访。

第 1 级：5000 人核心粉丝群的群访；

第 2 级：3 个小时以上的细分群体采访；

第 3 级：50 个个案的采访；

第 4 级：专家顾问团的采访。

四级采访后的数据，像一本书那么厚，实现对用户的极致了解。

第三步：1 篇文章取 100 个标题。

第一眼呈现决定内容生死，如果你的标题在 1 秒内没有吸引到用户，他很可能就不会看你的文案。

第四步：5000 投票。

把这 100 个标题放到 5000 人的微信群里进行投票。

第五步：1 万字的数据报告。

推送后，形成 1 万字的报告，内容包括文案的阅读量、转发量等数据的分析，同类文案的比较，跟自己公众号前后文案的比较，还有留言报告，内容类似于 60% 的人喜欢这个标题、有 20% 的人觉得开头很好、12% 的人非常讨厌今天的结尾等，为下次同类文案选择标题提供依据。

### 5.2.2 让读者一见钟情的标题

文案点击率高低的一个重要因素就是文案标题写得是否精彩，是否足够吸引人，那么作为文案写作的初学者，我们应该怎么样去撰写标题呢？以下将介绍几个标题写作的公式。

(1) 把用户想要的结果提炼在标题上，公式一：怎么做+可以得到什么好处

如以下标题：

- 2019 年最后 90 天，每天坚持这件小事，你就赢了
- 先搞起来，你就干掉了 50% 竞争者
- 墙上插个小东西，家里插座数量翻一倍
- 西装+格纹，时髦度满分
- 小学英语"魔法撕撕书"，撕着学会 700 个单词，不枯燥不费劲！

用户看你的文案，是因为你的文案有价值，什么叫有价值？把读完这篇文案能得到的好处说清楚，这样用户非常容易判断这个文案是不是对自己有用，是不是要点击进去看看。

**（2）用数据说话，公式二：数字对比+已经发生的结果**

如以下标题：

- 18 岁男生 7 天赚 2 万，爆红网络：你读的每一本书，都不会被辜负
- 赚大了！200 多的西装，竟然穿出 20000 块的质感！
- 他把 47m² 的家改成 4 层小楼，一半空间悬在室外，搬家时惊呆家人
- 最新相亲方式诞生：他每天在街头拉男女随机配对，2 年撮合 1000 对
- 运营头条账号半年，不到 2000 粉丝，收入 12000 元：我是怎么做到的？

有时候心灵鸡汤式的文案看多了会产生抗体，数字的形式就更加有说服力，因为就 1 就是 1，2 就是 2，让人瞬间就能对一件事有量化和概念。你招聘说有优厚的薪资福利，不如说月薪 15000 元；你说你的职业生涯取得了质的飞跃，不如说从月薪 2000 元到年薪 25 万元；你说从胖女人变成苗条女人，不如说从 130 斤变成 80 斤。每个人心里都有关于自己的"数据"，你只要在标题里说出数字，用户立刻用这个数据和自己的数据进行对比，于是马上可以判断这个文案是不是值得一读。

**（3）结合热点，公式三：热点+导入**

如以下标题：

- 150 亿新影帝吴京：哪有什么中年危机，不过是你又丧又懒
- 郎平这 35 年：成功是因为吃遍了所有的苦，看透了世间功利
- 孟晚舟戴脚铐出庭，任正非轻松笑对：内心强大的人，到底有多厉害？
- "我和我的祖国"票房破 17 亿背后：你怎么样，中国便怎样
- 马云接班人张勇：毕业 24 年，从普通员工到阿里董事局主席，就靠这 4 个字

新媒体文案想要脱颖而出，获得关注，一个非常重要的技能就是追热点、蹭热点，也叫借势营销、借力营销。有些时候一个热点追得好，可以快速吸引流量。热点类型分为周期热点和突发热点。周期热点一般包括著名节日、历史事件、群众周期性爆发的情绪等。突发热点一般是新闻时事。

面对周期热点，我们可以建立一个热点日历：提前一段时间，罗列出节假日、纪念日，关注新品发布会，甚至包括电视剧、电影上映。这些都可以提前预测并做好策划。一般大公司会提前一个月做好下月策划，有的甚至在年初就做好了全年的热点策划。

面对突发热点要有一定的敏锐度，我们可以借助一些工具，例如：百度风云榜、微博热搜、微信指数，可以借助这些工具，看看网友聚焦在哪里。虽然这类热点无法预测，但作为新媒体小编，必须在第一时间获悉热点详情并策划相应文案。

**（4）用第一、第二人称，接近用户距离，公式：人称+怎么做+结果**

如以下标题：

- 你的野心，就是你最大的底气
- 你的假自律，正在毁掉你
- 你说话的音量，暴露了你的修养
- 我们在慢慢地长大，父母却在慢慢地"变小"
- 我们为什么难以接受自己的平庸

在标题中使用了第一、第二人称，会给用户一种很亲切的感觉，让用户快速融入角色中去，并且让用户产生一种好像直接与创作者对话的感觉，因而也会让写作变得真实，增强与用户间的情感，读起来更为亲切，使用户更能体会到创作者的心情，同时也会有设身处地的感觉。

### 5.2.3 传播类文案标题的误区

标题是文案的核心，能最直接吸引到用户，但当前很多文案为了吸引用户，都会有一个共同的误区，就是标题与文案内容不相符。大家所熟知的标题党，是标题与文案不相符的典型代表。虽然标题略微夸张可以为文案增添趣味，但是过度夸张甚至扭曲事实，必然会招致用户反感，多数标题党虽然通过这些标题使点击量短暂提高，但是被用户举报的数量也是不少。

**（1）标题与文案完全不一致**

此类文案的特点是：文案内容是 A 但是文案标题为 B，内容和标题风马牛不相及。这种文案是最容易让用户感知到的类型，多数用户不喜欢此类文案并会对其进行举报。

比如，标题为：刘邦是怎样从无赖变成人生大赢家的？标题表现的主旨为刘邦的称帝历程，文案写得却是蒙毅、赵高等，无刘邦内容，与用户预期完全不符，严重影响用户的阅读情绪。

**（2）标题过于夸大其词**

在文案策划理论中，有一种观点认为：好标题的重要性，占文案写作的 70%～90%。于是我们的眼球，便每天充斥着各种带有夸张色彩的标题，让人忍不住打开链接，比如"品牌促销，1元起售，拿走不谢""价值百万的销售秘籍"等。

毋庸置疑，标题吸引人，引导人打开是成功的第一步。其实这也仅仅是一小步而已，离成交还有很长一段路。如果标题过于夸张，甚至与内容名不相符，那一定会让人大跌眼镜，从此拉黑。

这种现象尤其在企业外包推广中更加严重。外包商为了提高点击率，不惜采取夸大其词、吸引眼球的手法，传播率与点击率是提升了，然而这是得不偿失的做法，会伤害目标用户的感情。比如 360 的安全管家，一步步地引诱用户安装使用后，然后以"安全"为由，在用户电脑后台进行各种监控和安装各种广告插件，不得已，许多用户只好敬而远之。

**（3）标题格式化没新意**

很多工业品企业的文案标题中会见到一些很空洞的词，比如"价值非凡""优良品质""卓越不凡"，当你把这些几乎没有任何意义的词组合在一起时，你就等于写出了一个格式化的标题，用户是不会喜欢的。常见的格式化标题如：××××公司，一家卓越不凡的企业；×××产品，优良品质、价值非凡；×××产品，给你提供最满意的服务。

新鲜的事物总是更容易引起人的注意，陈旧乏味、妇孺皆知的内容总是没人愿意看的。当你写了一个非常乏味且非常老套的标题时，就好像是你把一盆被炒了 N 次的冷饭又炒一遍给别人吃。所以标题需要结合产品、行业等，给人期待、好奇、与众不同等感觉，让人看了就想点击。

> **想一想**
> 
> 如何拟一个让用户心动的标题？有什么方法？

## 5.3 传播类文案正文的写作

新媒体文案虽然有漫画、图片、音频、视频等多种形式，但最基础的还是以文字为主要表现形式的文案。它是一切文案形式的基础，写作的基本功取决于写手所受的教育，以及长期的练习。而逻辑思维能力则决定了最终呈现给用户的是怎样的结构，以及这样的结构是否能够被用户所快速接受并理解。

### 5.3.1 传播类文案的正文结构

好的结构非常清晰顺畅，有助于用户阅读和理解，也方便创作者构思和成文，提高效率。下面介绍三种最常见，也最行之有效的文案结构。

**（1）总分总结构**

第一部分即开头介绍写作的主题或理由，然后展开论述，结尾再简要总结或重复主题。

这是所有人在中学时代必学的作文结构，也是中文和新闻专业的人在上学时的必修课。开头的时候要介绍一下"新闻由头"，也就是写这篇文案的出发点，或者叫文案的主题。一篇文案只讲一个核心主题，你可以说今天遇到了一件什么事，比如美国大选出来了，出人意料的竟然是特朗普当选，谈谈你的看法；或者是网上突然开始炒某人的负面新闻，你对此事有什么感悟；或者身边人总是跟你反馈什么问题，所以你今天要写文案解决一下这个问题。

总之先要让别人知道你为什么写这篇文案，要解决什么问题。主题一定要非常明确，就像是产品要解决什么需求和痛点一样，如果恰好用户对这个主题也感兴趣，他就会认真读下去。在开头的时候介绍清楚了要聊的话题，就可以展开第二部分了。

接下来第二部分，就要分条列出自己的观点，以及佐证自己观点的证据或者案例，并加以说明。这几个分论点之间可以是并列关系、递进关系、对比关系等，但不能是包含关系或交叉关系。

最常见的就是并列关系和递进关系。并列关系指的是彼此之间互相平行，没有明显的时间推移痕迹，每个分论点都地位相当，调整一下主次也没有什么关系，如一个人的几个不同侧面、一件事的几个方面、同一主题下的几件不同的事。而递进关系，彼此之间有比较明显的时间推移或者观点的深入推进，如案情发展的不同阶段、一个人或一家公司的成长经历等。

最后要做总结，亮出自己最终的观点。可以重新提炼新的总结观点，也可以将前面说的分观点做汇总，让用户已经稍加分散的精力再次集中，加深一下印象，当然在这里面提炼出一些非常不错的金句，让用户能够转发，是最好的。

这种结构的好处在于对用户的要求不太高，毕竟面对用户的理解力不能期望过高，还需要照顾他们在看文案时不太集中的注意力。这种结构简单，而且核心观点会多次强调，比较适合让用户接受你的观点并且记忆，同时也非常有利于你在规划选题时列出核心观点，再一步步展开。

### （2）清单式结构

用清单式列表方式列出用户所要的信息，或者你要呈现的内容，它们往往是平行结构，并没有非常强的关联。

最常见的是这样几类内容：

①推荐某一类事物。比如推荐一下国外适合冬季旅游的 10 个景点，苹果手机上最合适打发时间的 8 个游戏，新媒体的职场新人适合阅读的 10 本书，等等。

②解决方案类。用户遇到一个什么问题，你来提供几种不同角度的解决方案，比如说医疗类的账号提起某一类病症，有三种医疗方案；心理辅导类的账号可以说，如果得了抑郁症请从这几方面进行调理；旅游类的账号可以说，要去北京旅游，有这样 5 个不同时间长短的路线可供参考。

清单式或者说是平行结构的好处是不需要很强的逻辑能力，只需要介绍清楚你的目的，以及列出相关的分支即可，操作非常简单。而且选题来源丰富，只要是信息量大的内容都可以这样进行提炼，简化思维，给用户一种帮助他精选信息节省时间的感觉。

在用这种清单结构的时候，小标题往往起到了很重要的作用，在主标题上明确列出有具体几个内容也很容易让人形成期待。

### （3）讲故事结构

传播类文案有了吸引用户的标题，达到了阅读文案的目的，但要达到创作者真正的意图就要通过正文来实现了。这个时候就需要设计一个好故事，因为这是一个讲好故事比写说明书更重要的年代。哈佛大学把写作课作为全校唯一的必修课，未来的广告、营销、游戏甚至更广泛的商业领域，要求人人都必须擅长讲故事。

一个成功的传播背后，总是藏着一个好故事，因为好故事有很好的传播力和营销力，但如何构思一个好故事？其实，三分钟可以构思一个好故事。

三分钟？一个完整的故事？怎么可能？也太神奇了吧！一位拥有三十多年编剧经验的老师传授我们：只要问自己"七个问题"，就可以在三分钟内，立刻说出一个"有开头、有结尾、有冲突、有转折"的完整故事。

"七个问题"的公式：

问题一：主人公的"目标"是什么？

问题二：他的"阻碍"是什么？

问题三：他如何"努力"？

问题四："结果"如何？（通常是不好的结果）

问题五：如果结果不理想，代表努力无效，那么，有超越努力的"意外"可以改变这一切吗？

问题六：意外发生，情节如何"转弯"？

问题七：最后的"结局"是什么？

把上面的七个问题简化之后，就可以得到故事的公式：

1.目标 →2.阻碍 →3.努力 →4.结果 →5.意外 →6.转弯 →7.结局

以科幻小说之父儒勒·凡尔纳的代表作《80天环游世界》（见图5-7）为例：

①目标：主人公霍格跟朋友打赌，他要在80天内环游世界一周，并以全部财产作为赌注。就这样，霍格从英国伦敦出发，展开追赶时间的目标。

②阻碍：一是霍格被误认为银行大盗，所以沿途遭警察各种阻拦。二是霍格是个软心肠的好人，常出于各种善意而耽误了行程。例如，他从印度婆罗门教徒手中，拯救了一个即将被陪葬的印度女孩。

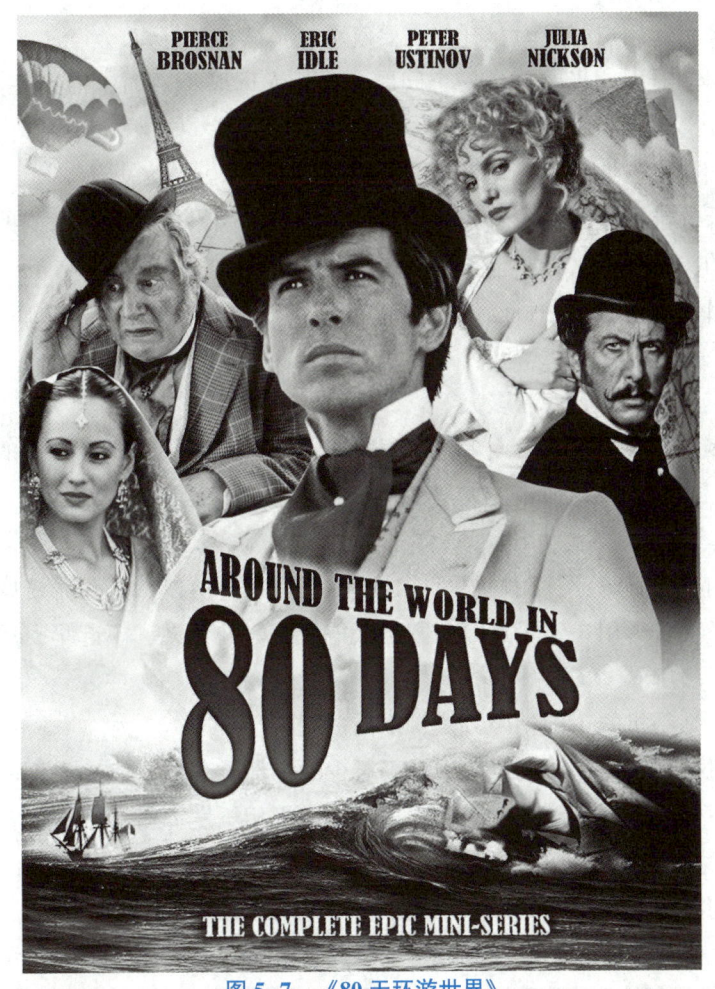

图5-7 《80天环游世界》

③努力：霍格用尽各种方法追赶时间。例如：冒着生命危险骑乘大象抄捷径，走进死亡丛林；搭火车强行飞越底下是滚滚江河的断桥……好几次差点丧了命。

④结果：环游世界一周，回到英国伦敦。霍格一共花了80天又5分钟，输掉了比赛。

⑤意外：令人意想不到的是——根据出发地英国伦敦的日期显示，霍格只花了79天又5分钟。

⑥转弯：情节大逆转——因为地球自转的缘故，导致各地时间不一，形成了所谓的时差。所以当霍格往东走，绕地球一圈，花费的总天数就会减少一天；反之，如果往西走，则会多出一天。

⑦结局：霍格不只赢得最后的比赛，还因为好心肠而抱得美人归。

### 5.3.2 传播类文案开头的写法

好的开始是成功的一半，好的文案也一样。要写好文案，需要掌握好写开头的技巧，有以下 3 种写法可供参考：

**（1）服务题目**

当题目已经引起用户好奇时，开头需要解释或延续这种好奇。

①解释题目的原因。当题目是一个问题，或让人琢磨不透时，需要在开头解释题目。例如：

题目：我们在慢慢地长大，父母却在慢慢地"变小"

开头：昨天的推送里，让我看完最难过的台词是：如果你在我十八岁的时候认识我就好了，那时我的头发又黑又长，也很漂亮。

②顺着题目往下说。当题目已经足够惹人好奇时，开头接着题目的话头往下说就好了。例如：

题目：震撼——宇宙到底有多大？

开头：很多人会说，很大，或者说，很大很大。鉴于多数人只有大概的概念，我特地找了一个视频，放形象直观地告诉大家，宇宙，到底有多大。

**（2）吸引读者**

如果开头内容无聊晦涩，用户很可能选择关闭文案，所以，开头需要吸引用户。

①描绘利益。告诉用户看了这篇文案会获得什么好处，无利不起早，用户自然会看下去。例如：

题目：这才是手机的正确拍照方法，以前白玩了！

开头：手机拍照已成为我们生活中必不可少的一部分，但是有些人不一定了解手机拍照技巧。其实不需要用到高级拍摄装备，也能把手机相机发挥得淋漓尽致。

②制造悬念。故意不说透，提起用户兴趣，让用户想要读下去。例如：

题目：如何减少被欺骗：为什么"狼人游戏"让人变坏？

开头：迈克·亚当斯教授曾经做过一个研究，根据对美国高校的大量调查，发现美国大学生期中考试临近时，奶奶去世的可能性是平时的 10 倍，而期末考试时是平时的 19 倍。

③提出问题，回答一半。提出让用户好奇的问题，但不完整回答，用户就会更好奇。例如：

题目：男人最惦记的女人，永远是这一种

开头：在延禧攻略最后一集里，继皇后惨败，继皇后问魏璎珞，到底是怎么抓住皇上的心的。魏璎珞回答说："皇后对皇上一往情深，可为什么要让他知道呢?"

④自曝糗事。把自己的糗事说出来，表达坦诚的态度，拉近公众号和用户之间的距离。例如：

题目：甲壳虫的文案

开头：它很丑，但是它能带你去想去的地方。作为一辆车子，作为一个经济实用的选择，长得丑是无关紧要的缺点，代步优良是至关重要的优点。

⑤制造冲突场景。有了冲突，但结局未知，用户自然想一探究竟。例如：

题目：我帮你，没有动机

开头：粉丝七七愤怒地跟末那说："叔，最近有个男人追我。"

⑥制造临场感。描述用户可能经历过的场景，让用户在心里想"这就是在说我啊"。例如：

题目：花一百块钱买的东西，却要操好几万的心

开头：双十一买的东西到了，你后悔吗？从目前双十一某宝退货率来看，剁手族纷纷表示后悔。

⑦聊自己的近况。在讲述正题之前，先写写自己的近况，让用户感觉"我和TA（创作者）过着差不多的生活"，这样拉近和用户的距离之后，用户更容易认同创作者写的东西。例如：

题目：雾霾天冷窝在家！这些游戏能让熊孩子乖乖玩上一整天

开头：身在帝都的我，可算盼来了暖气。

⑧对比。用与用户生活相关的、但对比鲜明的例子，以便凸显文案主要内容的特点。例如：

题目：加多宝：对不起系列广告。

开头：对不起，是我们太笨，用了17年的时间才把中国的凉茶做成了唯一可以比肩可口可乐的品牌。

开头：对不起，是我们太自私，连续6年全国销售领先，没有帮助竞争队友修建工厂、完善渠道、快速成长。

开头：对不起，是我们无能，卖凉茶可以，打官司不行。

开头：对不起，是我们出身草根，彻彻底底是民企的基因。

(3) 帮助理解文章

在用户阅读文章时，如果背景知识很重要，在开头就要介绍背景知识，以便用户理解文案。

①"保证故事完整"的开头。完整的故事结构会帮助用户更快速地理解文案含义，为此，开头要发挥重要作用，具体方式就是介绍背景。例如：

题目：3万块的捷达顶了一下500万的劳斯莱斯，要赔60万！咋整??

开头：前段时间砖叔看到了这样一个新闻，两辆东莞牌照车辆擦碰，一辆捷达撞上一台劳斯莱斯。而事故的责任清晰，事发地为禁停路段，劳斯莱斯司机人还在车里，虽然是违章停车，但无责任。

### 5.3.3 传播类文案结尾的写法

相比于开头，结尾的形式少了一些。因为制约开头的因素较少，主要来自标题和内容，所以开头形式的发挥空间较大。相比之下，结尾受文案风格、主体内容、写作目的、写作节奏等因素影响，受到的制约较大，所以形式有限。

结尾有以下两种作用：

**（1）加深用户印象**

正文得出结论或态度之后，结尾处再次强调，以便加深用户印象。

"加深印象"是结尾最常见的作用，可以通过以下4种形式实现：

①总结全文/总结感受。在通篇论证了观点或表达了感情之后，结尾再总结一次，会加深用户的印象。例如：

题目：我那么有趣，还不是因为喜欢你

结尾：为你变得有趣，为你变得有生气；为你变得有爱，为和你长长久久在一起。没什么原因，就是因为真的喜欢你。

整篇文案就讲了一个故事，目的是表达"在喜欢的人面前，我才活泼有趣起来"，最后再强调一次"为你变得有趣……就是因为真的喜欢你"，以免用户只记得故事，不记得观点。

②呼应题目。在用户阅读文案之前，通常是被题目吸引，结尾再呼应题目的观点，加深用户对观点的印象。例如：

题目：最好的关系，是我懂你养娃的不容易

结尾：最好的关系，是我懂你养娃背后的不容易。

③重申观点。文案的开头就提出观点，结尾再提一遍。例如：

题目：【一起说】2016年最火的国产轿车之一，七八万的价格却有十几万的面子！

开头：今天我们要说的是卖得最好的国产轿车之一，奇瑞艾瑞泽5。

结尾：毕竟车无完车。六七万就能买到一部颜值高、空间大、配置高、底子好的车，其他方面也别太苛求了。所以艾瑞泽5还是很值得购买的。

④调侃。常用于严肃说理文案的结尾，通过调侃，让用户轻松。例如：

题目：我爱钱，但我不怕穷

结尾：所以我现在虽然穷着却甘之如饴，因为等到以后出了名，我也能像梁龙一样说一句"不要脸"的话："那些贫穷时体会到的道理，是我一生最可贵的东西。"当然，撇开以上这几点，我还是想做个有钱人的。

**（2）引导读者行动**

正文的内容已完结，或正文的目的就是引导用户行动时，要在结尾加引导语，引导用户行动，具体分为以下3种：

①引导关注或购买。常用于软文的结尾处，通过找到文案内容与软文对象的共同特

点，引导用户关注或购买。例如：

题目：这本造价300万的日历，内含380张美到爆的原创手绘，是2017年最正确的打开方式

结尾：2017年，365天的美好与感动，你值得拥有。倒计时的日子，美啊。干吗，有钱任性！掌柜！包两本！

文章结尾强调"时间"，日历代表了时间，所以，由"拥有时间"过渡到"购买日历"。

②引导评论。在正文结束之后，加一句话，引导评论，提高粉丝活跃度。例如：

题目：你永远叫不醒一个装懒的老公/男友？

结尾：以上是今天分享的叫醒秘诀，你们又有什么绝招来叫醒自家男人呢？

③呼吁行动。在讲述观点之后，号召用户在实际生活中运用。例如：

题目："大方"的人都长这样

结尾：所以为了更好地占他便宜，请珍惜他，就从请他吃饭开始吧。

### (3) 其他结尾形式

除了以上两种结尾方式，还有以下3种比较特殊的结尾方式：

①为下一篇做准备。这是系列文案的常用结尾，以便吸引用户留意下一篇文案。例如：

题目：不好意思，下周我要消失几天

结尾：好了，我要去收拾行李了。越南河粉，我来了！！请大家期待咖宝的邮轮体验吧！

②固定结尾。无论文案内容是什么，结尾的内容及其排版都不变化，目的是通过长期重复，给用户留下独特的印象，增加公众号的可识别度。例如：

题目：摄影日记

结尾：不得不说，这样的微创新还是很赞的哈~

③没有结尾。常见于介绍专业信息的文案，介绍完信息就结尾，干净利落，不拖沓。例如：

题目：10月份，这10款轿车卖得最火！大众占50%，国产仅1款

## 5.4 传播类文案的排版

排版是文案创作者和用户之间除文字外的另一种沟通方式。在新媒体设计中，界面的视觉和可读性对于用户体验的影响是极为巨大的。一位著名的平面设计师曾经说过："排版设计不仅仅是可见的，而且是可被听见的。你创建出一个宏大的场景，那么演员就可以在此登场表演了。"排版能够呈现情绪、营造氛围、传递精神，所以优秀的排版能够让文案发光。

· 133 ·

## 5.4.1 公众号排版

**(1) 图文封面**

好的封面图可以有效引起用户的阅读欲望，并转化为内容阅读，同时也能体现出创作者的审美品位。在挑选封面图的时候也有尺寸、内容等要求，可以添加有特色的元素让封面别具一格。

目前比较流行的有插画风格、统一风格、走心排版、特殊效果，见图 5-8~图 5-11。

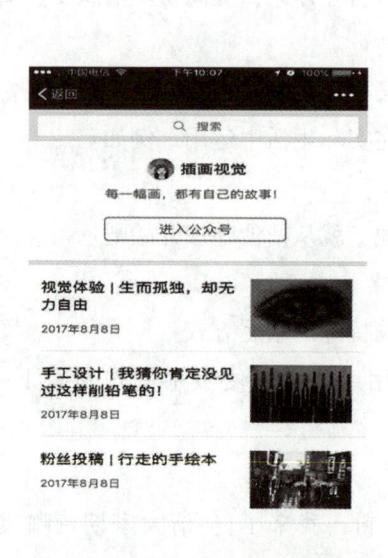

图 5-8　插画风格

图 5-9　统一风格

图 5-10　走心排版

图 5-11　特殊效果

**（2）图文标题**

图文标题是提高用户阅读欲望的首要动力，标题越简洁，越能快速被用户解读，并转化为文案的阅读。

在微信 App 中显示的订阅号是被折叠起来的，所以折叠后能显示的文字非常有限，如果公众号名字还很长，很可能在订阅号折叠页没办法直接了解文案想表达的意思（见图 5-12）。

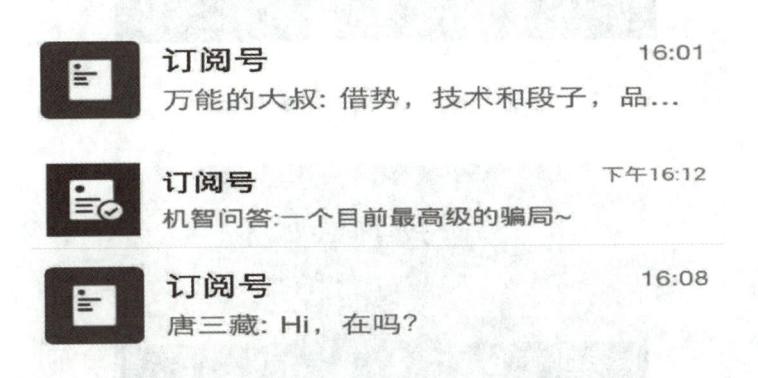

图 5-12　标题折叠

标题字数要尽量控制在 13 个字以内，因为标题会在封面图片下方带黑色遮罩，超出 13 个字就会换行，标题就变成两行，黑色遮罩也会变成两行，会不同程度地遮挡封面图，（见图 5-13）。同时，过长的标题也会加大用户对标题的理解难度。

图 5-13　一行和两行文字的标题

当标题是一行或两行时，封面内容还能清楚地展现，但如果标题很长就会严重遮挡封面（见图 5-14）。

标题也可添加"【】"或者是简洁的"｜"，来突显关键字或者突显一些栏目的内容（见图 5-15）。

图 5-14 "N" 行文字的标题

图 5-15 添加符号突显关键字或内容

总之，标题是引起用户阅读兴趣的开始，简明扼要的标题能迅速吸引用户的注意，也能帮助用户快速找到文案的结构以及重点。简短醒目、易理解的标题往往更受用户的青睐。

### 5.4.2 文案正文排版

文案正文的排版目前比较流行的做法是使用工具来实现，在下节中我们将介绍工具的使用，因此本节我们将以文案字体为内容。

(1) 文案字体

文案正文的字号最好在 14~18px，以 16px 最为合适（见图 5-16）。文案篇幅较长，字号可以稍大一些（14~18px）。比较偏"文艺范"的文案字体可以适当稍小一些（12~14px），显得文案更精致一些。

另外，文案重点的部分可用彩色文字来突显，但是不用荧光色，因为非常的扎眼；也不要用超过 3 种的字体颜色，否则会给人非常浮躁的感觉，增加完成阅读全文的难度。

(2) 文案段落

文案正文的段落每一段都不要超过一屏，并且正文段落之间至少要空一行，因为手机

图 5-16　文案正文字号

屏幕本身没有电脑显示器大，太过密集的文字会让人看着很不舒服，甚至头晕目眩（见图 5-17）。而且文案也不要太长，尽量控制在 1500~2000 字。

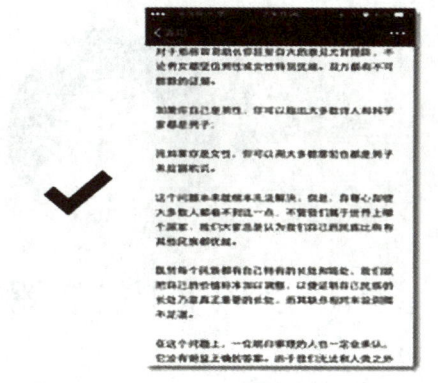

图 5-17　文字排版行间距

每一段文字还要适当配图，做到图文并茂是效果最好的。正文的对齐方式主要两种，即左对齐和居中对齐（见图 5-18）。

图 5-18　正文对齐方式

### 5.4.3 在线工具排版

在线排版工具众多，这里我们介绍一款流行的编辑器——96 微信编辑器。它是一个微信公众平台在线编辑排版工具，提供手机预览功能，让用户在微信图文、文案、内容排版、文本编辑、素材编辑上更加方便。专业地排版、挑选样式、调整文字、搭配颜色，最后形成排版优质的文案，让用户更赏心悦目。

96 微信编辑器是一款编辑美化微信公众号文案的网页排版工具，目前暂无软件、App 和客户端，只有一个网页。在 96 微信编辑器编辑的文案内容只能放到微信公众平台（服务号、订阅号）里面，不支持其他第三方外网复制。

准备工具：QQ 浏览器和 360 极速浏览器（见图 5-19）。

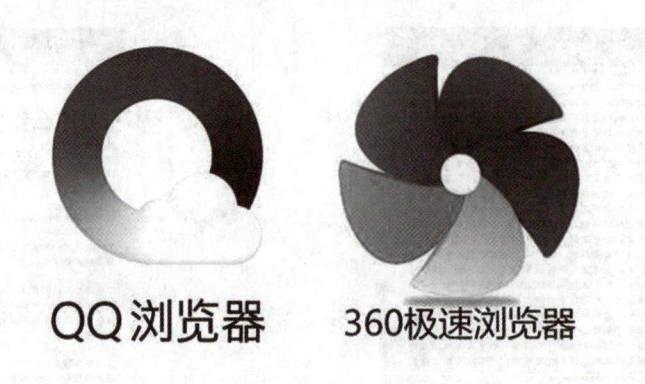

图 5-19  浏览器

注意：不支持 IE 浏览器和浏览器兼容模式，也不支持苹果系统。

打开以上浏览器网页搜索"96 微信编辑器"或者输入"http://bj.96weixin.com/"，按下回车键即可进入编辑器首页（见图 5-20）。

图 5-20  96 微信编辑器首页

**(1) 素材使用方法**

首页样式：首页左侧的"样式"，只展示最新上线的素材和节日热点素材（见图5-21）。

图 5-21　首页样式

样式中心：单击"素材库"→"样式中心"，所有样式都可以在这里挑选使用（见图5-22）。

图 5-22　样式中心

①搜索素材。点击"搜索"→输入素材的关键词→点击"搜索"（见图5-23）。

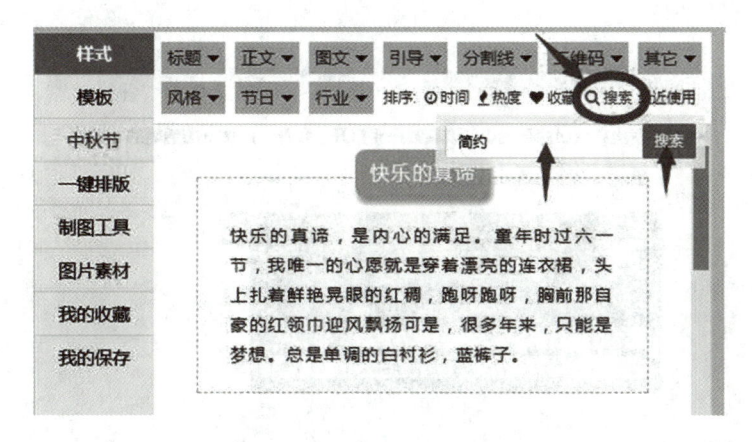

图 5-23　搜索素材

②收藏素材。点击"♡"即可收藏素材,收藏分为首页样式收藏和样式中心收藏(见图 5-24 和图 5-25)。

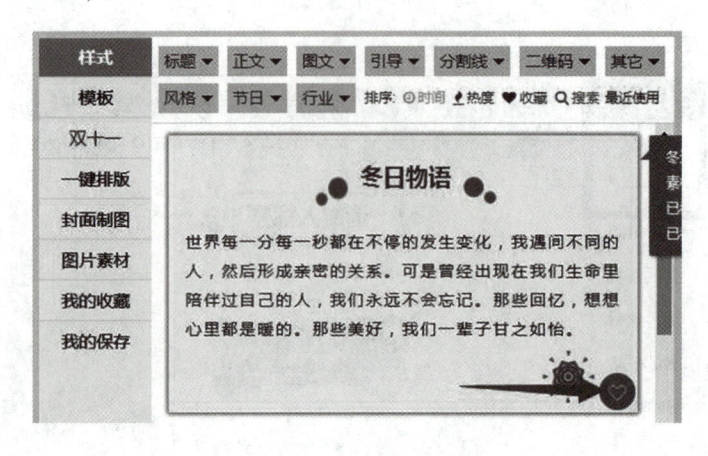

图 5-24　首页样式收藏

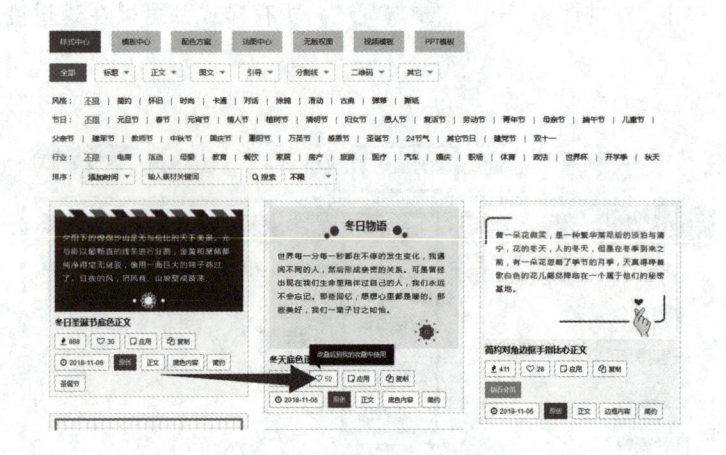

图 5-25　样式中心收藏

③保存样式。选择一个自己喜欢的样式,这个样式就会出现在编辑区域(见图 5-26)。

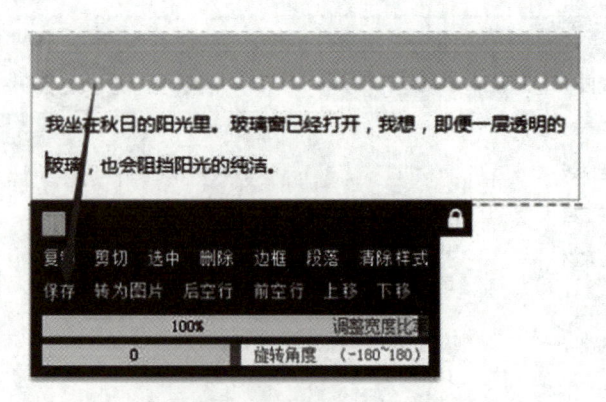

图 5-26　保存样式

在"我的保存"→"保存的样式"中就可以找到刚才保存的样式（见图5-27）。

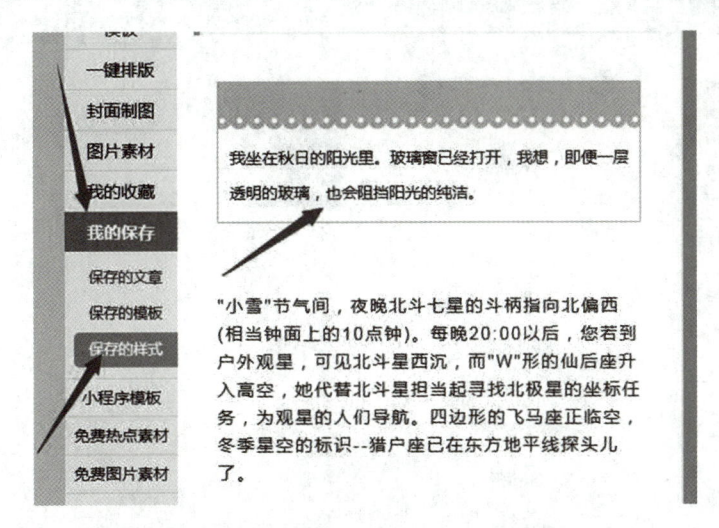

图 5-27　我的保存

④素材换字。有三种输入文字不会破坏格式的方法（不要把素材里面所有文字删除再输入自己的内容）：

方法一：选中素材中的所有文字再进行文字输入（见图5-28）。

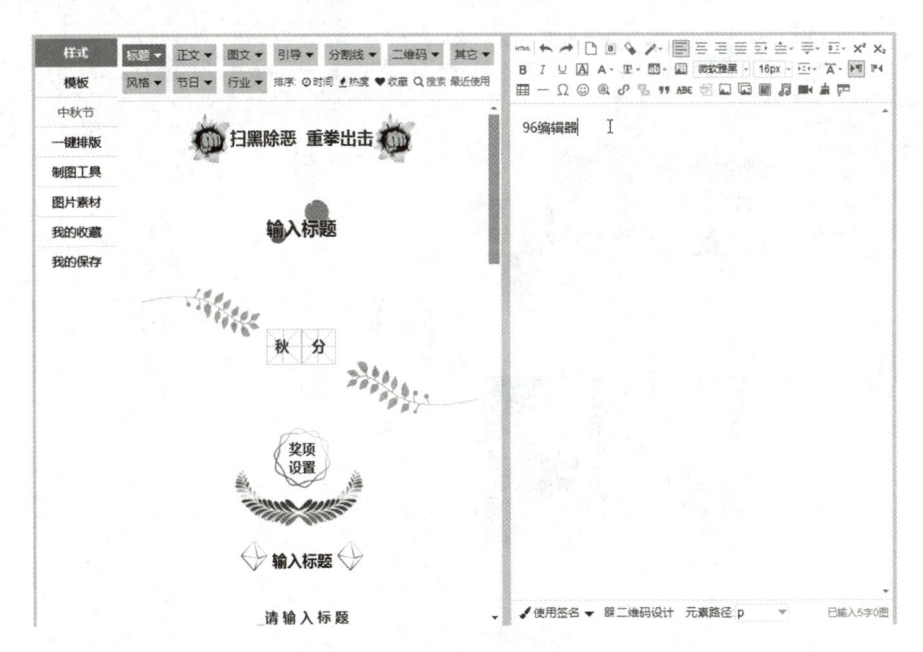

图 5-28　素材换字方法一

方法二：删除素材内的文字，但是保留素材中的第一个文字；再进行输入，输入完后再把第一个文字删除（所有素材都这样操作，见图5-29）。

图文、二维码中的图片可以替换，关注、背景、分享类素材的背景在点击图片时如果下方出现换图字样就可点击替换（见图5-30）。有些素材是一整张图片，是无法替换的。

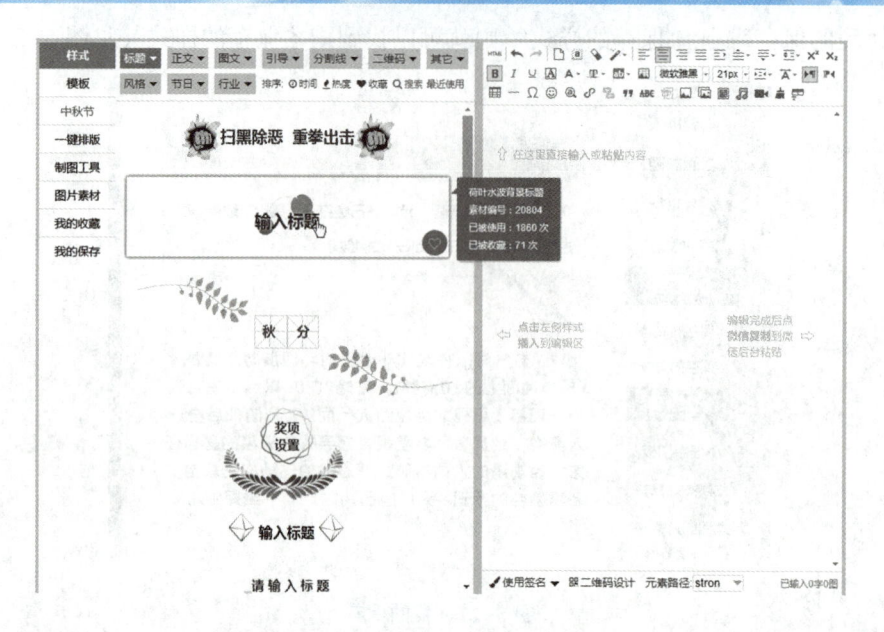

图5-29 素材换字方法二

例如，素材中心二维码素材中的背景无法替换。注意：素材不要套到素材里面，每一个素材都有一个虚线框，不要把虚线框重叠，不然素材图片会越来越小。

图5-30 替换图片

关注、分享素材放置在文案的最顶部，起到引导用户关注公众号的作用。

原文素材放置在文案的结尾处，如果文案中设置了原文链接可起到推广原文阅读的作用。

符号、分割线素材主要用于对文案分段的连接以及对文案排版起到装饰作用（见图5-31）。

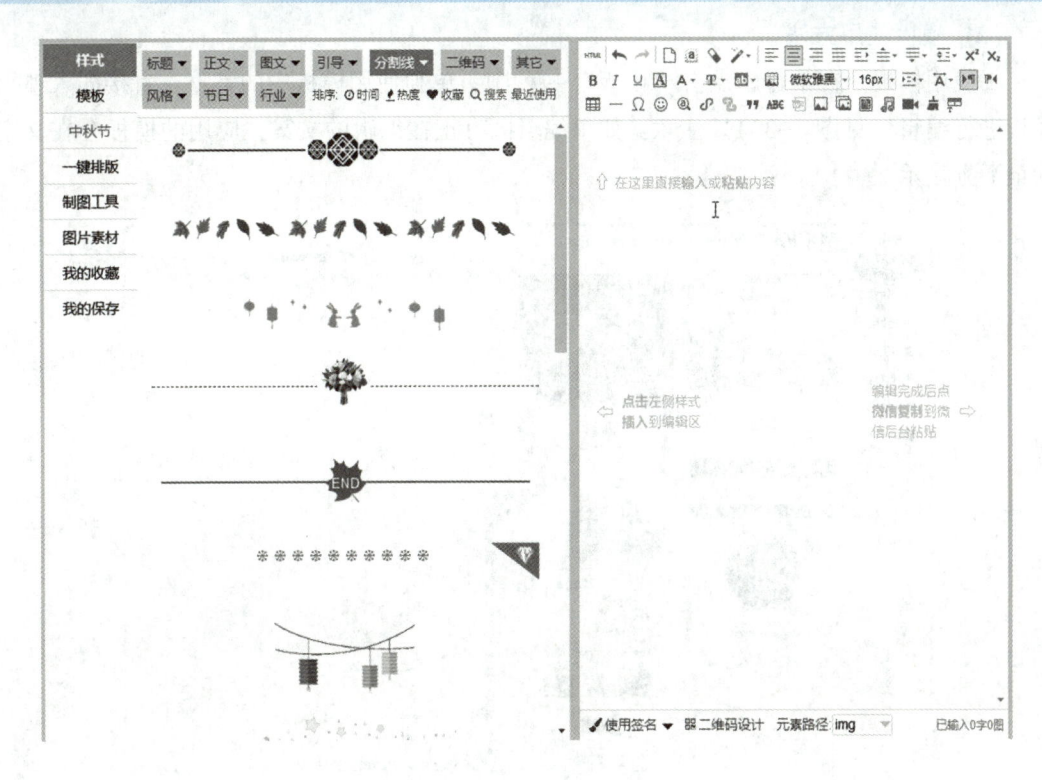

图 5-31 符号、分割线素材

弹幕素材操作步骤：点击"HTML"→修改中文→点击"HTML"（见图 5-32）。

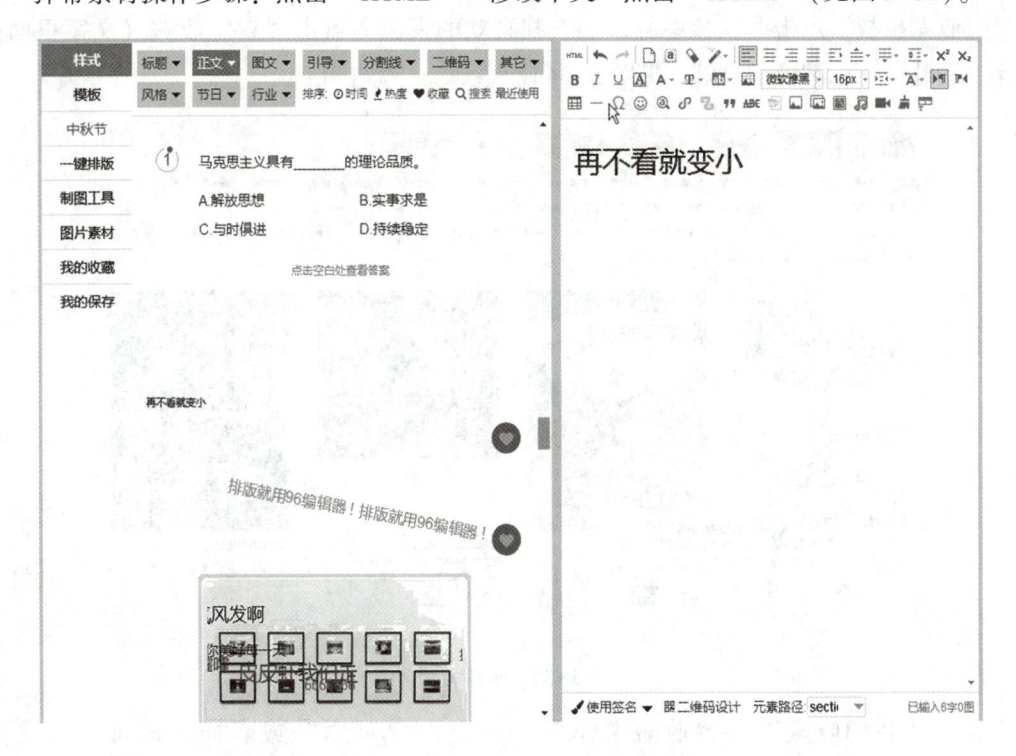

图 5-32 弹幕素材操作步骤

### (2) 模板使用方法

①使用模板。在素材库点击"模板"→秒刷→单独使用模板中的素材，直接插入整个模板进行编辑（见图5-33）。注意：如果编辑区有正在编辑的文案，应用的模板会在文案的最下方显示。

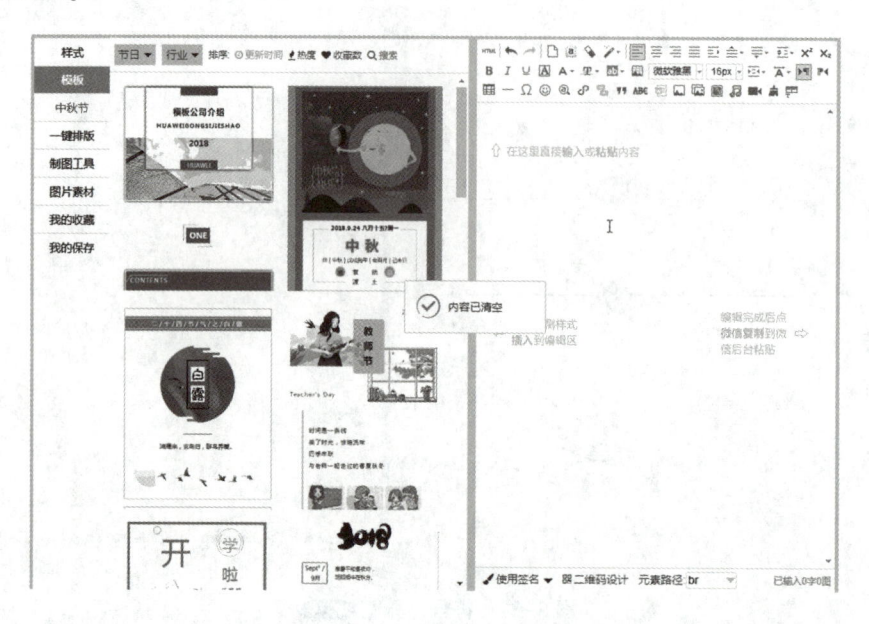

图5-33 使用模板

②收藏模板。点击"模板中心"→查找喜欢的模板→点击"♡"收藏（文案里面的文字、图片都可以替换成自己，见图5-34）。

图5-34 收藏模板

点击"我的收藏"→"收藏的模板"→点击"秒刷"或者插入即可使用（见图5-35）。

图 5-35　使用"我的收藏"中的模板

(3) 一键排版

一键排版是指在编辑器内把已经编写好的文案，快速简单排版的模板。一键排版与普通模板相比，更加简洁、有序。

①使用方法。首先，在编辑器的编辑区必须有写好的文案内容；其次，全选文案 Ctrl+A，然后点击"一键排版"，文案即可被一键排版（见图 5-36）。

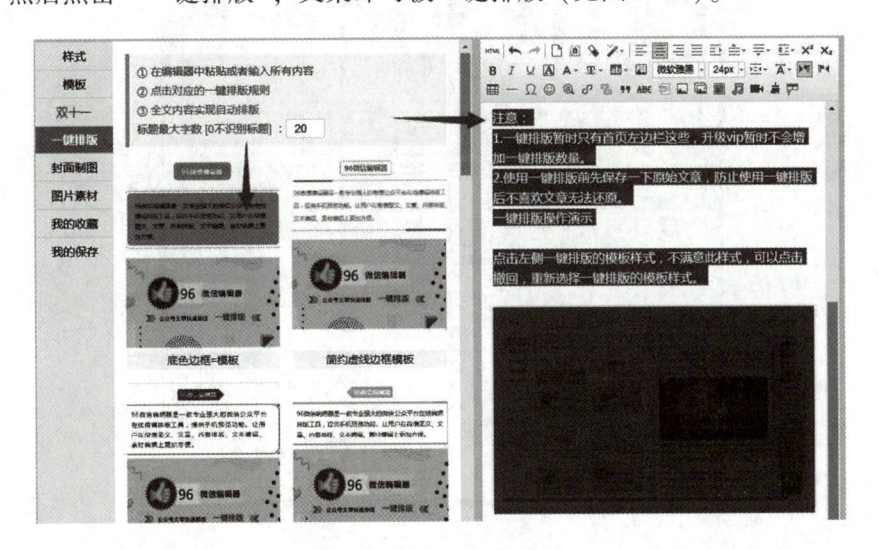

图 5-36　一键排版

②注意事项。首先，使用一键排版时，编辑区内必须有文案内容；其次，使用一键排版模板后，不喜欢样式可以点击"撤销"，即可还原之前的原始样子；最后，使用一键排版前先保存原始文案，防止使用一键排版后不喜欢，文案无法还原（见图 5-37）。

图 5-37 撤销

(4) 表格功能

表格，是一种组织整理数据的手段，人们在各个领域都会用到它，用于处理和分析日常数据、科学研究等。那么，如何在文案中插入表格？下面介绍 3 种方法。

1) 使用插入表格功能

①点击"表格"图标，拖动鼠标，就可以设置行、列数量了（见图 5-38）。

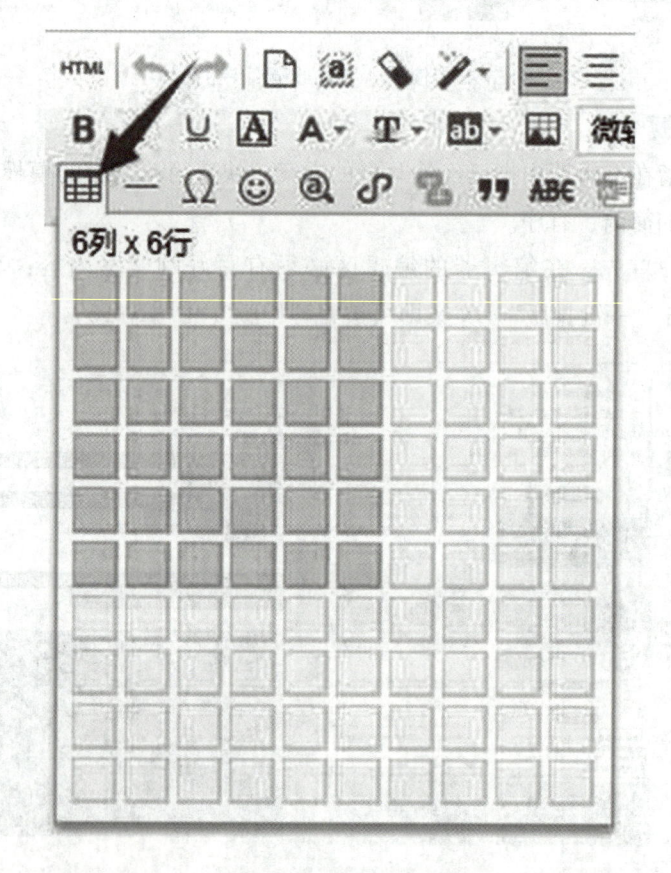

图 5-38 插入表格

②右击表格，点击"表格"→"表格属性"→"颜色"，即可设置表格边框颜色（见图 5-39）。

③很多用户发现插入表格后，预览的时候表格没有边框，但是编辑的时候是有的，这该如何设置呢？

方法：右击表格，点击"表格"→"设置表格边线可见"（见图 5-40）。

图 5-39　设置表格边框颜色

图 5-40　设置表格边线可见

④很多用户在设置表格内文字对齐方式时，总是选中文字然后点击"居中"，这种方式是无法设置表格内文字对齐方式的。

正确的做法是：选中表格内单元格，右击单元格，点击"单元格属性"，选择对齐方式（见图 5-41）。

图 5-41　表格内文字对齐

⑤右击表格，点击"表格"，即可删除或增加行列（见图 5-42）。

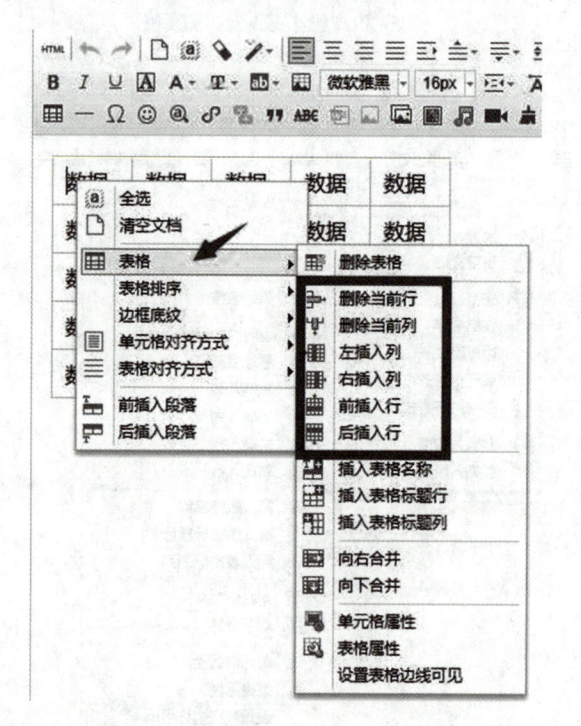

图 5-42　表格删除或增加行列

⑥选中要添加背景色的单元格，右击表格，点击"表格"→"单元格属性"，设置颜色即可（见图 5-43）。

⑦表格的宽度是根据单元格内的文字多少/页面宽度自动调整的，也可以手动拖动调整，将鼠标放到表格边框上按住，出现蓝色线条，拖动即可（见图 5-44 和图 5-45）。

图 5-43　添加单元格背景色

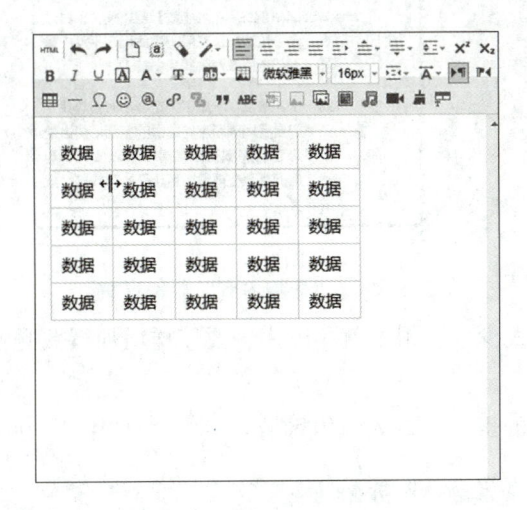

图 5-44　调整表格宽度

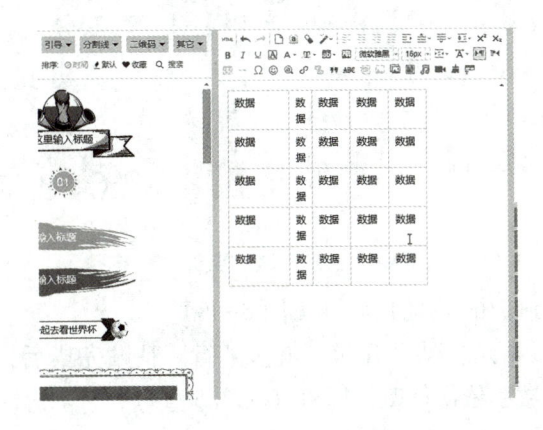

图 5-45　根据文字多少调整表格宽度

特别注意：96微信编辑器的表格功能尚不完善，调整宽度时，会出现偏差或拖动不了的情况，请在手机上查看最终预览效果，或使用下面另外两种方法。

2）使用"正文"→"表格内容"素材

①点击"正文"→"表格内容"，会显示不同类型素材（见图5-46），或者直接进入"样式中心"查看更多表格素材，挑选自己喜欢的素材，直接使用即可。

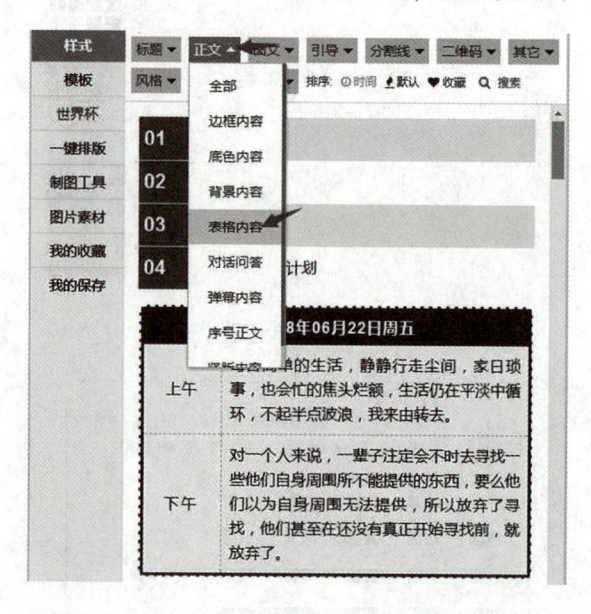

图5-46 "表格内容"中的素材

②可是有时候行数太少了，根本就不够用，要怎样增加行数呢？

方法如下：

step1：点击要使用的素材，进入编辑区域，点击"HTML"（见图5-47）。

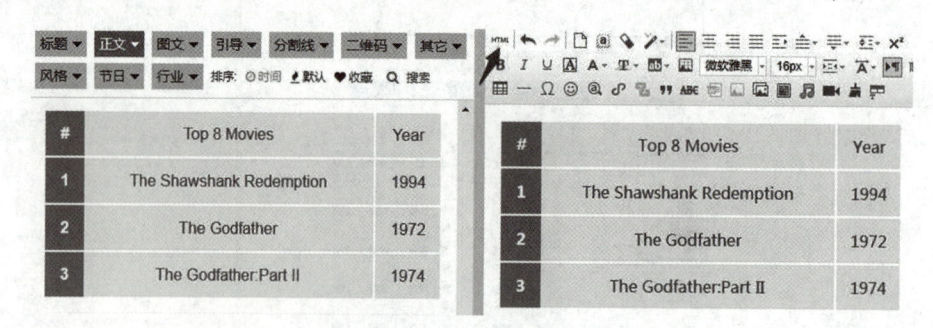

图5-47 在编辑区域点击HTML

step2：复制从\<tr>到\</tr>内的代码（见图5-48）。

step3：紧挨着\</tr>粘贴，粘贴几次，就多几行。粘贴完毕后，再次点击"HTML"，可见，增加了4行，将数字依次修改好即可（见图5-49）。

【代码知识小科普】

tr标签代表HTML表格中的一行；

tr标签是成对出现的，以\<tr>开始，\</tr>结束；

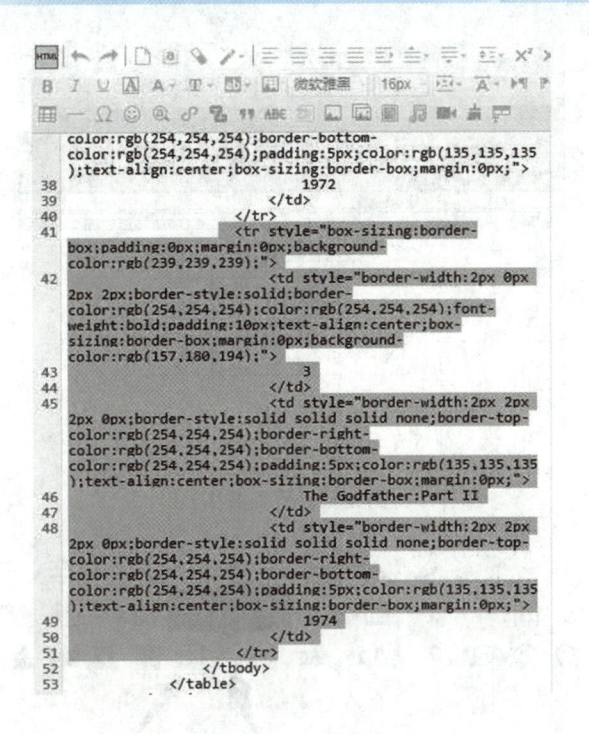

图 5-48　复制代码

图 5-49　粘贴

td 标签代表 HTML 表格中的一个单元格；

td 标签是成对出现的，以<td>开始，</td>结束。

3）使用截图

这是最简单的一个方法，即在 Excel 表格中做好表格后，截图保存成图片，点击"单图上传"或"多图上传"，插入文案中即可（见图 5-50）。

新媒体文案写作

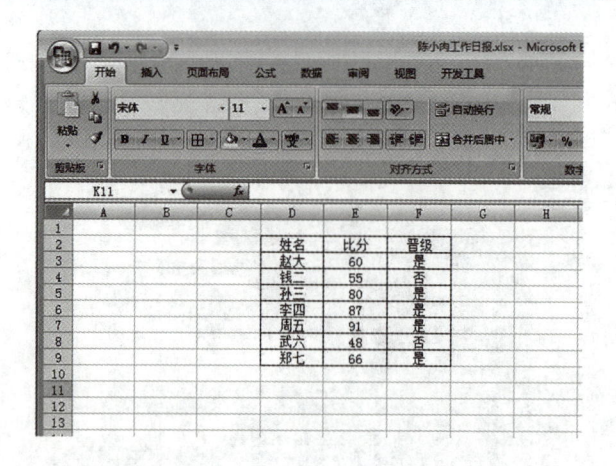

(在 Excel 里面截图)

图 5-50 使用截图

> **想一想**
>
> 文案标题如何排版？如何将一篇文案通过 96 微信编辑器完成排版？

**模块小结**

　　本模块我们认识了传播类文案，了解了传播类文案标题的写作，以及传播类文案正文的写作，最后学习了传播类文案的排版，学习这些知识将为我们写好新媒体文案打下基础。

**任务操作**

## 使用微信公众号群发文案

【任务目的】

通过操作微信公众号，群发公众号的文案，掌握微信公众号的基本功能。

【任务内容和步骤】
①在腾讯主页面点击"微信"(见图 5-51)。

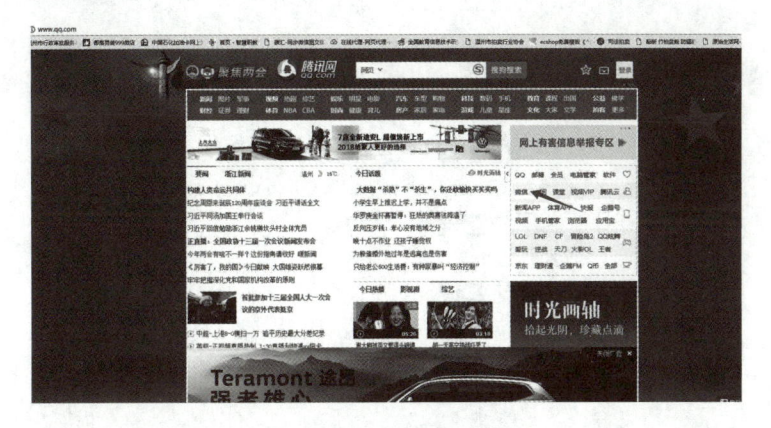

图 5-51　腾讯主页

②点击"公众平台"(见图 5-52)。

图 5-52　微信公众平台

③输入登录用户和密码,点击"登录"(见图 5-53)。

图 5-53　微信公众平台登录界面

④点击左边菜单栏"管理"下的"素材管理"(见图 5-54)。

图 5-54　管理界面

⑤点击右边"新建图文素材"(见图 5-55)。

图 5-55　新建图文素材

⑥进入文案发布界面,输入标题和正文(见图 5-56)。

图 5-56　文案发布界面

⑦点击"选择封面",上传封面图(见图5-57)。

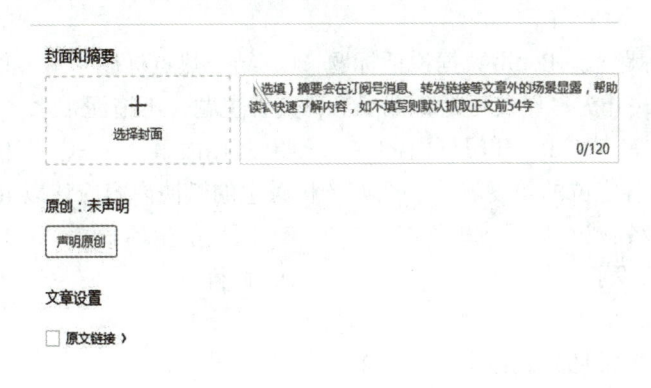

图 5-57　上传封面图

⑧点击"保存并群发",新建的图文信息将会发给关注当前公众号的用户(见图5-58)。

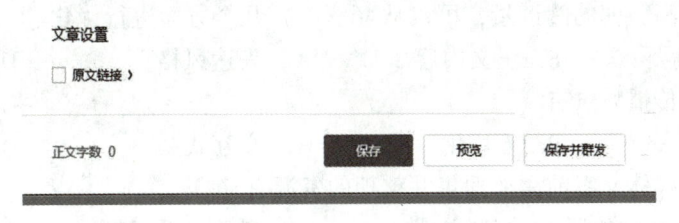

图 5-58　保存并群发

【任务提示】

选择合适的文案是第一步,在微信公众号中所发表的文案要事先写好,所写的文案要符合传播类文案的写作要求,同时要加入产品的广告,以达到宣传产品的目的。

【思考和练习】

请体验一次利用微信朋友圈给相关企业或产品做软文推广,以最后发表的文案为成果上交,并回答以下问题:

①利用朋友圈做软文推广需要注意什么问题?

②营销人员利用朋友圈做软文推广需要完善哪些方面的能力?

## 同步测试

1. 单项选择题

(1)在文案中以故事情节来植入企业品牌而不直接介绍商品、服务的方案属于(　　)。

　　A. 销售文案　　　　B. 传播文案　　　　C. 硬广告文案　　　　D. 软广告文案

(2)加多宝在与王老吉争夺品牌使用权败诉后,在微博平台上用自嘲的口吻以幼儿哭泣的图片推出一系列"对不起"文案,反而占据了新媒体民意的上风……这种做法符合了以下哪一种说法?(　　)

　　A. 新媒体文案运用,传播更快速　　　　B. 新媒体文案可以直接带来销售转化

　　C. 体现了新媒体文案的重要性　　　　　D. 以上说法都对

· 155 ·

(3)"支付宝索赔 1 元,告的是 19 岁大学生!到底为啥?"该标题用的是(    )文案。

A. 结果提炼标题　　B. 用数据说话标题　　C. 结合热点标题　　D. 悬念标题

(4)(    )式开头写作技巧是直截了当,直奔主题,不拖泥带水。

A. 引用名言　　B. 开门见山　　C. 利用故事　　D. 提问开头

(5)从微博内容定位的角度看,一个妇产科医生的微博内容应该以(    )为主。

A. 妇产科专业领域的知识或事件　　B. 医生的生活日常
C. 有趣味性的段子　　D. 百科科普

## 2. 多项选择题

(1)新媒体文案常见的载体有(    )。

A. 微信平台　　B. 微博平台　　C. 社群平台　　D. 电商平台

(2)新媒体文案重要性有(    )。

A. 新媒体文案运用好,传播更快速　　B. 新媒体文案可直接带来销售转化
C. 新媒体文案可以打造个人品牌　　D. 新媒体文案比传统文案的成本更低

(3)为了提高微博的阅读量,可以从(    )几个方面进行优化。

A. 标题和摘要　　B. 正文内容　　C. 表达风格　　D. 排版设计

(4)微博的传播特点有(    )。

A. 平民化　　B. 碎片化　　C. 交互式　　D. 散发式

(5)写作新媒体文案前需要搜集并整理的资源有(    )。

A. 企业或产品宣传册　　B. 技术文件　　C. 竞争对手资料　　D. 使用者反馈

### 参考答案

**1. 单项选择题**

(1) D　　(2) B　　(3) B　　(4) B　　(5) A

**2. 多项选择题**

(1) ABCD　　(2) ABCD　　(3) ABCD　　(4) ABCD　　(5) ABCD

# 模块 6　短视频类新媒体文案写作

**知识目标**
1. 掌握短视频内容策划与推广知识。
2. 了解短视频内容的拍摄与制作。
3. 熟悉国内短视频的内容。

**能力目标**
1. 能够理解如何从前期调研着手对短视频内容进行合理策划。
2. 能够操作不同类型的短视频制作工具。
3. 能够进行短视频内容的策划与创作。

**思政目标**
1. 了解我国短视频行业的政策和内容把控。
2. 培养短视频从业者的职业素养。
3. 建立短视频创作者的正向创作价值导向。
4. 培养良好的热门话题撰写素养与短视频拍摄制作技巧。

**本模块重难点**
1. 短视频内容策划的基本概念与市场环境、短视频内容创作与传统视频创作的区别。
2. 分析当下热门话题分类，如何找到话题进行策划与实现生产价值。
3. 掌握短视频文案与制作中应具备的良好的文案创作能力、艺术审美能力、拍摄能力和制作能力。

## 项目引入

**Papi 酱系列：假如玩游戏计入高考成绩你觉得你的成绩会怎么样？**

很多人上学的时候都会幻想
考试为什么不考玩游戏啊
为什么不考偶像剧啊
为什么不考看漫画啊
要是考这些我肯定考第一

嗯…
不会的
只要一个人不是天才也不够努力
那不管考试考什么
他都拼不过那些学霸的

我小时候会觉得
做自己觉得有趣的事
一定会很容易
但长大之后发现
无论多有趣的事情
当它成为学习或者工作任务时
都会变得困难
令人头疼和难以坚持
我是一个很喜欢表演和创作的人
在中戏时我学的是我喜欢的专业

现在我也做着自己感兴趣的工作
但即便如此
专业课的学习也非常难
工作时也常常会有非常痛苦的时候

打游戏、看漫画
这些平常人觉得很轻松的事
一旦变成任务就完全不容易了
顶着伤病每天训练的电竞选手
不会像去网吧开黑那么轻松
每天清早起床练发声的歌唱家
不会像去 KTV 唱歌那么容易
……

所以
无论什么计入高考成绩
也没有人可以不用努力就拿第一

我都不敢想，如果那些学霸开始刻苦钻研游戏了，他们会玩得有多好，毕竟连那么难的数学他们都能轻松搞定……

（出处：https：//www.bilibili.com/video/av68726964/）

【项目分析】
　　在 Papi 酱的短视频内容策划中，我们可以清晰地看见其将内容分成几个模块进行制作，其中最重要也是最热门的模块就是对生活中大小问题以夸张讽刺的方式进行的吐槽，例如相亲话题、母子关系、成绩与发展的问题、攀比问题等。相对于其他短视频博主的策划案更偏向于无内涵无厘头搞笑而言，其社会话题的现实性与深省性让用户可以更快将其摘出关注名单，列为重点关注目标。这就是我们所说的，差异性竞争优势，也就是在同类型的内容策划中所形成的鲜明个人特征，这一特征将为它的内容带来特殊的传播效应与更深远的普适性用户人群。这里我们也可以用"沉默的螺旋"传播学现象来进行理解：人们在表达自己想法和观点的时候，如果看到自己赞同的观点受到广泛欢迎，就会积极参与进来，这类观点就会越发大胆地发表和扩散；而发觉某一观点无人或很少有人理会（有时会有群起而攻之的遭遇），即使自己赞同它，也会保持沉默；意见一方的沉默造成另一方意见的增势，如此循环往复，便形成一方的声音越来越强大，另一方越来越沉默下去的螺旋发展过程。

## 摩登兄弟走红史——摩登兄弟刘宇宁：现在的一切，在以前连做梦都不敢想

2014年，刘宇宁与键盘手大飞、吉他手阿卓一起组成乐队，起名"摩登兄弟"。也就是从那时起他们开始在老家丹东的著名旅游景点——安东老街上的一间养生驴肉店里开始了直播生涯。在短视频风起云涌搅动传统网络平台的太平天下时，摩登兄弟也顺势而上，在今年夏天意外走红。组合唱火的旋律多是翻唱歌曲，谁也没想到刘宇宁一个小小的曲目选择和一首不到1分钟的歌曲高潮部分，让他们在某短视频平台的账号拥有了数以百万计、千万计的播放量。一时间，刘宇宁和摩登兄弟成为网络造星的成功案例之一，被戏称为"一个人养活了整条街"。现在的他已经不能每天准时出现在安东老街的驴肉馆里了，刘宇宁甚至还来不及思考自己有没有做好准备进入演艺圈，络绎不绝的工作邀约就来了，演唱电影推广曲、参加音乐节目、出演影视剧……显然，这个曾经有些小众的直播歌手正在慢慢走进主流视野。面对这一切，他常常觉得"像中了彩票一样"，也常常想用在直播间讲的两句丹东话来提醒自己，"不要飘"和"别拉了"。

（出处：https：//www.sohu.com/a/279863351_161795）

【项目分析】

摩登兄弟借助抖音软件的红火，其各类视频病毒式传播，人气一飞冲天，6月下旬每天增加近百万关注者，在YY直播综合指数排在日榜的第一名，粉丝的各种打赏如春雨般洒落，连绵不绝，平均每天高达二三十万元（根据小葫芦指数，摩登6月下旬、7月上旬的综合指数、收入指数在所有直播平台的主播里排前三名，30天的礼物收入接近600万元，分成到手约35%，足够摩登兄弟目前的开销所需）。

而促成他们成功的，除去其平台传播能力外，更少不了在音乐类型领域中的差异化竞争优势所带来的强大引流效果。对于音乐类男主播而言，毫无疑问需要外形加持、声音突出、人设完美来进行策划推动，而刘宇宁正好完全符合这一标准。身高187cm，外形俊朗，声线特别，人设友好且亲善，使他能够在短视频音乐圈中鹤立鸡群，瞬间带动地方产业链的发展。相比于其他的网络男主播而言，摩登兄弟唱歌极具个人特色，嗓音浑厚，音域较广，唱歌时注入了极强的情感，非常有感染力且有专属的佳作，凭借大量59秒的歌

曲（抖音里唱歌不能超过 1 分钟），摩登兄弟近期在酷狗歌手榜单里稳稳排名第一，暂时超过了薛之谦、周杰伦等明星。

在其整体的运营模式下，我们可以得出这类主播能够成长的几大特点：唱功+偶像设置+幽默脱口秀。能将这三点融合入项目进行策划，就几乎可以说半只脚迈入了成功的大门。

### 知识准备

## 6.1　短视频内容策划

### 6.1.1　短视频概述

从 2016 年开始，短视频凭借其成本低、内容输出快、阅读时长短等特点，正式开启了我国的"网红时代"。2017 年今日头条在短视频营销峰会上宣布其每日播放量达 30 亿，该数据为 2016 年同期的 200%，这几乎预示着短视频市场大门正在向更多拥有数据传输能力的人们敞开。随着 Papi 酱、摩登兄弟等 ID 在抖音、快手、Bilibili 或头条等网站的相继爆火（见图 6-1 和图 6-2），短视频内容创作者数量也在逐年呈爆发式增长。在新媒体输出井喷的今天，许多普通群众也加入短视频制作的行业当中，甚至其中许多人也尝到了数据所带来的巨大经济效益与社会价值，例如最近十分具有争议性的 B 站主播 ID "乔碧萝殿下"（见图 6-3）。换句话说，暂且不论在新媒体市场上这样的趋势是否将带来正面或负面的影响，在当前时代下，只要你找对方法，且有一个好的创意和一部手机，借用隔壁咖啡店的 Wi-Fi，你就可以轻松养活自己甚至一家人。

图 6-1　Papi 酱短视频截图

图 6-2 摩登兄弟短视频截图

图 6-3 乔碧萝殿下美颜前后对比短视频截图

当然,你应该也注意到,这里的重点不是一部手机或咖啡店的 Wi-Fi 信号,而是对的方法。我们看到了许多光鲜亮丽的网红因为 ID 的大热而使得人生产生了质的变化,同时也有许多人因为不懂得短视频内容制作的基本流程及资源收集方法而如同无头苍蝇一般茫然打转,最终从平台上黯然退场。因此是否了解短视频内容的创作显得至关重要。

就像拍摄电影电视剧一样,一个好的短视频首先需要一个好的"剧本"。在这个内容就是一切生产力的时代,对于短视频创作新手而言,找到一个话题伴随大量用户群体需要非常敏锐的社会嗅觉。因此,如何寻找创作灵感以及如何构建选题与台本就成为关键话题。

**想一想**

为什么要做短视频?如何在制作短视频的过程中找到合适的主题?

## 6.1.2 短视频主题定位

**(1) 学习与模仿**

在寻找话题的问题上，我们可以请教一下前辈们。我们可以从观看优秀 PGC UP 主（内容上传者）的作品开始，对他们的短视频内容进行拉片分析和学习，学习他们的选题、叙事结构和表现力。好的模仿是成功的第一步，之后再通过反复动手练习锻炼自己。在短视频生产教育的长期经验中，我们会发现一个准确逻辑：

① 有颜有才，拥有天然涨粉基因；

② 自身无优势，就以个人兴趣为先。

在使用爬虫技术对全网短视频进行分析后发现，有许多类目在目前已经由大 IP 进行操作，比如神曲舞蹈、口型演绎等，很多人会因为这些已经相对火爆就加入这一行列做该类话题。事实上，由于引流不足，这样的跟风几乎是不可能成功的。反观一些新起网红，分析出了竞争差异，在同类话题中以差异化方式进行主题选择，获得了较好收益。例如 ID "代古拉 K" 的定位为：跳舞中笑容最美的——舞蹈不是最专业的，颜值不是最好看的，没有长腿没有魔鬼身材，却是抖音舞者中笑容最可爱最美的。这样的定位让 "代古拉 K" 在舞蹈类的抖音排行榜中迅速飙升为第一位。其原因正是她能够迅速找到个人特点，且该特点完全区别于其他类型舞者的时候就会被无限放大，成为网络焦点。这就是差异化竞争选择的优势。因此，在选择主题定位个人视频走向时，我们需要清晰分析对手内容，并迅速找到差异化突破口，放大特征，进行策划。在这一点上还有许多不错的案例值得学习，例如 ID "高火火" 的 "抖音中唱歌最快的"，ID "办公室小野" 的 "最会在办公室做美食的"，ID "卷毛佟" 的 "最会用手机摄影的"，ID "黑脸 V" 的 "通过特效表达灵魂的第一个技术流" 等，都可供大家搜索学习。

**(2) 寻找生活中的题材**

在数据中我们不难发现，当下的个性化社交表达成为年轻用户的核心诉求。数据显示，目前刷短视频的人群大多集中于 "85 后" ~ "00 后"，这一人群中有一个普遍特征即是生活相对宽裕，更注重个性表达与思想交流，因此短视频就成为一个很好的展示自我的平台。根据知萌《短视频营销白皮书》中的数据分析（见图 6-4），年轻用户观看短视频内容集中在记录生活，例如美妆、日常生活；拍摄创意内容用以娱乐，例如给一些搞笑配音进行演绎；炫耀生活中的与众不同特点，例如炫富或炫特异功能。因此，在这一程度上，我们可以通过找到每一个时期该用户群体所需要的社会表达来制作短视频内容，例如情感表达、相亲问题、办公室文化等，详情可以参考 Papi 酱的短视频。

以 Papi 酱的短视频内容为例，2016 年 2 月，Papi 酱凭借变音器发布原创短视频内容而为人熟知；6 月 16 日，获得超级红人节微博十大视频红人奖。从某种程度上来说，Papi 酱的爆红与她生产的短视频内容几乎成为几个年龄段的口舌有关，从最初的嘴对嘴小咖秀、台湾腔+东北话等一系列秒拍视频，到《男性生存法则第一弹》《日本马桶盖》《男女关系吐槽》《烂片点评》《上海话+英语》等系列视频均收获了上万转发与点赞。因此，时刻找到生活每一个阶段的主题，把握当下年轻人的心理诉求，也是短视频定位的一个核心要点。

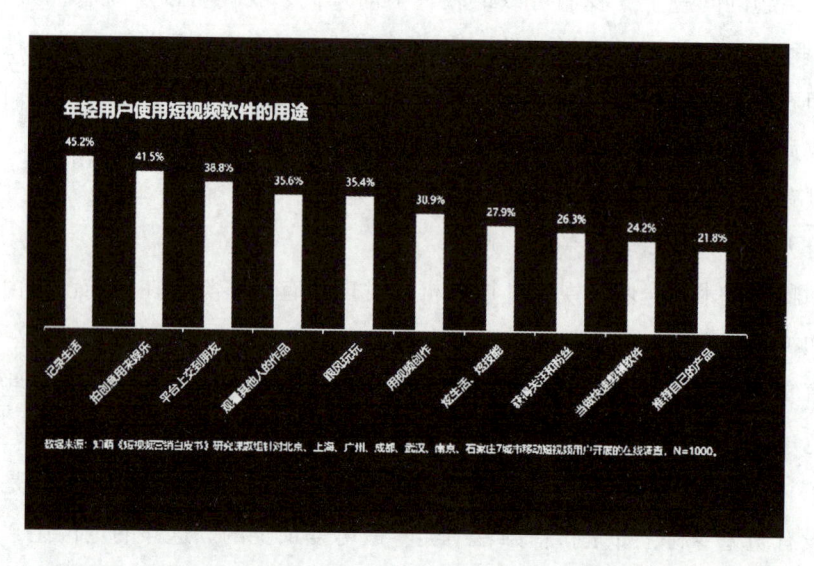

图 6-4 《短视频营销白皮书》中的数据分析

（3）了解大众共鸣点

关于了解大众的兴趣生活，目前最具爆点的就是动漫类的主题。众所周知，在平行社会中，存在着极为庞大的"次元"团体，这意味着动漫类的粉丝基数十分可观。如何能够吸引这一类粉丝的关注，也是短视频主题定位中一条非常值得探索的道路。例如 ID "一禅小和尚"的定位就是：做动漫的同行非常多，但大部分的定位都是搞笑的、可爱的，唯独缺乏有深度的。这种所谓的深度就会吸引很多动漫爱好者的驻足，毕竟人人都认为自己是"有深度"的那一个，可以与创作者的深度产生直接共鸣。这非常符合人们对于个人价值实现的需求，意味着相互间的肯定。这与"鸡汤文学"给人的体验相似。

（4）移花接木

我们时常也会遇到想做的内容已经非常成熟，有许多人涉猎的情况，那么我们如何在这样的主题定位中分一杯羹呢？这里有一个小窍门，如果做不了大类目的第一，就做细分的第一。例如，搞笑类的视频，我们可以把搞笑细分到搞笑对象上，就像人与宠物的互动搞笑、夫妻间的搞笑、办公生活中的趣事等。许多的事件或许可以并非真实发生，但我们可以将这种笑点通过不同的主角进行演绎。例如我们常常与同事之间发生搞笑对话，这种对话我们可以转嫁到与宠物的互动视频上，让两只宠物以人声进行"对话"，来表达你在生活中收集到的内容素材。这种方法在当下的短视频创作中十分好用。

（5）标题党

什么是标题党？举个简单的例子。测评类视频也是当下非常热门的主题之一，该类视频需要策划者找到当下最热门的科技产品或时尚单品等，与社会情感属性做一结合导出内容。如果我们想要做一期节目与手机定位服务的使用指南有关，我们就可以为其赋予"如何通过手机查看男朋友的即时位置"这样的主题内容，那么这个功能测评的用户群体就增加了。这个例子可以在 ID "极客实验室"中看到，该视频的点赞量直接突破 200 万大关，涨粉 4 万以上，直接经济与社会效益都相当可观。

> **想一想**
>
> 请假设自己准备创建一个短视频号，为自己的视频号拟定方向，并对这一类别的短视频内容进行调研，形成调研报告。

### 6.1.3　短视频选题策划方法论

**（1）大胆对标**

所谓对标就是在面对参考标杆的时候，迅速找到思路差距和产品差距，紧盯业界最强水平，明确自身发展优势与劣势，并分析出一套适合自身发展的短视频内容策划方向。对标不等于模仿，但能让你在别人的经验之上快速成长。

例如目前网络上非常火爆的 ID "一禅小和尚"，就是通过与一休和尚的对标，产生了新思路。它将一休和尚形象进行三维改造，目前的动画效果甚至自成一派，产生了"一禅"新形象。

**（2）创新思路**

这个世界上没有绝对的创新，因此也没有绝对的纯原创。我们的产品与灵感往往是自我大脑中信息的重组产物，这些信息都来源于社会反馈。因此，随时记录生活中的各色信息并整理进你的内容中是十分有效的选题策划方法。

① 人格化思维植入法，即通过人性化的表达来植入非人类的事物中达到传播效果。

② 反常理思维演绎法，即通过对现实观念的冲击以达到吸引观看的目的，例如老爷爷跳机械舞，小孩子说大人话等。

③ 剧情反转思维编辑法，即在大家自然而然地看视频认为接下来的事件会按照自己的思路进行下去时，突然产生了反转，例如一个凶神恶煞的汉子瞪着一名女子缓缓靠近，结果到了女子面前扑通就跪下了。

### 6.1.4　短视频吸引力法则

思考一下，我们平时在看短视频的时候的心理变化是什么样的？

模型 1：

1 秒——这个音乐那么搞笑，我要看下去。

3 秒——这个动作和节奏点控制得很好，有趣。

5 秒——为什么要拿户口本和身份证？

10 秒——原来是撒狗粮，登记结婚，有创意。

模型 2：

1 秒——这狗在干吗？

3 秒——狗可以听懂人说话吗？

5 秒——狗还真的有反应！

8 秒——这狗好聪明好可爱啊！

10 秒——我也想养一只狗。

从以上用户的心理模型，我们可以得出，人们往往在前 5 秒被视频吸引后，就会保持看下去的心态去跟随视频节奏。那么如何能够快速建立兴趣呢？答案是，建立期待。

用户在决定继续观看并且点赞视频的时候，实际上是受到心理上的微妙动机所策动的。在视频内容中预先设置诱因，就能够快速钓起用户兴趣（见图 6-5）。

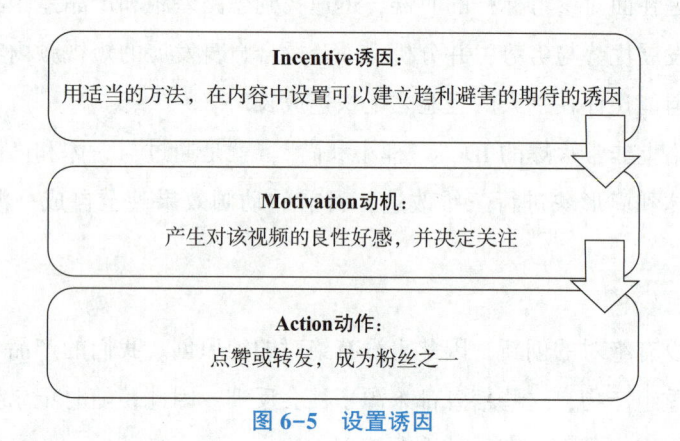

**Incentive诱因：**
用适当的方法，在内容中设置可以建立趋利避害的期待的诱因

**Motivation动机：**
产生对该视频的良性好感，并决定关注

**Action动作：**
点赞或转发，成为粉丝之一

图 6-5　设置诱因

因此，在短视频的起始处设置一些诱因，在用户心中植入某种动机，就可以成功建立观看期待，制造强大的吸引力（见图 6-6）。

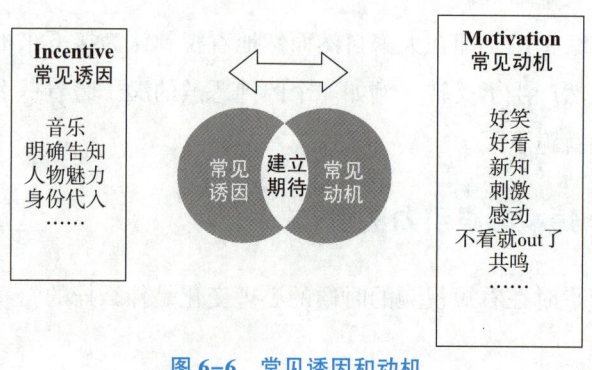

**Incentive 常见诱因**

音乐
明确告知
人物魅力
身份代入
……

建立期待

常见诱因　常见动机

**Motivation 常见动机**

好笑
好看
新知
刺激
感动
不看就out了
共鸣
……

图 6-6　常见诱因和动机

①当我们以某个非常火爆的音乐为诱因的时候，喜欢这个音乐的用户会立刻知道这个短视频拍摄的类别是什么，即开始产生对这个短视频内容是否与自己猜测一致的期待，并隐藏对不同剧情和不同人物出现的潜藏期待。比如，利用"诙谐搞笑的音乐"来建立用户认为的这个短视频一定很搞笑的期待，利用"反转音乐"来建立视频结局出乎意料的期待，利用"明星效应"来建立热搜期待等。

②当我们以标题来明确告知拍摄内容的时候，抛出足够吸引与有趣的主题，打开用户的求知欲，也能够产生相同建立期待的效果。例如我们使用具有吸引力或理解歧义的视频封面、提出某个当下热门的问题、抛出某个"猛料"级别的说明等，都可以非常快速地吸引点击率。

③当我们以人物魅力作为诱因的时候，就需要利用颜值高或奇特、身材好或极端肥胖的人群作为主导，来吸引用户的猎奇心理。这一方法通常会制作出网红人物，最后以人物流量来引导视频流量。

④以身份代入为诱因，将某一人群的生活或某些特点进行放大迁移，例如，996的上班族、宠爱妻子的妻奴们、可怜的大学辅导员们等，通过这些身份所产生的共鸣意识，来吸引相关人群的关注与转发。

## 6.1.5 短视频内容策划的注意事项

①诱因通常是复合的，而非单一的。多个诱因的组合可以引出更大的流量。

②动机需要策划者对生活中目标用户进行密切调研与观察，通过真实社会侧写来进行创作才能引出真实互动。

③让用户有看下去的愿望，是诱因与动机触发的动作之一，但不是全部。如果希望短视频内容取得成功，则应该进到用户心里，让用户自发支持与转载，这样引流量才能够达到峰值。

④诱因与动机的力量都是无穷大的，如果发现自己的视频内容并未达到预想效果，就要回头重新审视自己植入视频内容中的设置是否有问题。

⑤在做诱因的时候，要妥善处理诱因的合理合法性，并要符合内容逻辑，切勿使用低俗内容，防止封号。

> **想一想**
>
> 请为之前假设拟定的作品号进行内容策划，并制作出前三期的视频内容。

## 6.2 拍摄与制作

### 6.2.1 相关制作软件

**(1) Adobe Effect**

Adobe Effect（简称 AE）是 Adobe 公司推出的一款图形视频处理软件（见图 6-7），适用于从事设计和视频特技的机构，包括电视台、动画制作公司、个人后期制作工作室以及多媒体工作室，属于层类型后期软件。这一软件非常适合对短视频进行特效类的片头制作，在此推荐给大家。

图 6-7　AE 界面图

关于 AE 的教程，可以参照相关专业书目学习，在这里就不一一赘述。在此，我们更推荐使用 AE 软件去下载相应商业模板，进行素材替换与改动，以此达到最快速的片头输出效果。在这里我们提供两个快速复制图层属性更换图层内容的方法：

①Ctrl+D 复制时间线上的图层→选中复制后时间线上的图层→选中素材里的图→按住 Alt 键→拖到刚复制的时间线图层上，即可完成保留属性替换内容（注意：替换素材前需要选中时间线上新复制的图层）。

②右键打开素材库中的素材，点击替换素材，替换文件即可（见图 6-8）。

**(2) Adobe Premiere Pro**

Adobe Premiere Pro（简称 PR）是一款常用的视频编辑软件（见图 6-9），由 Adobe 公司推出。PR 是视频编辑爱好者和专业人士必不可少的视频编辑工具，用于视频段落的组

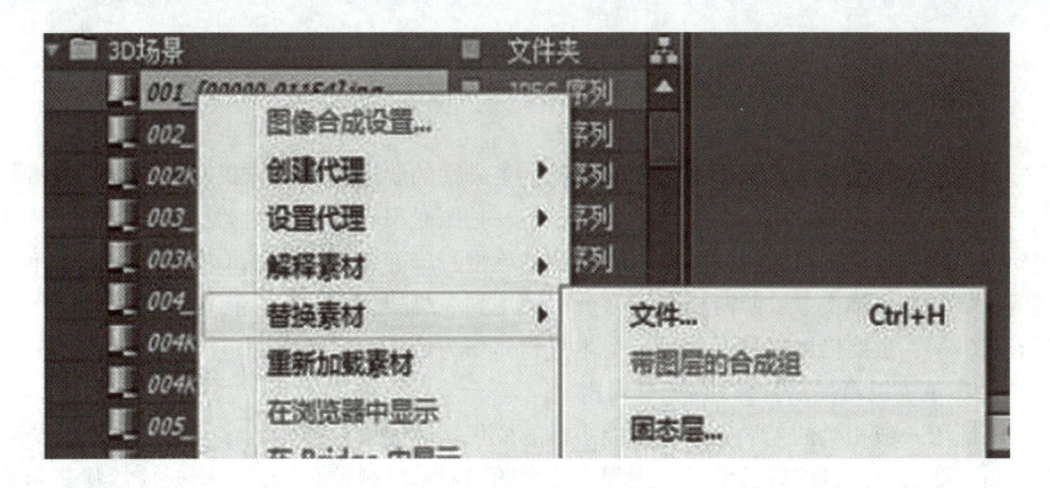

图 6-8　AE 素材替换

合和拼接，并提供一定的特效与调色功能。PR 可以通过 Adobe 动态和 AE 链接联动工作，提升你的创作能力和创作自由度，它是易学、高效、精确的视频剪辑软件。PR 提供了采集、剪辑、调色、美化音频、字幕添加、输出、DVD 刻录的一整套流程，并和其他 Adobe 软件高效集成，使你足以完成在编辑、制作、工作流上遇到的所有挑战。

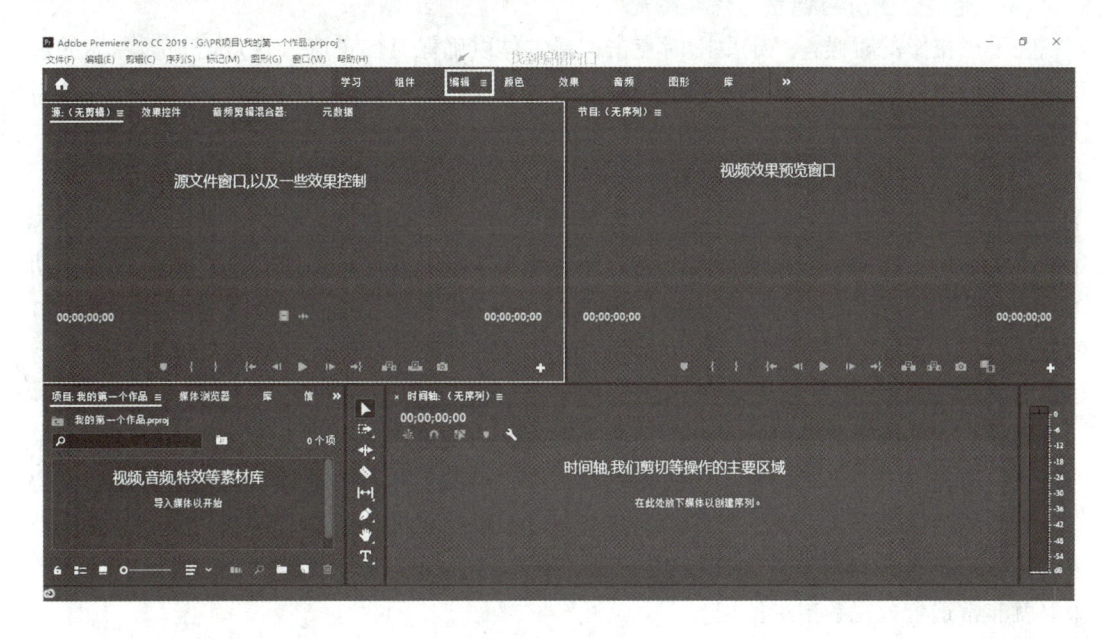

图 6-9　PR 界面图

**想一想**

请分别下载 AE 与 PR 软件，并利用软件进行简单的视频编辑与特效练习。

### 6.2.2　手机拍摄技巧与要求

**（1）手机摄影，稳定压倒一切**

保证图像清晰是手机摄影最重要的一环，基础性的要求达到后，我们才能够去通过构图与光线来打造光影效果。由于智能手机轻巧，拍照时很容易出现晃动，这就导致照片变得模糊，因此建议拍摄的时候可以自带一个袖珍型三脚架以保证手机拍摄的稳定性。手机慢门拍摄时，比如夜景、延时摄影等，就必须用到三脚架，以防止画面抖动而模糊。万一没有三脚架，也要借助栏杆、墙壁、树木等物体作为依托，将手机固定。

**（2）请勿随意使用变焦功能**

不同于一般相机的光学变焦，智能手机的变焦功能如果是模拟数字信号，往往会导致照片质量变差，或者图像模糊，变焦程度越大图像质量就越差，所以拍摄时应尽量避免使用。如要使得被摄物体占据画面主体，则应将手机尽量靠近被摄物体。

**（3）保证最高像素设置**

进入相机的设置菜单，确定最高可用分辨率，并使用4∶3的长宽比拍摄，这样在后期可任意裁成1∶1、3∶2、16∶9等经典画幅，无论是横构图还是竖构图，都能保证较高的像素。

**（4）通过点击屏幕调整对焦和曝光**

在手机摄影的时候，一定要随时点击被摄主体以确保对焦正确。在点击被摄主体的过程中，我们可以顺便调节其曝光程度与画面曲线，这样即可以调整出一个相对合理的被摄画面。

**（5）学习与掌握自己的手机功能**

不同的手机品牌与手机摄像设置具有不同的功能，因此在进行拍摄之前，请先学习与了解手机的所有潜在功能，或可匹配相应外接镜头等摄影配件。一般有全自动模式和手动（专业）模式：全自动模式下只要按下快门就可以；而手动（专业）模式就有了非常丰富的操作空间，比如 iso 感光度、光圈大小、曝光时间等都可以进行调整，以获取符合自己拍摄意愿的图像。

另外，大多数智能手机的相机都预设了丰富的拍摄模式，比如人像、风光、美食、超级夜景、流光快门、延时摄影、黑白相机等，这些模式主要用来应对不同的拍摄场景或为追求不同的图像效果而设置，有些功能甚至超过了单反相机。在这一点上，国产手机所带来的摄影乐趣非常明显，例如 HUAWEI、OPPO 等品牌的手机所制定的手机摄影市场推广策略就非常适合短视频拍摄使用。

**（6）后期 App 处理**

用手机拍摄最大的好处是可以利用手机内的摄影 App（见图6-10），以快速且简单地完成对影片的后期处理，比如重新构图、明暗、对比、色彩的调整等。但切忌过度使用，导致其修改痕迹过重。当下手机相机的智能化程度越来越高，摄影技术的要求远远低于对思想内涵的追求。一个好的短视频作品，既要有形式美，更要有思想性，这些都是通过构图、色彩、光线等来完成。构图时要严格取舍，把关前后景的关系与虚实程度。一个画面要装进哪些东西，主要取决于拍摄目的，具体来说必须掌握两个原则：一是画面要简洁；二是内涵要丰富。

图 6-10 常见的短视频制作 App

在这里，推荐几个短视频处理 App，可以帮助大家快速进行编辑。

①VUE（见图 6-11）。这是一款用于短视频拍摄和剪辑的软件，可以让用户在手机上快速拍摄和剪辑出一段优质短片。它的界面十分简洁，使用功能也不复杂，可以选择即时视频滤镜、分段（分镜头）去录制内容和编辑内容，化繁为简，非常适合新手玩家。

图 6-11 VUE App 标志

②Legend（见图 6-12）。这也是一个制作文字动效的 App，提供的动画特效多。但这个软件目前在 Android 系统下会出现乱码，所以想要用这个 App 制作中文文字动效的，最好使用 iOS 系统。不过这一情况仅仅针对中文字体，英文文字特效对于两个平台的 App 都支持。

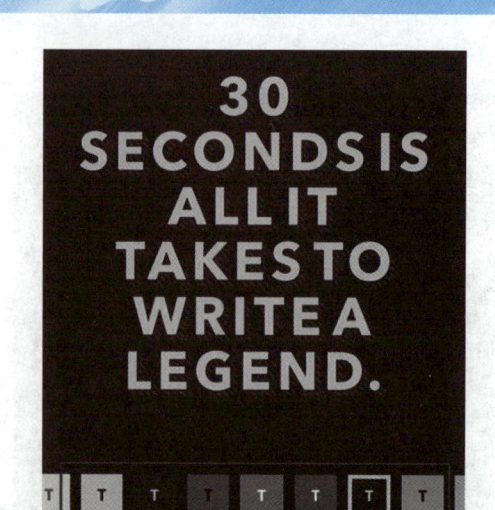

图 6-12　Legend 界面图

③快影、抖音、微视（见图 6-13~图 6-15）。它们都是集制作与发布平台为一体的视频软件，相当于电脑上的 PRemier+AE 两款软件的合辑，具备非常丰富的合成功能。但是，它们又比电脑上的 AE 要简单很多，操作非常容易，也更加便于分享。

图 6-13　快影标志　　　　图 6-14　抖音标志

图 6-15　微视标志

> **想一想**
>
> 1. 请运用拍摄技巧，为之前的视频进行再摄制，尽量使得视频符合成型作品的逻辑与美学。
> 2. 下载以上 App，并寻找其他适合自己的 App，练习它们吧！

## 模块小结

本模块我们学习了短视频制作的具体流程与创作导向，了解了短视频创作的特点、短视频制作的技能、短视频创作的相关软件，学习这些知识将为我们未来从事短视频行业夯实基础。

## 任务操作

### 注册并制作完成一个感兴趣的短视频号

【任务目的】

培养学生熟悉短视频策划创作的流程，并以代入的方式进行实践，更好地帮助学生进行短视频创作学习。

【任务内容与步骤】

①观察与调研1~2个与自己想创作的内容类别相关的有名的短视频大V内容，记录它们的差异化竞争优势，并预测它们未来可能的发展方向。

②通过调研，模仿该大V的内容进行相似化创作，要求在内容中加入个人特色。

【任务提示】

每天养成对于生活趣事与细节记录的习惯。

【思考与练习】

①不同类别的短视频大V内容策划与视频制作案例有哪些共同点和不同点？

②爆红的内容站点的共同点有哪些？

③如何让自己的公众号在短时间内快速引流？

## 同步测试

**单项选择题**

（1）短视频凭借其成本低、内容输出快、阅读时长短等特点，什么时候正式开启了我国的"网红时代"？（　　）

A. 2014　　　　　　B. 2015　　　　　　C. 2016　　　　　　D. 2017

（2）在短视频内容策划的创新思路法则中，哪一项是不正确的？（　　）

A. 人格化思维植入法　　　　　　B. 反常理思维演绎法

C. 逻辑推理演绎法　　　　　　　D. 剧情反转思维编辑法

（3）以下哪一项不是短视频吸引法则中的重要元素？（　　）

A. 诱因　　　　　B. 反馈　　　　　C. 动机　　　　　D. 动作

（4）从短视频用户的心理模型，我们可以得出，人们往往在前（　　）秒被视频吸引后，就会保持看下去的心态去跟随视频节奏。

A. 3　　　　　　B. 4　　　　　　C. 5　　　　　　D. 6

（5）"动机"需要策划者对生活中目标用户进行密切调研与观察，通过（　　）侧写来进行创作才能引出真实互动。

A. 真实社会　　　B. 想象生活　　　C. 经验记录　　　D. 调查研究

### 参考答案

（1）C　（2）C　（3）B　（4）C　（5）A

# 模块 7　专题文案写作

## 知识目标

1. 掌握服装配饰类文案及其核心要素。
2. 掌握手机数码类文案及其核心要素。
3. 掌握农产品电商类文案及其核心要素。
4. 掌握母婴玩具类文案及其核心要素。
5. 掌握个护美妆类文案及其核心要素。

## 能力目标

1. 能够理解文案的内容及其重要性。
2. 能够熟知不同类型文案的特点及要求。
3. 能够有针对性地进行专题文案策划。

## 思政目标

1. 遵循网络内容信息发布客观真实的要求。
2. 通过行业发展感受国家发展与社会进步。
3. 培养学生的文化自信和家国情怀。

## 本模块重难点

1. 对不同专题类型的文案进行写作。
2. 将不同文案类型的写作技巧熟练应用到文案创作中去。
3. 通过不同类型文案的设计与写作，将前面所学到的新媒体营销所实现的价值和能力进行应用。

## 项目引入

### 阿里发布"去啊"引发在线旅游文案狂欢

2014年10月28日,阿里推出"去啊"全面升级旗下的在线旅游业务,随即引发一场广告文案大战。据阿里介绍,"去啊"的品牌含义是:"只要决定出发,最困难的部分就已结束。那么,就去啊!"而浓缩成发布会现场的一页PPT,则是:"去哪里不重要,重要的是…去啊"。

不料,这一句并不奇葩的表述,竟然引来了整个中国在线旅游圈的集体效仿与致敬。一场广告营销大战的背后,目标是市场蛋糕。而争夺蛋糕最重要的,就是在数量庞大的电商中突出自己,否则将灰飞烟灭。一位跨界设计师说:"电商不都这样吗?不这样活不下去。"

存在即是合理的,对于这场狂欢,我们可以比较明确地找到其成因。"去啊"和行业里另一主角"去哪儿",无论在字还是音上,都太过于相近。从品牌传播角度上看,这是可以指摘的。阿里的"去啊"打出的广告语是:去哪里不重要,重要的是去啊。"去哪儿"一看,必须反击,在他们看来"去啊"是一种冲动,于是便揶揄人生的行动不只是鲁莽的"去啊",沉着冷静地选择"去哪儿"才是一种成熟态度!

接龙游戏很快引来更多的"玩家",旅游电商的文案言来语去,各显神通。携程、途家、爱旅行、在路上、看准、游心、周末去哪玩、百程都纷纷加入,有的文案清新有趣,有的平面设计创新。创意、文案和美工的水准越来越精彩,携程当仁不让地接过了下一棒。

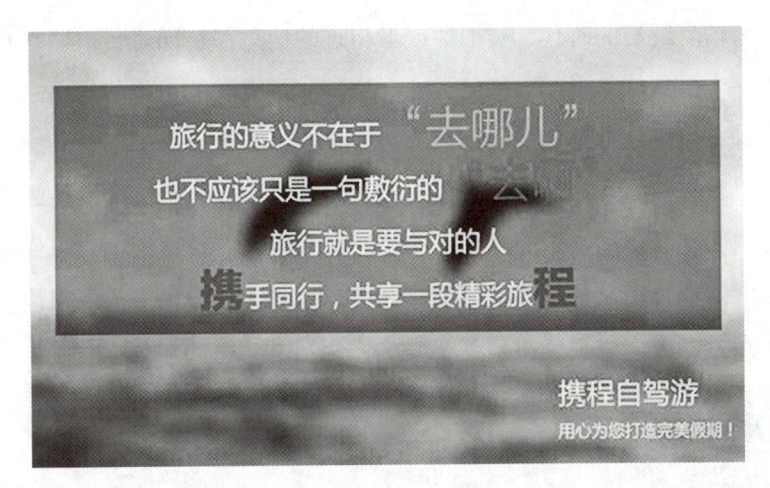

> 旅行的意义不在于"去哪儿"
> 也不应该只是一句敷衍的"去啊"
> 旅行就是要与对的人
> 携手同行,共享一段精彩旅程
>
> 携程自驾游
> 用心为您打造完美假期!

意料之中地,某些旅游圈外的品牌也不甘寂寞了。无疑,这场风潮正在漫过旅游圈,扩散到整个互联网领域。

> 白条 京东金融 JD Finance
>
> 还在犹豫"去哪儿"?
> 你倒是"去啊"!
>
> 白条在手,说走就走

(出处:http://www.cena.com.cn/ai/20141030/58165.html)

【项目分析】

阿里的旅游频道改版,打个广告宣传是必需的。但是他们一定没有想到,一个广告竟然引发了一场电商旅游线上品牌的文案营销大战。我国旅游电商从 20 世纪末进入互联网领域。二十余年来，旅游电商不再是互联网上一个简单的 Logo，而成为提供实实在在的旅游便利服务的产品。有报道称，在全国旅游集团 20 强中，电子商务类占到了 20%，这个数字意味着携程、艺龙、去哪儿网以及壹游酷等知名品牌有机会抢占国内市场甚至涉足国外旅游市场。

现在是一个信息泛滥的时代，类似的或者相近的信息都在同时传播。在众多信息的轰炸状态下，哪一个信息能够引起人们的关注，这是非常重要的。广告打出之后，各家电商纷纷加入，这种方法是一种很巧妙的集体营销方式。不断重复一个信息的结果反而会加重这个事件。如果只有一家说这件事情，自编自演的效应不够强。这个事件的有趣之处就在于大家都在参与，变成全民娱乐的时间，涉及的范围也可以很宽泛，对事件本身的印象也会很深刻。互联网项目大家都在寻找一个突破点在哪，通常信息传播得很快，但是遗忘得也很快，一个点可以成就一个公司，更能毁掉一个公司。

### 知识准备

## 7.1 服装配饰类文案

服装配饰一直是电子商务中的热门品类之一，也是各大电商平台中店铺数量最多的一类，竞争十分激烈。服饰行业受流行因素影响较大，女性消费群体是其主流购买人群。电商文案的撰写目的就是提升转化率，让消费者看到文案愿意购买，甚至自发进行品牌传播。对于服饰行业而言，形成自身的文化风格，甚至引领时尚潮流，是其品牌推广的主要目标。通常来说，服饰类店铺商品的详情页文案包括产品的设计理念、款式、材料、商品细节、颜色、实拍效果、洗涤方法、号码尺寸说明、包装、适合搭配的其他单品的链接及介绍等。

### 7.1.1 服装配饰类文案的三个核心要素

**（1）吸引目光**

服饰属于更新频率最快的类目，新品的不断出现，使得消费者的选择应接不暇，而能够吸引消费者的因素在于以下两点：首先，款式的新颖程度，是否迎合消费者的消费观念，理想状态；其次，色彩的搭配、场景的选择，通常都是在消费者的大脑中刻画出来的，消费者提前刻画出生活场景，拍摄场景需要迎合消费者想要的场景，就产生了迎合心理（见图 7-1）。

图7-1 淘宝某品牌秋季系列服装的展示

**（2）差异塑造**

服饰是一个竞争异常激烈的品类，要是没有差异化，又何来冲出"重围"？差异化就像一个"挂钩"，是强调自我品牌的一个鲜明的标记、标签，并以此让它在同类产品中变得与众不同。就如"裂帛"（见图7-2），其就是以"民族风"来诠释自己的品牌特色的（先挂钩），然后以一系列"文案"为其做包装和支撑，这样一来，就形成了它的独特品牌/个性。而其中的个性，是由这一系列的文案所组成和传递给用户，最终经由用户在体验产品后进而不断分享所构成的一个"圈层"。

**（3）价值传递**

没有价值和利益的传递，别人是没有理由去关注和选择你的。而价值释放，就是主动

图 7-2 裂帛旗舰店首页

吸引用户去购买。无论是一件衣服给人带去的柔软舒适质感，还是一条大破洞牛仔裤所代表的个性，其都蕴含着一个"价值点"，即提供给用户选择的理由（见图 7-3）。

图 7-3 怀旧物色 T 恤文案展示

## 7.1.2 服装配饰类文案写作

**（1）突出款式细节，阐明购买理由**

在商品说明文案中，单一的面料说明已经不能完全满足用户的需求，用户追求自然、舒适，能体现出目标群体需求的商品细节可以更具说服力，更能满足用户的需求。

图 7-4 中的商品详情页将 T 恤的细节详细地展示给了用户，如圆领设计、选用面料、版型裁剪、商标展示等。在服饰行业中，商家可以通过对产品细节的展示（包括商品颜色、面料、设计等）突出说明让用户进行购买的理由。

图 7-4　阿迪达斯某款产品细节展示

**（2）表达品牌个性，彰显不同风格**

服饰的风格代表的就是一种文化，服装不只是满足保暖、好看的基础功能，它的额外价值，在于实现自我个性和审美情趣的张扬。

越来越多的服饰电商品牌都在努力做出自己的风格特色，他们将网店的配图和文案与品牌风格相契合，塑造了整体的网店风格。现在很多服装会加上文艺和古典的元素，使其在众多品牌中能够彰显出独特的个性，为了突出品牌的这一风格，其产品文案也十分具有文艺范。例如：一件主题为"阳光味道"的绣花女裙（见图 7-5）的文案这样写道：民俗纹花饰于腰间，精致而独特，裙摆飞舞间，百媚瞬间优雅绽放。

图 7-5 绣花女裙

当店铺中的文案与店铺整体的风格相映时，就可以大大提高商品的转化率。对于店铺来说，优秀的文案不仅仅要做文字功夫，还要用文字来引导销售，从产品名称到产品描述的整体定位和细节的详情展示，都要统一风格。例如，同一款式的连衣裙，但白色和红色风格迥异，此时文案创作者可以写出符合两种颜色的文案，起到引导用户购买的作用。

白色：清风，走在街道，熙熙攘攘，我的思维却在孤独中行走，陪伴我的唯有这一袭白棉，舞出了清风的曲线。

红色：烈焰，夜晚，霓虹灯下是另一个我，随性、张扬，这红色在黑夜中的反光，扎眼、明亮。

(3) 设计师说，模特秀

当前许多服饰店铺在进行产品介绍时会设置"设计师说"文案，设计师介绍产品设计背后的故事，一方面可以让消费者更好地了解产品所蕴含的设计理念，另一方面也增强了服饰品牌的独特设计感。

设计师要把这些设计理念的符号融合到作品中进行微创新，之后要做的就是输出产品、模特、场景，然后进行拍摄，最后用产品详情页呈现出来。图 7-6 中所示为某款女鞋的产品详情页，商家把设计师说"岁月轮回，请允许我诗意地翻开时光的画卷，查阅你走过的岁月，洗尽铅华剩下的浪漫，花瓣、露珠聆听时间的倾诉，回溯你流光溢彩的浪漫旅程"和产品以及模特、场景完美地融合为一体，凸显了该产品的品牌个性。

图 7-6　某款女鞋设计设计师理念展示

**（4）网红实拍展示，口语化表达试用体验**

近年来伴随网红经济的兴起，诸如张大奕"吾欢喜的衣橱"等网红网店纷纷得到用户的追随与热捧。这些网店以售卖女性服饰为主，通过实拍模特展示穿着效果，图片清晰，美感十足，很能吸引用户的注意；再配以口语化的试穿试用体验描述，直接将吸引来的用户转化为购买者。图 7-7 中所示就是这样的服饰文案，很容易吸引年轻群体的注意。

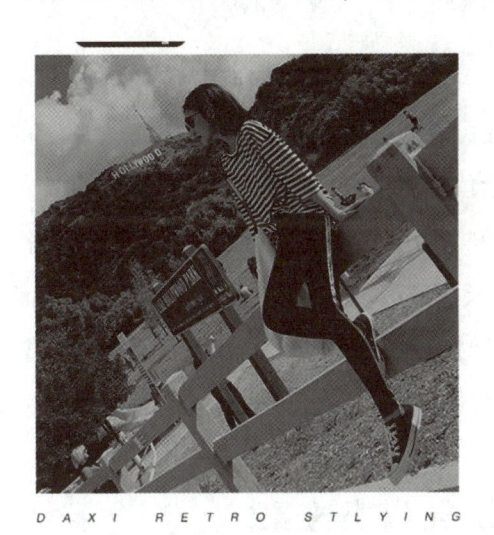

图 7-7　某款网红服装文案

### (5) 贴心地介绍尺码和服务随文

服饰类行业中比较重要的一个产品描述部分在于尺码的介绍。用户通过网络购买服饰类，不能进行亲身试穿，因此就需要商家对尺码进行详细介绍，以便用户选购到适合自己的产品。尺码的介绍形式很多样，图7-8中所示的尺码介绍一目了然，整齐清楚，比起文字描述看起来不会那么疲倦，这会让用户感受到店家的贴心，从而提升对品牌的好感度。

| 尺码 | 腰围 | 臀围 | 大腿围 | 裤长 | 脚口围 | 前档 |
|---|---|---|---|---|---|---|
| S (155-64A) | 68 | 92 | 63.4 | 92 | 27 | 26.3 |
| M (160-68A) | 72 | 96 | 66 | 94 | 28 | 27 |
| L (165-72A) | 76 | 100 | 68.6 | 96 | 29 | 27.7 |
| XL (170-76A) | 80 | 104 | 71.2 | 98 | 30 | 28.4 |

| 身高/体重 | 150-155 | 155-160 | 160-165 | 165-170 | 170-173 | 173-175 |
|---|---|---|---|---|---|---|
| 40-45KG | S | S | S | S/M | M | L |
| 45-50KG | S | S | S/M | M | M/L | L |
| 50-55KG | M | M | M/L | M/L | L | L |
| 55-60KG | L | L | L | L | L | L |
| 60-70KG | | | XL | XL | XL | XL |

图7-8 产品尺码

此外，文案创作者还可以撰写一些"衣物的护理""服装的穿搭建议"等服务随文，这也有利于促成最终的销售转化。

不同的服装文案写作（男装、女装、童装），其表现的侧重点是不同的。如年轻化（成年装），当以表现时尚、青春、个性、品质为主要切入点；而童装则以活泼、童趣、快乐为主。所以在实际应用时需考虑到自身的产品特征，然后将这里所分析的几个要点进行整合、匹配，这样写出来的服装文案才会更贴切与合理。

## 7.2 手机数码类文案

通常说的"数码"指的是含有"数码技术"的数码产品，如数码相机、数码摄像机、数码学习机、数码随身听等。随着科技的发展，计算机的出现、发展带动了一批以数字为记载标识的产品，取代了传统的胶片、录像带、录音带等，我们把这种产品统称为数码产品。例如电视、通信器材、移动或者便携的电子工具等，在相当程度上都采用了数字化。

### 7.2.1 手机数码类文案的核心要素

**(1) 突显"新奇度"**

从目前的台式电脑、笔记本电脑、智能手机等相关的数码配置来看，越来越先进，越来越灵巧，在先进的同时，各种不同的功能、设备、亮点层出不穷。手机数码产品发展的日新月异，正好符合了人们求新求异的心理，在这个更新迭代的过程中，导致一部分人自觉不自觉地在潜意识里形成了"用更先进的、用更好的、更好的怎么样"的尝试新鲜的心理，这也正好满足了一部分人好奇的心理，不管什么样的数码产品，只要新的出来，总是要最新的最先进的，一定要尝试，要使用，要把玩一下最新的数码产品，满足好奇的心理。因此，突出数码类产品与其他产品相比最新的功能开发便成了一款产品的核心竞争力。以华为 Mate30 为例，首创的 AI 隔空操控技术让很多手机使用者都想体验一番（见图7-9）。

图 7-9　华为 Mate30 隔空操控海报

**(2) 重视"性价比"**

从大哥大到按键机，从半智能手机到智能手机，每一次的更新换代，除了外观的变化，更重要的是带来实质性的便利，提供更高效的沟通，让通信的作用发挥到更大，特别是如今的智能手机，都能做电商做网商生意了。从这个角度来说，实用性、价值、利益、好处、看得见摸得着的实惠，可以从这几个切入点来写手机数码类文案，因为每一次手机数码产品的更新、每一款手机数码产品的升级，都有更新的、更方便的、更好的、更省时间的、更大作用的特点的更新，要写好写出来（见图7-10）。

图 7-10　小米手机文案

简单来讲，手机数码产品可以遵循卖点=特点+优点+利益的基本公式来写，模拟人们选购产品过程中的思维过程（见图 7-11）。因为用户存在懒惰性，让他们不会愿意花时间去调查产品特点背后的原因和购买产品后将产生的实际利益，他们只会被动地接受一种说法，并判断它是否靠谱、是否有吸引力。

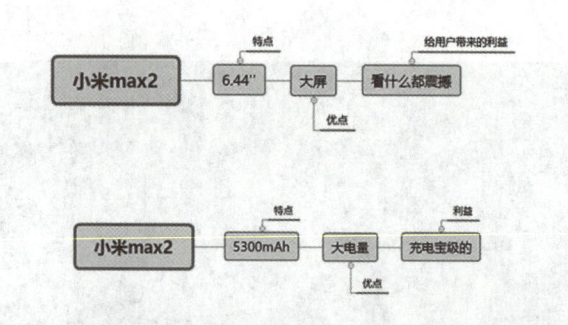

图 7-11　"卖点=特点+优点+利益"的结构使用

从图 7-11 小米的这个文案可以看出，在较少字数的展示界面中，将产品的特点（比如尺寸、容量）、优点（特点直接带来的好处）、利益（优点给用户带来的利益）说清楚就可以了。

当用户被吸引点击进入产品介绍页之后，可以按照公式为用户提供更多产品特点的证据（比如如何制造出这么大的屏幕，由谁设计），或者提供更多的利益（比如在游戏场景中更加舒适）。

点击进入详情页之后，看到的是这样文案，见图 7-12（详情点击：https://www.mi.com/）。

图 7-12　小米详情页文案

针对屏幕大这个卖点，小米给用户提供了更多的利益：看视频、玩游戏、看电子书画面更大。给用户更多的代入感，让用户想到自己目前存在的手机屏幕小、玩游戏看视频都不够爽的问题，进而产生购买行为。

### (3) 满足"虚荣心"

随着生活水平的提高，消费者对于3C数码类产品的需求日益提升。在过去5年间，我国3C数码市场保持了10%的双位数增长，年轻群体成为3C数码产品的消费主力军。对于用户而言，除了产品的新奇度和性价比，还有一个能够吸引他们的因素，那就是数码产品中蕴含的"黑科技"，能够满足用户的"面子心理"。以颠覆性的索尼"黑科技"WF-1000XM3耳机为例，产品文案突出了这款耳机降噪性能与真无线有机融合的特点。其耳机功能展示图片见图7-13。

图7-13 索尼WF-1000XM3耳机功能展示图

文案内容：

索尼WF-1000XM3耳机依旧采用符合人体工程学的三点固定结构的入耳式设计，更加贴合耳朵形状，让佩戴更牢固舒适。同时，高摩擦橡胶材质的应用，也可使耳机稳固贴合耳朵，避免意外滑落。在最舒适的状态下聆听音乐，才能做到最大程度的放松。另外，耳机还用上了蓝牙5.0，自带索尼独家的TWS+技术，2个耳机可以完全独立使用。

WF-1000XM3 在实现降噪时也与一般产品有所不同。除了耳机自身被动降噪效果不错之外，耳机内外两侧配置了两个麦克风，实现内外双反馈降噪，外侧麦克风检测外部噪声，内侧麦克风检测漏入耳道的噪声，进行二次降噪，为你营造出一个纯净的听音环境，使你沉浸其中。通过内置 SENSE ENGINE 自动检测活动状态，耳机还能切换到预设的环境声和降噪方案，为你实现智能降噪。

不仅降噪性能出众，WF-1000XM3 还配备小巧强劲的 6mm 动圈驱动单元，使声音传递变得层次丰富饱满和音色纯净通透。搭配蓝牙 5.0 技术，能带来出色的音质，让无线聆听妙不可言。在续航上，WF-1000X M3 支持快充，充电 10 分钟可用 90 分钟，满电续航 6 个小时，耳机盒也可充电，且耳机支持触控操作，指尖轻点即可切换歌曲、调整降噪模式、接听或挂断电话等。

### 7.2.2 手机数码类文案的写作

**(1) 术业有专攻**

数码产品功能选择越多，就越容易趋于平凡。对一款手机而言，通话、拍照、视频、画面等功能，应该选择一个着力点发力。当手机厂商都在主打"自拍""美拍""全面屏"等功能的时候，海信手机以主打"阅读"功能瞬间成为一股清流，打开手机市场新天地，聚焦喜爱阅读、有较高生活品位的阅读一族。除了在微博上的推广引起了不错的反响（见图 7-14），海信手机在国内一、二线城市的 LED 大屏上（见图 7-15）投放了"阅读文案"广告，文案内容也极易引起大家的反思和共鸣。

成都：眼看通车 7 号线，17 年过去一大半，枕边的书才读了一小段。

杭州：诗和远方是阅读，理想和离乡是阅读感悟。

昆明：我们所有的彷徨，大都只是想得太多，读得太少。

郑州：他们嘴里所说的世界和我书里看到的世界不一样。

合肥：阅读就像和寂寞的自己喝了一罐啤酒。

沈阳：阅读是治疗浮躁的药。

青岛：阅读可以是名著和诗句，也可以是段子和综艺。

石家庄：安静地躲起来读一本书，才能让所有的喧嚣走开。

不得不说，如此用心的营销手段，不仅向人们传达出阅读的重要性，提醒人们在碎片化阅读时代，把更多时间留给阅读，呼吁人们重新回归阅读，成功吸引了人们的目光，并且将人们对于阅读潜在的诉求，与手机宣传"读树一帜"主打阅读的功能特点充分结合，可以说是很有创意的（见图 7-16）。

模块 7　专题文案写作

图 7-14　海信手机微博文案

图 7-15　海信手机线下 LED 屏幕文案

图 7-16　海信手机海报

### (2) 功能可视化

"人,都是依靠自己的感知来认识这个世界的。"文案中的感知什么意思呢?就是能让人看得见"画面感"的文字,好理解,更容易被记住!对于手机数码类产品而言,除了一些专业人士和"发烧友",大多数用户对手机、相机、电脑等产品没有什么了解。因此,为了写出让用户感知到的"有画面感"的文案,我们可以从以下两方面着手。

①数字可视化:指的是寻找用户心中熟悉的相似物或者相似场景(和产品的联想距离越近越好)来解释数字,以达到让用户瞬间理解的目的。比如1万毫安的电池,应该转换成效果——待机时间或者通话时间。例如:充电5分钟,通话2小时(见图7-17)。

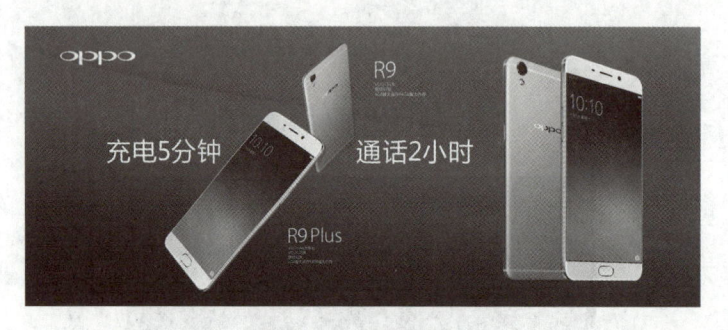

图7-17 OPPO手机文案

②对比参照:通过"对比参照放大镜"这个神奇的工具,你所以表达的信息会第一时间被用户捕捉到。我们可以找找相同属性对比参照物,比如乔布斯当年从信封中拿出MacBook的画面,寻找到了具备和MacBook相同属性的参照物——信封(见图7-18),信封的属性是"薄",正好和MacBook主打卖点"轻薄"不谋而合,神来之笔!

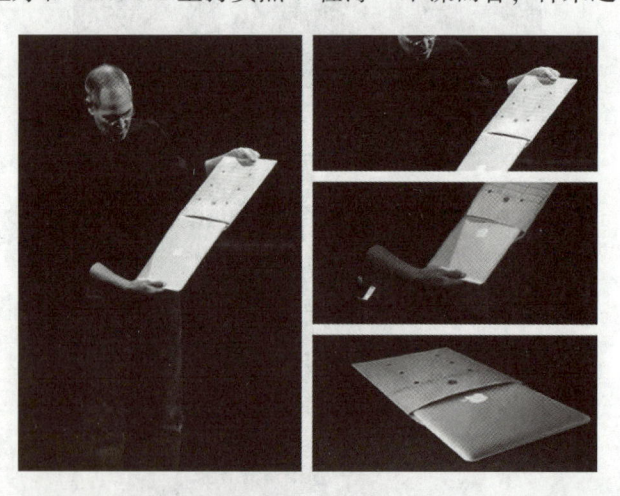

| 产品 | 卖点 | 对比参照物 | 属性 |
| --- | --- | --- | --- |
| MacBook | 薄 | 信封 | 轻薄 |

图7-18 MacBook轻薄特点参照展示

### (3) 语言个性化

如果说功能是手机数码类产品的核心关注点,那么个性化的品牌文案则是彰显一个品牌的个性化态度和产品差异化的切入点。而手机数码类产品消费的主流人群以年轻人和成功人士为主,因此,千篇一律的文案风格对于他们已经丧失了吸引力,求新立异才是能打动他们的语言。在这些个性化的语言中,同时能够体现出产品区别于其他同类产品的优势,这就是手机数码类文案的成功之处。比如,锤子手机的文案,用统一的架构体现不同的态度(图 7-19)。而且购买一款数码 3C 产品,必定经过深思熟虑以及货比三家,因为单价高,追求高性价比是无可厚非的,既然避免不了,文案可以直接替用户进行对比,让其更加放心购买。

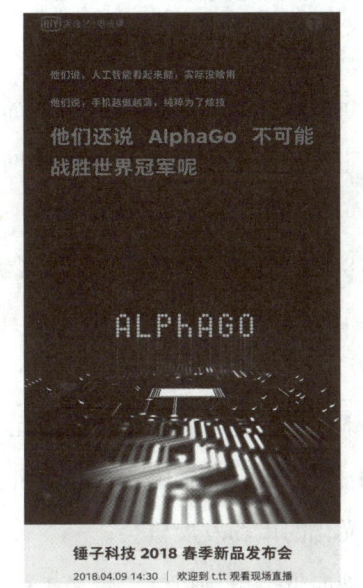

图 7-19 锤子手机创意文案系列

第一个"他们说",文案是联合品牌的内容。

第二个"他们说",文案是锤子新品的内容。

第三个"他们还说",说的是一些公开熟知的常识和谣言。

很明显,文案里有一层递进的关系。第三个"他们还说",是文案的重心基调,是这组海报的一个潜在观点,是一种对他们的讽刺,锤子手机不会随波逐流。"他们"代表着大多数,而锤子站在了对立面。从海报中,我们也已经能看到锤子新品的大致模样了,或者说它的功能卖点。

## 7.3 母婴玩具类文案

在互联网经济时代,母婴玩具、化妆品、服饰等向来都是较为吸金的女性产品。"全面二孩"政策的试行,并没有带来出生率的骤增,而互联网的红利加之产业升级的机遇,使得母婴行业的发展依然大有可为,并扩展至亲子、医疗、早教等多领域。到2018年年末,中国母婴家庭群体规模2.86亿,以家庭为单位的母婴经济正在迅速崛起。随着"90后""95后"向母婴消费市场的大势涌入,线上母婴玩具市场将呈现出以下四大发展机会:

①消费多元:不同地域、不同年龄的消费者体现出多元化的消费升级需求,如追求个性化的"90后""95后"新生代父母容易被IP、国潮吸引,不同城市级别的父母有差异化的品类偏好方向,均带来多元化的市场发展机会。

②品类拓展:知名成人品牌向母婴市场拓展,带来扩张空间。

③产品细分:针对更细分的目标人群、功能性需求,以及场景需求进行产品创新,用更专业的产品满足更精细的消费者需求。

④跨界融合:随着多元渠道的发展,消费者的决策过程不再是简单线性,而是会在作出最终决策前,受到各类信息、购买、服务渠道的反复影响。在此背景下,线上和线下的不同平台需要进一步融合,联合品牌进行整体生态布局,才能为消费者提供更好的服务。

### 7.3.1 母婴玩具类文案的核心要素

**(1) 安全至上**

三鹿奶粉曾因"毒奶粉"而受到社会诟病,从此销声匿迹。因此,作为母婴产品的销售者,保证产品的安全性从而维护品牌信誉十分重要。解决基础问题后,不妨结合现代妈妈们的消费理念,突出产品的优势(如价格或安全性)。

从女孩变为母亲,是一位女性人生中至关重要的一次转变。而其中发生变化的,绝不仅仅是睡眠习惯的改变而已。做了母亲后，一切优先权都给了孩子，女性消费者原本持有的个性化消费理念与购买偏好也随之转化为偏向对大众媒体评价的参考。对此，美国育儿中心与互动广告局联合做了一项针对"70后"至"90后"母亲消费理念的民意调查报告（见图7-20），结果显示（见图7-20），基于智能手机的更新换代，广大女性消费者在购买产品时基本倾向于网购或上网搜索大众媒体对于该产品的各项评价。

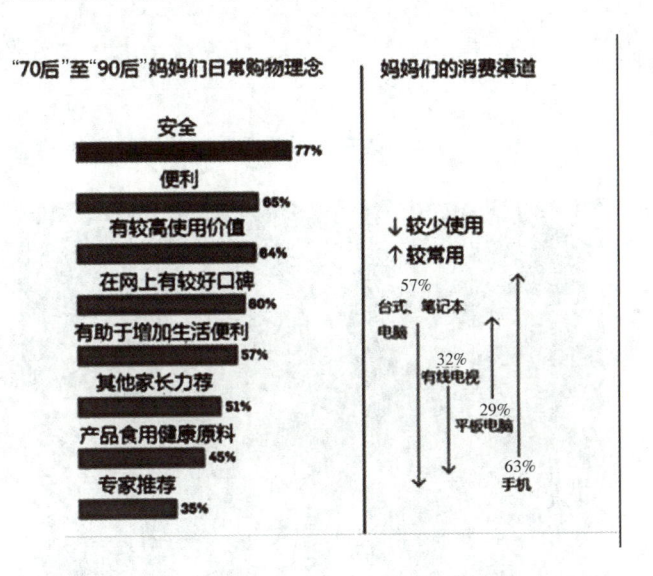

**图7-20 "70后"至"90后"妈妈日常购物理念和购物渠道调查结果**

**（2）定位受众**

母婴类产品至少包括孕产、婴童食品、纸尿裤、婴童用品、童装、童鞋、潮流玩具七大品类，需要准确地知道每一类产品的受众人群及其特点才能进行精准的文案设计。以母婴食品为例，与其他年龄孩子的母亲相比，大部分新生儿的母亲首要任务便是哺育孩子。作为首次步入母亲行列的女性，她们往往力求保证自己的食谱能够给孩子提供必需的营养。因此，母亲对孩子所摄取的食物健康程度的关注，在孩子处于婴儿时期最为强烈，于学龄前及小学时期仍然保持高度关注，之后便逐渐降低（见图7-21）。

从图7-21可知，婴幼儿及学龄儿童的母亲较大程度上可成为母婴类产品的受众，同时，母亲在营养食品营销中的中心地位也应该得到突出。产品介绍应首先突出母亲的重要性，随后突出该产品能对相应年龄段孩子的母亲起到辅助功能。

知名果汁及水果类零食品牌 Motts 就是一个不错的例子，它的广告文案是：低糖又健康的 Motts 果汁，让你尽享母爱的甜蜜（见图7-22）。

**（3）礼赞母爱**

母爱是母婴产品广告中永恒的主题。一种有质量、有口碑的产品，假如还有爱，那也将是一个加分项。从怀胎十月到孩子成长，母亲这个角色贯穿了孩子的一生，她们也背负

| 妈妈的关注点 | 食物的营养与口味 | 健康、少糖 | 提供能量的视频及健康蔬果 | 注重晚餐提倡健康食品 | 注重健康 食物选择多变 | 根据食谱做菜 |

■ = 关注程度较高　　□ = 关注程度一般　　■ = 关注程度较低

图 7-21　不同年龄孩子的母亲对于食品的关注程度调查

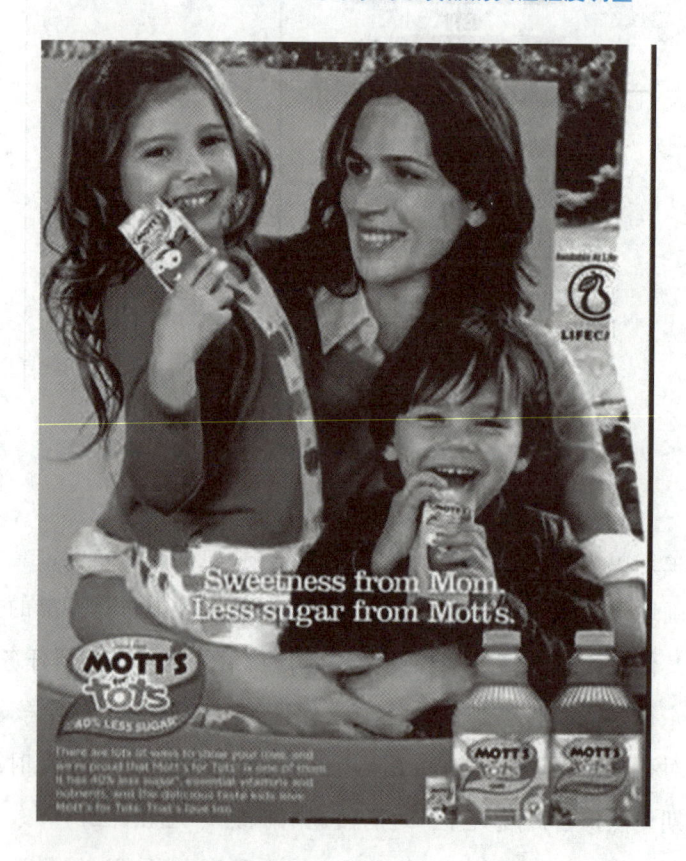

图 7-22　Motts 广告文案

了巨大的压力、不理解等。所以，用品牌声援，礼赞母爱，与母亲产生共鸣，能带来更多的吸引力。纵观这两年各大母婴品牌的宣传，大多围绕这点。

　　Libero 曾策划过一个"爱上每一刻"的品牌活动造势，利用温馨可爱的插画，捕捉细小瞬间（见图 7-23）。妈妈们在哺育宝宝的过程中，大概需要更换 4500 次纸尿裤，这些辛勤照拂的过程中，充满了母亲的呵护与爱意。Libero 用一组温馨插画，重现那些美好回忆，其实每一次换尿布，都充满了对生命的礼赞。

图 7-23　Libero "爱上每一刻" 的品牌活动文案

**（4）知识传播**

对于新手妈妈来说，怀孕是一个全新的开始。作为从事母婴行业的你，需要利用你的专业知识，为她们创造价值。母婴一直是个比较特殊的垂直人群，通常从孕期开始，妈妈们就会开始疯狂地买买买，同时积极储备育儿知识，因此资讯获取和购买决策往往是强相关的。对于妈妈来说，这是她们需要学习的知识，而对于你来说，有助于提升你的专业形象，提升地位。

2014 年 7 月至今，专注分享婴幼儿养育知识的 "年糕妈妈" 在过去的两年间迅速积累了 500 万的粉丝，成为母婴垂直领域传播量第一名的公众号（见图 7-24）。目前每篇头条的阅读量平均在 70 万~80 万，最高达到 200W+。2017 年 6 月 23 日，微信公众号 "年糕妈妈" 推送了一篇题为《天热了到底怎么带娃？学会 6 招完胜小区大妈！》的文案，共获得了 150 多万的阅读量，被顶得最多的留言有 7600 个赞。

和其他时尚、八卦类大号有所不同的是，"年糕妈妈" 的内容更强调它的工具属性。因此，除了每日推送不同主题的育儿知识，团队在公号中添加了 "育儿知识" 一栏，并对其过去的几百篇文案做了索引。比如 "睡眠引导" 板块中，又细分为哄睡技巧、夜奶等多个子类，支持一键搜索。"年糕妈妈" 定位粉丝群是 25~35 岁、受教育程度较高的年轻妈妈，她们对老一辈的传统育儿方式不认同，希望通过一个更便捷的渠道吸收先进的育儿理念。从大多数妈妈们较关心的话题，把品牌融入文案，使妈妈们在阅读过程中对相关产品产生好奇心。目前 "糕妈优选" 频道的品类包含绘本、玩具、日用品、家居用品等几大类，客单价 200 多元。

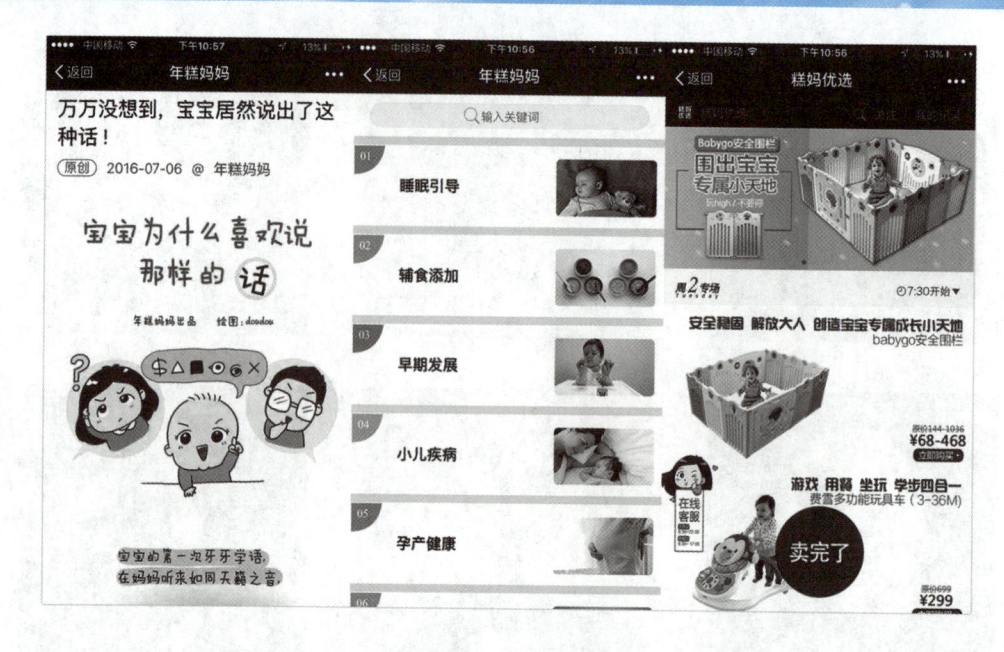

图 7-24 微信公众号"年糕妈妈"

### 7.3.2 母婴玩具类文案写作

我们将母婴玩具类用品细分为婴儿用品和孕妇用品等两大类，通过提炼市场上关于这部分产品的高频词汇，总结出该类产品的关键词，并列举体会通过关键词迅速匹配出对应产品文案的使用方法。

**(1) 婴儿用品**

1）奶粉

关键词：冷链运输、维生素 A、双重科技配方、含益生元、S-26 智学因子、大脑发育、瑞士进口、接近母乳的配方、山地牧场奶源、均衡、重要因素、增强免疫力、维生素 D、促进钙吸收、新西兰奶源、脑部营养、吸收、DHA、叶黄素、供给均衡、呵护宝宝、促进脑部发育、认知能力、记忆能力、产品体验升级……

①Cow&Gate：英国 Cow&Gate 是英国百年优质品牌，是英国政府指定的奶粉品牌，总结无数宝宝的研究数据而来的最完美最自然的配方。丰富的营养包含宝宝成长所需各个方面，专利益生元帮助宝宝提高免疫力，接近母乳的配方宝宝爱喝不发胖。

②Aptamil：奶源来自爱尔兰牧场，清新的空气纯净的环境保证了奶源的品质，严格遵循欧洲食品安全体系生产，被万千妈妈选择和信任。最接近母乳的专利配方，提供最接近母乳的益生元，宝宝容易接受而且可以促进肠道健康，用最自然的方式促进宝宝健康、提高宝宝免疫力。

2）纸尿裤

关键词：呵护、超薄、柔软、干爽、立体、舒适感、弹性腰围设计、导流层、新生宝宝、亲肤、网面技术、有效隔离、不用担心红屁股、透气膜、魔法吸收、纸尿裤、防侧漏、棉质感、不回渗、不侧漏、柔软贴合、轻松穿脱、松紧腰弹力、窄裆剪裁、波纹顺吸层、锁住尿液、贴合宝宝臀部及腿部曲线……

①Pampers：轻松穿脱，一拉就穿上，两边一撕即脱下。瞬吸干爽体验，瞬间吸收并排出尿湿，更有帮宝适12小时干爽承诺，柔软贴身设计精选柔软安全材质，采用贴身设计，舒适安心。男女宝宝都通用，干爽如一。

②HUGGIES：环抱式弹性腰围，贴合宝宝腰身，波纹顺吸层，瞬间吸收并锁住尿液，防止回渗，宝宝的小屁屁更干爽！极细棉柔表层，让宝宝怎么动都舒服！

③雀氏：全系列软棉的照顾，更圆润和舒适，精心护理细节，给宝宝舒适的世界，自由的感觉，适合窄裆剪裁，更贴合宝宝臀部及腿部曲线，提供舒适的松紧腰弹力，适合无侧漏，宝宝无拘无束地自由探索。

3）洗护用品

关键词：清爽柔顺、植物成分、温和、不刺激、保湿、呵护肌肤、大自然、深层滋养、天然保护、橄榄树配方、pH值弱酸性、不含防腐剂、滋养发丝、细腻柔滑、实用、方便、一瓶两用、洗浴2合1、丰富泡沫、易冲洗、无泪配方、清洁污垢、锁住水分、补水……

①Pigeon婴儿洗发水：贝亲的洗护用品外观设计就受妈妈们喜欢，一直延续着清爽可爱的风格。这款洗发精跟同系列洗护产品一样，采用植物洗涤成分，温和不刺激，含有保湿精华，洗发同时呵护宝宝头发和皮肤。

②惠氏洗发沐浴露：采用天然植物提取液代替香精和色素，让每一个惠氏洗护产品，都有着大自然的植物清新，从打开瓶盖的那一刻起，就能让宝宝享受到独特的自然芬芳，同时，天然有机植物提取液更能深层滋养宝宝肌肤，温和无刺激，给宝宝纯天然的安全呵护。

③宝宝金水洗发沐浴露：橄榄精华配方，为儿童肌肤设计，深入滋养发丝，滋润肌肤，令宝宝头发清爽柔顺，肌肤细腻柔滑。洗发沐浴一次完成，实用又方便！

4）童装童鞋

关键词：贴身、透气、轻便、方便、柔软、甜美、舒适、帅气、俊朗、时尚、可爱、优雅、自然、俏皮、休闲、公主风格、清爽、田园风、日系、韩系、连体衣、夏季薄款、明星同款、短袖套装、环保、绑带设计、不褪色、开裆设计、欧式设计、翻领设计、荷叶边设计、刺绣工艺、亲肤设计、易穿脱、夏季清凉装、印花、条纹、格子混搭、圆领、中式立领……

①婴儿连体衣：前开扣短袖平脚连体衣，纯精梳棉，贴身透气，柔软亲肤，环保印染，安全不褪色，符合国家A类标准。柔软透气吸湿，宝宝更舒适，前开扣设计，方便穿脱！

②新生儿内衣套装：婴儿夏季薄款内衣套装，绑带设计方便穿脱，裤子开裆设计，方便更换尿片，采用"全无骨缝合设计"避免接口摩擦宝宝肌肤，精选优质棉，柔软，舒适，安全。

③毛毛虫运动鞋：a. 毛毛虫童鞋，宝宝和妈咪的选择。b. 轻便、柔软、易弯折，一脚套穿脱方便，宝宝无法抗拒的舒适感受。

④夏季短袖套装：夏季休闲短袖套装，柔软舒适的面料，可爱的学生领，条纹上衣搭配休闲短裤，休闲清爽，夏季清凉装！

### (2) 孕妇用品

1) 营养品

关键词：呵护健康、双重保护、补充营养、DHA、叶酸、胆碱、钙、维生素、矿物质、促进胎儿发育、均衡营养、骨骼健康、科学补充、打好营养基础、脂肪含量少、不添加蔗糖、低脂、增强免疫力、有益消化系统、一人吃两人补、促进胎儿脑部和视力发育、促进乳汁分泌、保护肌肤，美容养颜、抗氧化剂……

①Nestle 孕妇奶粉：雀巢妈妈奶粉，保护宝宝保护你！配方升级，一杯营养，双重保护！孕期关键营养，一站式补充！减少脂肪、不添加蔗糖，有营养也有美丽！味道清甜可口，照顾孕期口味！来自雀巢，值得信赖！

②乐佳善优 DHA 藻油软胶囊：美国马泰克藻油 DHA，原料经过美国 FDA 权威认证，补充因孕育宝宝而流失的 DHA，促进胎儿脑细胞和视网膜的生长发育，改善产后抑郁症，全球 8000 万家庭的信赖选择！

③雅培妈妈孕期奶粉：雅培喜康素适合备孕、怀孕和哺乳期妈妈。出色的雅培孕哺优配方，提供叶酸、DHA、胆碱、钙等二十多种均衡配比的营养素，科学补充妈妈孕哺关键期所需，为宝宝的成长打好营养基础，陪伴妈妈度过一个无忧的孕哺旅程。

2) 个护用品

关键词：成分天然、温和无刺激、植物性配方、橄榄油、蜂蜜、不含香精、不含防腐剂、可可脂、维他命 E、深层滋润、修护肌肤、妊娠纹、橘皮纹、增加肌肤紧致、增加肌肤弹性、适合敏感性肌肤、pH5.5 弱酸性、植物修护、自然呵护、精华修复、弱酸配方、孕产前后私护理专用、防敏感、孕期也能用……

①妊娠纹霜：此款天然成分的身体滋养霜，最新添加南瓜子油和橄榄油成分，加强修护滋润配方，能增加肌肤紧致与弹性，针对在怀孕时期所产生的妊娠纹、橘皮纹，帮助肌肤恢复弹性与紧致。产后继续使用，其主要的可可脂及维他命 E 修护滋润配方，有助于肌肤恢复紧致与弹性，有塑形的作用。

②洁面乳：不含香料，相当温和，可有效去除彩妆，不会有残留，这款保湿洁面乳的温和配方适合清洁敏感性皮肤，不会产生刺激性。

③孕妇可用遮瑕膏：谁说孕妇不可以化妆？Benecos，就如同它的名字，向爱美的所有女性承诺性价比高的有机彩妆，不含人工香料、防腐剂；不含化学毒害，不含任何铅汞等化学成分，由天然植物中提取，是爱美孕妈的良好之选，即使带妆亲吻你的小宝宝都安全放心。

3) 服装

关键词：镂空设计、蕾丝花纹、时尚百搭、纯棉、印花设计、舒适、贴身、透气、轻便、方便、柔软、甜美、优雅、自然、俏皮、休闲、清爽、田园风、日系、韩系、连体衣、夏季薄款、明星同款、环保、不褪色、翻领设计、荷叶边设计、刺绣工艺、亲肤设计、夏季清凉装、印花、条纹、格子混搭、圆领……

孕妇装：纯优质棉，健康无刺激，隐形哺乳口，人性又美观。产前产后都能穿，非常适合孕妈咪。

月子鞋：关注被忽略的孕期，针对各种可能的变化，精选出合适的材料研制成各种贴切、优质的产品，让所有的准妈妈们都能平顺地度过孕期并帮助她们进行有效的产后恢复。

天喜孕妇长裤：这是一款充满爱的孕妇打底裤，除了靓丽的色彩，搭配性感优雅的蕾丝花纹，是成熟的优雅亦是少女的俏皮，时尚百搭，修身显瘦，秋冬不可少的时尚装备。

## 7.4 农产品电商类文案

中国的农村大地从不缺乏质量上乘的农产品。农产品上行是农村电商工作的重中之重，但多年时间下来，农产品上行仍然是"只闻其声不见其人"，农产品滞销、农户亏损的新闻仍然层出不穷。

从"三只松鼠"看互联网消费者的转变，电商正从流量为中心转向消费者为中心的趋势，农特生鲜电商的玩法正悄然发生很大的变化。好的创意激活需求，新的玩法时尚简单，传播由人完成，代言人很重要，如何将自身产品独特的价值作为传播核心，营造氛围，吸引朋友圈或粉丝关注传播？

### 7.4.1 农产品电商类文案的核心要素

**（1）好的品类，造就差异化**

在农产品电商的王国里，只有把"大同世界"变为"大千世界"，并通过差异化创造竞争优势，才是真正有意义的营销。尽管这样做在过盛经济时代正在成为一件越来越难的事情，但是，这并不是说农产品电商差异化营销的机会匮乏。比如我国台湾一种新的菠萝品种就命名为"金凤钻梨"。再比如，新西兰进口的奇异果（见图7-25），也就是猕猴桃的价格超出国内大多数的猕猴桃价格，加上奇异果的品牌名称好辨认，就比较畅销。这就是一个鲜活的事例，相同的猕猴桃，不同的价格和认可度，黄心猕猴桃自然更具有差异性。这就是种类的优势。

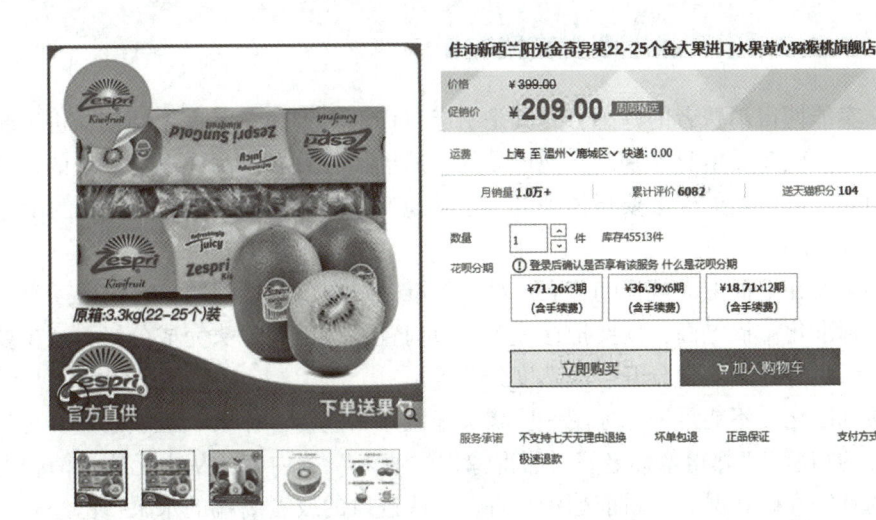

图7-25 新西兰佳沛奇异果淘宝购买页面

**(2) 好的质量，确保食物安全**

这一点相信很多人有共识。在国内食物安全问题不断曝光的情况下，确保食物安全，确保农产品质量就很关键，这也是现在有机食物和有机果蔬大行其道的一个心思灵敏点。同时，再加上做工愈加精密，所带来更高的附加值，对于品牌形象的质量刻画有着不可轻视的作用。

**(3) 好的品相，提高辨认度**

目前国内的农产品在包装上和销售上的立异也越来越多，各种的规范装、礼品装等（见图 7-26），这归于外在的品相。而有故事的产品，往往更能助力产品刻画品牌。把最好的产品经过包装保持最好的风味，才能最佳体现出农产品独特的附加值，加上文化营销，让这些农产品在商场经销商和消费者心目中树立了丰满形象的品牌特征，这就是品相素描的成功之处。

图 7-26 某款农产品包装设计

### 7.4.2 农产品电商类文案写作

好的文案能博得消费者的好感，尤其是引起目标消费者注意，产生阅读，进一步产生购买欲望。由于农产品本身区别于其他产品的特殊性，导致农产品在电商领域的发展任重而道远，而农产品电商的文案要想体现区别于其他产品的特色就必须有其独特的设计。

**(1) 凸显标准化**

目前如果要在电商上大规模销售农产品，标准是一个前置性问题，它包括三个方面：

①外观标准化。搞电商，就要把这一个环节前置，在田间地头完成分级，至少要做到大小分开、颜色分开、品种分开、成熟度分开等。

②品质标准化。不能再一味地用一些噱头来做产品宣传，什么"酸酸甜甜真可口，让你想起美好的初恋""熟得像你老婆，甜得像你的情人"等内容，从中无法让消费者了解到农产品的真实准确状况。从目前趋势来看，一些进口的或者高端的水果，已经开始用数字来说话，他们会告诉你，我们的水果含糖量是百分之多少到多少，酸度大概是多少，其他主要的指标还有什么等，如图 7-27 所示。同时，如果消费者需要的话，可以用附送的速测仪来进行检测。

③生产标准化。一方面要实现以标准的生产化来推动外观及品质的标准化；另一方面，要顺应电商和消费者的需求，倒推产业转型，形成新的生产标准，与市场需求同步。

图 7-27　新西兰 zespri（佳沛）奇异果广告文案

**（2）内容可视化**

好的农产品电商的文案不仅要在图片处理上吸引消费者，还要在文字设计上引人入胜，在文案上同时体现这四个特点：原材料、制作工艺/生长过程、口感/品质、情感化/人格化（见图 7-28）。

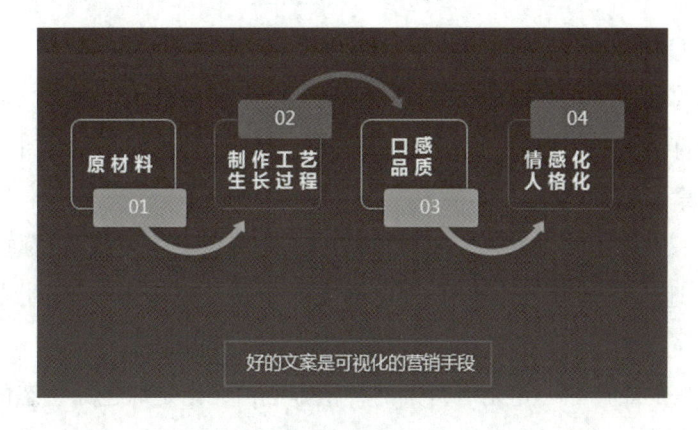

图 7-28　好的文案是可视化的营销手段

萝卜辣椒，再寻常不过的食物，图片也拍得很一般，但就是能让你怀念起"妈妈的味道"，反响也不错（见图7-29），这段文案其实很简单，是借鉴了《舌尖上的中国》的"舌尖体"。这样的网络文体表达，很容易引发共鸣。一开始就要写出无懈可击的文案，非常难，但是模仿却很简单，而这种文案体裁十分适合农产品电商文案。

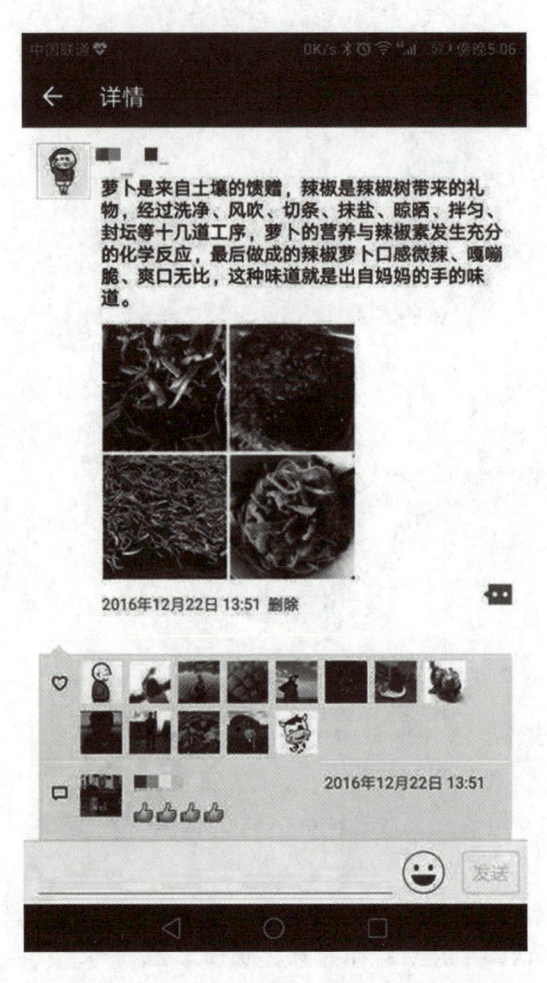

图7-29 农产品朋友圈文案

（3）文笔故事化

泛化、直白的农产品文案口号已经无法满足消费者的需求了，表达画面感、擅长讲故事的文案，更能打动人心。那么，农产品如何讲好故事呢？我们必须要讲述故事中需要着重突出的三个元素：

①哪里种？一方水土养一方人，要将本地的土地特色、休闲旅游和原生态展现出来，而往往一个原产地，都会有一个美丽的故事或者传说，或者原生态的风景和环境非常迷人。

②怎么种？好的农产品一定是有特别的种植方法，无论是绿色原生态的种植方法，还是传承悠久的土方法，要将这个方法与其他种植方法的差异化对比出来。

③谁种的？农产品的故事少不了人，种的人是淳朴的农民还是欢快的农民，这些农民有哪些故事？讲出农产品动人的故事和情怀。

褚橙，可算是农产品故事讲得最成功的一个。

2002年，74岁高龄且已经历好几次人生大起大落的褚时健，在云南玉溪的哀牢山接手了一个国营农场来种植冰糖橙。褚时健巧妙地将本人极具传奇色彩的励志人生故事和橙子联系起来，树立品牌"褚橙"，并打出经典广告语"人生总有起落，精神终可传承（橙）"，大力传播创始人和产品品质背后的故事，让消费者未尝味道已心生好奇。

其中，励志、不服输的精神、创新精神、工匠精神等恰恰是这个时代需要的精神，褚橙的问世与消费者内心的渴望、认可得到碰撞，从而占领了消费者内心。

从褚橙的案例（见图7-30），我们可以看得出：农产品的故事最核心的是传承！从原产地的水土，到种植方法和标准，再到农民的传承。

图7-30　褚橙的文案

（出处：https://www.sohu.com/a/145120894_802624）

> **想一想**
>
> 你也来用自己的产品，按舌尖体的方式，写一段朋友圈文案吧。

### 案例赏析

#### 优美的农产品电商文案欣赏

1. 茶叶

在这座生机丰富的诺亚方舟上,宝岛的风土有东有西、有高有低,因为不同所以美好。

敬饮之水,台湾清冷的高山、热情的田野,有我们的养身之道。

带着台茶去旅行吧,让台茶风华再写一页春秋,用好茶说一段台湾山头风雨晨昏的故事,用好茶向台湾高山流水致敬。

鹿野的初恋是绿茶的滋味,那滋味就像是早春的小情歌,喜欢冬天平常有着成熟果香的红乌龙,但春天就是忍不住想起那青涩的曾经。

2. 菇

冬菇香,香什么?吸一口顶天立地的香,缘一份舜天净土的心。

3. 梅子

紫苏梅酱的酸甘甜，是再多吃一碗饭的秘密武器。用三年时光等待梅子，吃一口和光阴交换的一场青春热血。

4. 鱼

年年有柴鱼，岁岁有财余，夏季太平洋上孕育这一身精肉逐浪的梭形鱼，经过高温的淬炼，成就一片片金黄澄亮的勇者海味。

5. 竹

圆满知竹，夫妻比翼回家守护老家土地，挽袖动手之初，就存妙心，所以圆满了，所以知足了。

(出处：https://www.163.com/dy/article/EG6BB8U60518NMC8.html)

欣赏完这些优秀的文案，你是不是也有了创作的灵感？只要做到用文字展示画面、用品牌诉说故事、赋予品牌人情味，你也可以创作出优质文案。

## 7.5 个护美妆类文案

### 7.5.1 个护美妆类文案的核心要素

美妆用品的文案写作，在于围绕"结果制造、需求放大、促其行动"三大核心要素展开，这样把三者结合之后，最终才能形成高转化率的文案（见图7-31）。

图7-31 美妆个护文案写作三大核心

**(1) 制造结果**

对于个护美妆类产品的受众人群而言，追求精致和生活讲究是这部分消费者的生活常态，因此，对于她们而言，产品的属性并不重要，使用产品后的效果才是她们想看到的，也就是我们文案中能够抓到的痛点。基于这一出发点，我们就需要找到写个护美妆类文案的切入点，即找到这种感觉的设计要素，图7-32中的要素为"制造结果"时必不可少的关键组成部分。

图7-32 文案写作关联要素

**(2) 传递需求**

消费者从浏览到产生购买决策的过程中，也是自身需求和产品价值相匹配的过程，一个产品被购买总是对消费者存在着某种效用。而产品的需求和价值的提炼与释放，是个人美妆类文案具有唤醒功能和引起消费者共鸣的突破口。这些突破口的寻找，需要我们去着眼于消费者所关心的需求，而不是以自我为中心的想象。消费者想要从产品中获得的价值/需求是什么？

见图 7-33，消费者只有通过对产品价值的感知（文案传递），最终才会从中知道，你提供的东西，是否对自己是有用的、有利的，如帮助自己解决某一方面的肌肤问题（美白、去黑斑、祛痘痘）。

图 7-33　个护美妆类文案中获取的信息

**(3) 促其下单**

消费者会产生购买的冲动，是源于"结果制造"和"需求驱动"所起到的作用。最终的目的是要让消费者产生购买行动，也就是销售转化。结果的渲染和需求的加码，往往会促成消费者下单，如很多卖家会借助活动期间，以"买二送一、第二件半价、限时购、限时送赠品"等优惠的组合方式进行销售，这样一来就会加快消费者做购买的决定。因为，消费者决定最终购买的因素除了价格，还有产品本身的质量以及社会美誉度等。当消费者对产品卖点逐渐麻木疲惫，此时，提供利益点，如减价、赠品等，能够有效刺激消费者的购买欲望。

阿里巴巴公布 2019 年天猫 618 理想生活狂欢季战报，超过 110 个品牌销售额过亿元。在这场销售战争中，有些品牌黯然退场，也有品牌再创新高。而在向来竞争最为激烈的"美妆类目"战场，2018 年双 11 首次闯入"全网个护美妆类目销量 TOP10"榜单的新锐成分护肤品牌（HomeFacialPro，HFP）的护肤品用实力和数据力证自己。对成分的不断钻研，也使得 HFP 连续斩获多个权威杂志美容奖项，产品功效得到资深美容编辑及美容护肤专家的认可与推荐（见图 7-34）。

图 7-34 《瑞丽》杂志 2018 年 10 月刊

当看过了产品这么多的功效和权威认证之后,其实我们还可以发现产品的价格很亲民,不仅优惠力度大,卖家对于赠品的给予也是毫不吝啬的。所有荣誉加身的保障性因素使得该产品的可信赖程度大大提升,而最终价格上的优惠会进一步刺激消费者形成购买行为(见图 7-35)。

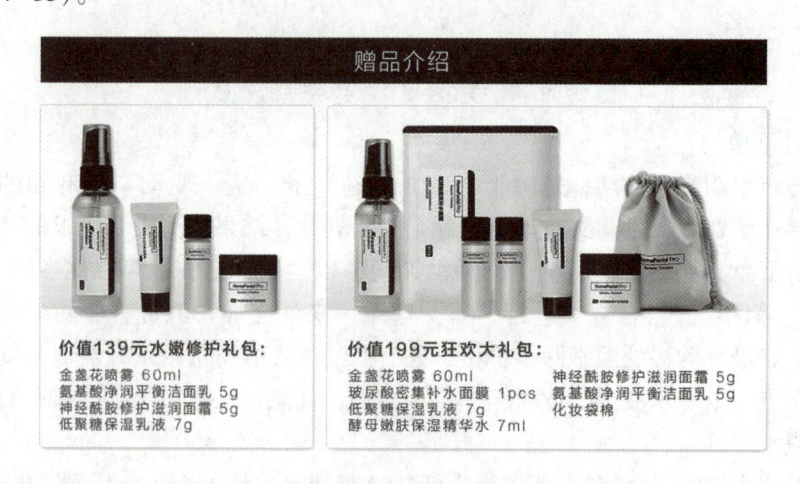

图 7-35 HomeFacialPro 官网购买优惠

### 7.5.2 个护美妆类文案写作

**(1)联想使用场景**

美国权威调查机构经过科学的测试,认为广告效果的 50%~75% 来自广告文案。文案的场景化能让消费者很大程度上带入消费场景中，相当于为产品贴上定位或标签，让消费者在众多产品中优先定位到该产品，提醒消费者应该使用他们的产品。场景化暗示文案的鼻祖是大宝，那一句家喻户晓的"要想皮肤好，早晚用大宝"，几乎陪伴了一代人的成长。而它最大的价值在于，直接告诉消费者，用大宝能够让皮肤变化且指出需早晚都用。同样，"补水就用温碧泉"（见图7-36）、"日弹，夜弹，弹弹弹，弹走鱼尾纹"、"你和小芳之间只差支玻尿酸的距离"等，都有着异曲同工之妙。

图7-36 温碧泉广告文案

### （2）借力主流价值

一个能够打动人心的品牌，必然有着强大的价值观作为支撑。而价值主张一般来说有两种：一种是围绕产品做文章，另一种则是强调精神追求层面。比如奥运会期间，自然堂、相宜本草和欧诗漫借势做过一波反响不错的文案。

自然堂提出了"征战伦敦、美在巅峰"的主题营销文案；相宜本草则牵手中国花游队，呈现出她们在训练和比赛当中"越严厉、越美丽"的精神；而首次触电奥运营销的欧诗漫，则公布了三组文案，分别是"终点只是另一个起点""年轻无惧磨砺，砥砺终将成珠""用努力重新定义美丽"（见图7-37）。

图7-37 欧诗漫奥运营销系列文案

当今社会，人们对情怀的看重更胜以往。在物质生活得到满足后，对精神需求的标准变得越来越高，消费者也更注重自身跟品牌或产品的"三观"是否契合。因此，可能你的一句文案对了，他们就会对你产生好感；反之，则会从心里抵触你。

**（3）挖掘产品特性**

具有同种功能，适用于同种场景的护肤品很多，一款产品如果想突围，最好能够打透当中一种场景，并占据这个场景。比如说关于眼部对抗衰老的产品太多了，大家想到的就是熬夜加班的黑眼圈和上了年纪的细纹；但是，雅诗兰黛提炼出了刷屏"对抗蓝光"这一特点，成功让自己和其他产品区分开来，占据了属于自己的独一无二的使用场景。

雅诗兰黛发现：电子屏里的蓝光伤害无处不在，打乱肌肤夜间自我修护。现代人过度刷屏，更长时间暴露在蓝光伤害下，让眼周加速老化，多重眼部问题提前出现……雅诗兰黛这款新升级的眼霜，很好地抓取了一个使用场景——现代"低头族"使用有蓝光伤害的电子设备（见图7-38和图7-39）。

图7-38 雅诗兰黛小棕瓶"抗蓝光"眼霜文案

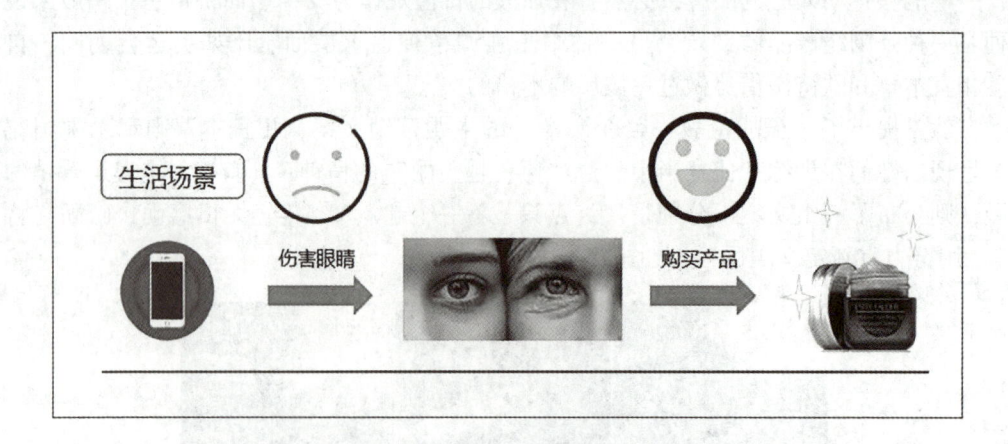

图7-39 雅诗兰黛小棕瓶"抗蓝光"眼霜特性剖析

文案内容：

新小棕瓶"抗蓝光"眼霜，10X升级浓缩修护科技。

激活并放大眼周自我修护力，多效修护蓝光损伤！

- 3周淡黑眼圈·透亮
- 8小时有效抗氧·匀净

- 24小时持久保湿·水嫩

蓝光不再怕，黑眼圈、干纹、细纹一一挥别！双眸水亮弹嫩，任性刷屏，刷新年轻。

## 模块小结

本模块我们学习了服装配饰类、手机数码类、农产品电商类、母婴玩具类以及个护美妆类文案的写作及其核心要素的体现，通过不同类型的文案创作学习，更好地帮助我们将文案写作的知识应用到不同的行业场景。

## 案例赏析

### 家居行业专题文案写作——以宜家为例

1. 放大产品卖点、解决日常痛点

早起上班的"小心思"
开放式的晾衣架是对空间的极致利用，
衣服、鞋子、包包都能"上架"。
晚上搭配好第二天的行装，
为早起上班的早晨节约更多懒觉时间。
点击链接购买，多睡5分钟不是梦~

一张"随叫随到"的桌子
无论白天黑夜，
脚轮边桌都能根据你的需求变化轻松移动。
存放看剧零食，放置生活小物，
一切都变得触手可及！
底部带有小轮子的方桌，

北欧风的造型，兼具颜值与才华。
点击链接购买，让生活"触手可及"~

### 2. 描绘使用场景、升级生活方式
摇曳的烛火中，嗅到春天的芬芳！
成熟红莓的香甜气息中裹挟一丝花香，
让温暖的烛光营造浪漫的房间氛围，
蜡烛烧完以后，杯子还可以用于杂物收纳~
烛台将这份温馨高高挂起，
室内室外都可使用！

自然藤条，编织整屋生活质感！
水葫芦纹理餐垫，嗅到餐桌上的自然气息；
芭蕉纤维坐垫，享受随意舒适的坐感；

时光慢些走，每日轻松摇晃放松身心。
点击链接购买，冬季搭出天然感~

3. **用热点引关注、用幽默接地气**
简单点，洗碗的方式简单点~
超 Q 萌的海绵擦
让洗碗也变成了一件可爱小事，
洗完后顺手放在海绵架中，
不占位子还方便滤干，
洁净的杯具和餐具可以放置在滤碗之中，
大大节约台面空间~
除了滤干餐具，滤碗还可以用来洗菜哦~
点击链接购买，
不到 25 元就可以买到的厨房快乐，
快来拥有！

推上我心爱的小推车，室内永远不堵车！
手推车的 N 种使用方式，你知道吗？
在厨房打造新的工作区域、
用作客厅沙发边的储物单元、
放在卧室打造与众不同床边桌、
浴室收纳各种各样瓶瓶罐罐……
牢固构造、四个脚轮，室内空间畅通无阻！
点击链接购买，入手移动的储物城堡～

### 4. 产品关联搭配，链接引导购买

洗衣日大作战，好物来助力！
小巧的两层设计，充分利用晾衣空间，
使用完毕折叠起来，方便收纳；
洗衣房厨房浴室等狭小空间，
推车都能随意进出，
放在洗衣机或洗脸池柜旁，
轻松拿取所需物品。
点击链接购买，让衣物尽情拥抱阳光～

青色的透明瓶身像被春雨洗过的天空，
收纳牙刷、皂液等洗漱用品，
为浴室带来雨过天晴后的清新感。
点击链接购买，
疫情期间也可使用皂液器存放、分装消毒酒精或洗手液噢~

（出处：https：//www.163.com/dy/article/F7F71GJR0514BH81.html）

## 任务操作

### 1 家居建材类文案的写作与设计

【任务目的】

家居建材类也是当前新媒体文案写作的一个大领域，由于篇幅问题，在上文并未涉及，因此在任务操作中需要同学们去体会家居建材类文案写作的要素和方法。

【任务内容与步骤】

①做好内容定位。家居类的文案可写内容比较多，可以写装修案例、装修施工知识、定制家具、花卉等。在写文案的时候，要选择一个细分的领域去写，比如写装修知识的就专注分享装修知识，写装修案例的就一直写装修案例。

②确定文章标题。

标题党示例：这么装修省一半，99%的人都不知道

普通风格：180平方米现代简约，配色柔美婉约，温馨舒适

爆文标题：×××平方米××风格××房，朋友看了直呼：贫穷限制了我的想象力！

③文章封面配图要有吸引力。人对图片信息的获取速度远远高于文字，这就是信息流

文案现在主推图文结合的原因。在配图时要使用 3 图封面，并将最有吸引力的图片放在中间。当然，有的平台在达到一定的条件后，也可以从本地自由选择封面，就像微信公众号一样。对于微信公众号，图文结合应遵循两个原则：以图片为主的封面要尽量突出文案主题，封面上的文字要尽量与文案内容体现强相关性。

【任务提示】

文章内容类型的选择和受众人群有很大关系，需要通过数据定位目标人群画像再来进行内容、风格、标题、配图等内容的确定。通过对新媒体平台上关键词的分析，家居、家具、装修卧室、现代风格、儿童房等热度较高，可作为选题、行文内容的参考。需要注意的是，受众的兴趣点是在变的，要及时对后台数据进行分析。

【思考和练习】

请在新媒体平台（微博、微信、今日头条等）发布一则家居建材类的文案营销，并附上自己设计的海报文案，通过对家装建材类文案的归纳整理与设计，请回答下面两个问题：

①家居建材类文案的核心要素有哪些？
②家居建材类文案的写作方法有哪些？

## 2　自选产品新媒体文案营销活动设计

【任务目的】

学生从本章中所讲解的包括服装配饰、手机数码、母婴玩具类中选择一种商品，为其进行中国传统节日——春节的新媒体文案创作。

【任务内容与步骤】

在文案创作前，我们需明白一件事——文案是为了解决什么问题？首先需要找到所描述的商品或服务在当下最需要解决的问题是什么，并通过创造性文案去让用户理解、领会乃至接受这一点。

①明确文案的写作目的。明确本次文案撰写的主要目的，目的不同，则文案写作的思路和方法也不同。

a. 品牌传播——符合品牌风格，引起共鸣。
b. 提高销售——产生信任，立即付诸购买行动。
c. 推广活动——有吸引力，值得参与。

②列文案创意简报。文案创意简报也叫创意纲要，在广告公司主要用来指导文案的创意、撰写及制作。自行列出文案创意简报有利于文案的最终出品。文案创意简报主要包含以下三个部分：

a. 目标说明：简单具体地说明广告的目的或要解决的问题，也包括产品或品牌相关名称、具体的目标用户描述。
b. 支持性说明：对支持产品卖点的证据进行简要的说明。
c. 品牌特点或品牌风格说明：对品牌自身风格的说明或希望传达出的品牌价值。

③文案创意的写作输出和文案复盘。找到本次文案需要解决的问题，结合媒体投放渠

道的特性，再进行创意思考，最后完成文案的写作输出。

【任务提示】

在选择某一款商品进行文案写作时，应充分通过各种渠道了解并借鉴该品类商品成功的文案写作先例，为自己提供思路上的启迪和借鉴。

【思考与练习】

①不同行业新媒体文案写作有哪些共同点和不同点？

②通过在课堂上进行文案设计的展示来取长补短。

## 同步测试

1. 单项选择题

（1）下面哪一项不是服装类文案写作的核心要素？（    ）

A. 吸引目光　　　B. 价值传递　　　C. 差异塑造　　　D. 彰显尊贵

（2）下面哪一项不是手机数码类文案写作的核心要素？（    ）

A. 突出"新奇度"　B. 重视"性价比"　C. 满足"虚荣心"　D. 实现"低价位"

（3）美国权威调查机构经过科学的测试，认为广告效果的（    ）来自广告文案。

A. 10%～35%　　　B. 35%～50%　　　C. 50%～75%　　　D. 75%～90%

（4）"70后"至"90后"的妈妈们对下面哪一项购物理念比较看重？（    ）

A. 安全　　　　　B. 便利　　　　　C. 使用价值　　　D. 口碑

（5）雅诗兰黛"抗蓝光"小棕瓶眼霜体现了美妆个护类文案写作中的哪一个步骤？（    ）

A. 联想使用场景　B. 挖掘产品特性　C. 借力主流价值　D. 制造购买结果

2. 多项选择题

（1）美妆个护类行业文案写作的核心要素有什么？（    ）

A. 制造结果　　　B. 传递需求　　　C. 促其下单　　　D. 持续传播

（2）线上母婴玩具市场将呈现出以下哪几项发展机会？（    ）

A. 消费多元　　　B. 品类拓展　　　C. 产品细分　　　D. 跨界融合

（3）手机数码类文案的写作应该包括下列哪几项内容？（    ）

A. 术业有专攻　　B. 功能可视化　　C. 语言个性化　　D. 价格亲民化

（4）在互联网经济时代较为吸金的女性产品有哪些？（    ）

A. 母婴玩具　　　B. 化妆品　　　　C. 服装　　　　　D. 手机

（5）手机数码类文案写作中功能可视化包括哪两个方面？（    ）

A. 数字可视化　　B. 营造情境　　　C. 文字加工　　　D. 对比参照

3. 分析题

请根据以下提供的信息，为膜法世家面膜产品撰写一则精妙的文案。

功效：清洁控油，美白净透。

适合肌肤：适合干性、中性、油性及混合性肌肤，尤其适合油性和混合性肌肤以及需要清洁的中性肌肤，对于那些肤色不均、黯沉、需要美白的肌肤也同样适用。男女适用。

面膜分类：水洗式面膜。

规格：145g。

· 217 ·

## 参考答案

**1. 单项选择题**

(1) D  (2) D  (3) C  (4) A  (5) B

**2. 多项选择题**

(1) ABC  (2) ABCD  (3) ABC  (4) ABC  (5) AD

**3. 分析题**

参考清、透、净、白，只为遇见更好的自己！

# 参 考 文 献

[1] 17辞职网．认识移动商务文案［EB/OL］．http：//www.17cizhi.com/gongwen/28742.html.
[2] 陈叶，王思思．新媒体传播背景下广告文案的特征演变以及创作路径研究［J］．普洱学院学报，2019，35（2）：88-90.
[3] 文案杂货铺．新媒体文案分哪几种？［EB/OL］．https：//www.zhihu.com/tardis/sogou/ans/1255800365.
[4] 叶小鱼，勾俊伟．新媒体文案创作与传播［M］．北京：人民邮电出版社，2021.
[5] 宋红梅．新媒体文案创作与传播［M］．北京：人民邮电出版社，2021.
[6] 潘勇．新媒体文案创作与传播［M］．北京：人民邮电出版社，2021.
[7] 陈倩倩．新媒体文案写作与编辑［M］．北京：中国人民大学出版社，2021.
[8] 秋叶，哈默．新媒体写作平台策划与运营［M］．北京：人民邮电出版社，2021.
[9] 叶龙．新媒体文案完全操作手册［M］．北京：清华大学出版社，2019.
[10] 骆芳，秦云霞．新媒体文案策划与写作——从入门到精通［M］．北京：人民邮电出版社，2019.
[11] 喻彬．新媒体写作教程［M］．北京：中国传媒大学出版社，2018.
[12] 王辉．突破软文写作与营销［M］．北京：清华大学出版社，2017.
[13] 约瑟夫·休格曼．文案训练手册［M］．北京：中信出版社，2015.
[14] 李慧．社会化媒体情感挖掘与信息传播［M］．北京：化学工业出版社，2021.
[15] 黄京皓．从零开始学新媒体文案创作与传播［M］．北京：清华大学出版社，2020.
[16] 周展锋．新媒体写作与运营［M］．北京：人民邮电出版社，2019.
[17] 陈倩倩．新媒体文案写作编辑［M］．北京：中国人民大学出版社，2019.
[18] 孟伟．媒体写作与语言艺术［M］．北京：中国广播影视出版社，2019.
[19] 刘晶．移动新媒体写作［M］．武汉：武汉大学出版社，2018.
[20] 董小玉，刘海涛．现代写作教程［M］．北京：高等教育出版社，2014.
[21] 李衍华．逻辑·语言·修辞［M］．北京：北京大学出版社，2011.
[22] 阿坦野．新媒体写作论［M］．杭州：浙江大学出版社，2010.
[23] 芬必得．世间有千百种疼痛，你对痛有多少领悟？［EB/OL］．https：//www.zhihu.com/org/fen-bi-de-24.
[24] 坤鹏论．学会写这11类文章，你就是顶级内容营销大师［EB/OL］．http：//www.360doc.com/content/20/0902/13/29922510_933583051.shtml.
[25] 青瓜传媒 http：//www.opp2.com.
[26] 搜狐 http：//www.sohu.com.
[27] 简书 http：//www.jianshu.com.
[28] 郑津．分析了25篇知乎千赞文章，我找到了如何撰写文章开头的5条黄金法则

[EB/OL]. https：//www.bpteach.com/find-the-beginning-of-article-write-tips/.

［29］张力. 看完这篇文章 让你了解最全的软文写作类型［EB/OL］. https：//zhangliseo.com/3200.html.

［30］哈默. 新媒体写作平台策划与运营［M］. 北京：人民邮电出版社，2017.

［31］张向南. 新媒体营销案例分析：模式、平台与行业应用［M］. 北京：人民邮电出版社，2017.

［32］梁芷曼. 软文营销［M］. 北京：人民邮电出版社，2018.

［33］勾俊伟，刘勇. 新媒体营销概论［M］. 2版. 北京：人民邮电出版社，2019.

［34］公子鱼. "文案技巧"四招让文案拥有"自传播"的魄力［EB/OL］. https：//mp.weixin.qq.com/s/wEOZoaS-x-bQqina2J57_A.

［35］实诚微运营俱乐部. 告诉你如何写好微信公众号文章开头［EB/OL］. https：//mp.weixin.qq.com/s/2Vs2ulBhpnRtyfpCBoY3FQ.

［36］阿海. 11种结尾形式，助你打造超高分享率的好文章［EB/OL］. https：//mp.weixin.qq.com/s/8XJ7ThICAXXfBX35MO5UWA.

［37］安佳. 电商文案写作全能一本通［M］. 北京：人民邮电出版社，2018.

［38］兰晓华. 说服力：电商文案这样写才有效［M］. 北京：清华大学出版社，2016.

［39］张国文. 打动人心：电商文案策划与视觉营销［M］. 北京：人民邮电出版社，2017.

［40］圣淘电商学院. 电商创意文案修炼之路［M］. 北京：电子工业出版社，2016.